# ダイヤモンドの知恵

古代チベット仏教の
教えに学ぶ
成功法則

ゲシェ・マイケル・ローチ 著
渡辺千鶴 訳

セルバ出版

The Diamond Cutter

The Buddha on Managing Your Business and Your Life

by Geshe Michael Roachi

# まえがき　仏陀とビジネス

## チベットのラマ僧から教えを受ける

一九八一年から一九九八年までの十七年間、私はアンディン・インターナショナル・ダイヤモンド社で働いていました。アンディン社はオファー・アズリエラントとアヤ・アズリエラント夫妻が五万ドルの融資で起業した小さな会社で、設立当初の社員は私を含めてほんの数人でした。

歳月は流れ、私が本格的に仏教を学ぶためにニューヨークに研修所を創設することになり、その運営に専念するため退社したときには、アンディン社は年間売上一億ドル以上、世界各地に支社を持ち、社員数は五百人以上という世界的なダイヤモンドジュエリー企業に成長していました。

一方で、当時のわたしはダイヤモンド事業に携わりながらもう一つの生活を送っていたのでした。では、私がアンディン社に入る7年前に話を戻しましょう。

その年、私はプリンストン大学を優秀な成績で卒業しました。在学中にはホワイトハウスで大統領メダルを授与され、プリンストン大学ウッドロー・ウィルソン公共政策大学院からマコーネル奨学金を得ていました。

この奨学金のおかげで、ダライ・ラマ法王の亡命政府があるインドのダラムサラの仏教大学で、チベット人のラマ僧から教えを受けることができたのです。

## ビジネスの世界に入ることを勧められる

こうして、チベット仏教を学ぶ生活が始まりました。大学を卒業後は、アメリカとダラムサラの仏教寺院で生活し、一九八三年には仏道に帰依する誓いをたてていました。そして二十年に及ぶ厳しい修行と試験を経て、一九九五年、私はアメリカ人として初めて仏教学の最高学位「ゲシェ」を取得しました。

あれは僧侶としての修行の基礎がおおよそ身についた頃でした。私の直接の師僧である〝高貴な僧院長〟ことケン・リンポチェに、ビジネスの世界に入ることを勧められたのでした。

仏教の深い思想を学ぶには僧院は申し分ない場所ではあるが、仏教の教えを実社会で試すなら、あわただしいアメリカのビジネス街は格好の「実験室」ではないだろうか、とおっしゃるのです。

しかしながら、いかに師の勧めとはいえ、喧騒とは無縁の小さな僧院での生活は捨てがたく、おまけに、私の抱くアメリカのビジネスマンのイメージは、「貪欲で、無慈悲、思いやりに欠ける」でしたから、その提案をすぐに受け入れることができませんでした。

しかし、結局、師僧が大学生に向けて語った講話に心を動かされ、私は師の勧めに従いビジネスの世界に踏み出す決心をしたのでした。

ついでに、どんな仕事に就けばよいかということも、私の心の中では決まっていました。ある体験が私を導いてくれたのです。

## 心に浮かんだ光り輝くダイヤモンド

数年前のある日、私が僧院でいつものように瞑想をしていたときのことでした。突然ある光景が心に浮かんできたのです。

「ダイヤモンド！　仕事に就くのであれば、ダイヤモンドに関する職種以外考えられない」

そう思いました。しかし、私にはダイヤモンドに関する知識があったわけではありません。それどころか、正直なところ宝石には何の興味もなく、血縁者にも宝石を扱っている者はいませんでした。私は、ヴォルテールの小説『カンディード』の世間知らずな主人公のように、ダイヤモンド商を片っ端から訪ね、見習いとして雇ってくれるところがないか必死になって探し回ったのです。

当時の私にとって、ダイヤモンドビジネスに飛び込むということは、マフィアの世界に足を踏み入れるくらいに覚悟のいることでした。というのも、ダイヤモンド原石を売買する業界は、非常に閉鎖的かつ独占的で、血縁を重視する世界だからです。

当時は、一カラット以上の大粒ダイヤはベルギー人、小粒ダイヤはイスラエル人が牛耳っており、ダイヤモンド街と呼ばれるニューヨーク四十七番街でアメリカ国内流通用のダイヤモンドを取り仕切っていたのは、厳格なユダヤ教徒であるハシディーム派の人々でした。

これには理由があります。どんなに規模の大きなダイヤモンド商であっても、その在庫をすべて収めるには靴箱のような小さな入れ物が数個もあれば十分なのです。しかも、もし誰かが数百万ドル相当のダイヤモンドをポケットに詰め込んで店から出て行ったとしても、金属探知機のような機械では宝石を探知することはできません。そのため、ほとんどのダイヤモンド商は血縁のある人間だけを雇っているのです。私のように「ただのダイヤモンドを扱ってみたい」だけの、どこの馬の骨かもわからない人間を雇うなど問題外のことでした。

私は十五店ほどのダイヤモンド商を訪ね、未経験だが雇ってほしいと頼んでみたのですが、全く相手にもされませんでした。

そんなとき、隣町の時計商のおじいさんが、ニューヨークにある米国宝石学会（ＧＬＡ）のダイヤモンド鑑定コースを勧めてくれました。資格があれば仕事にも就きやすいし、手助けをしてくれる人に出会うかもしれない、と言うのです。

## オファーとの出会い

この学校で、私はオファー・アズリエラントに出会いました。私たちは「投資用」あるいは「鑑定書付き」として取引される最高級ダイヤモンドの鑑定クラスを受講していました。非常に高価な最高級ダイヤモンドと偽物や人造ダイヤを区別するには、小さな穴や、針で刺したような小さな傷も見落とせません。しかも、ダイヤの表面や顕微鏡のレンズに付着した埃など、いろいろな事に神経を尖らせておく必要があります。この世界では、ほんの些細なことで大金を失うことにもなりかねないからです。

講義の中で、オファーは講師が提示したコンセプトの一つひとつを注意深く吟味し、時には異議を唱え、質問していました。そんなオファーの熱心な姿勢に私はすぐに惹きつけられました。

オファーに自分の仕事探しを手伝ってもらいたい、彼の下で働けるものなら働きたい、そう考えた私は、ある日、オファーに声をかけ、知り合いになりました。数週間後、ＧＬＡニューヨーク校のダイヤモンド鑑定コースの最終試験を終えた日に、私は口実を作ってオファーのオフィスに連れて行ってもらい、雇ってほしいと頼んでみました。

折りしも、オファーは母国イスラエルに設立していた小さな会社のアメリカ支店を開業しようと目論んでいたところでした。そこで、私はダイヤモンドビジネスを教えてほしいと彼に懇願しました。「何でもする。だからチャンスをくれ。オフィスの掃除でも窓拭きでもどんなことでもする」するとオファーはこう言いました。

「私には君を雇う金はない。だが、このオフィスのオーナーのアレックス・ローゼンタールに掛け合ってみよう。彼と私で君の給料を折半することができるかもしれない。当面、君は私たち二人の雑用や使い走りをすればいい」

## ダイヤモンド原石のグレード分けを任される

こうしてプリンストン大卒の私は、時給七ドルの雑用係になりました。

それからの私は、蒸しかえるような夏の日も、雪が降りしきる冬の日も、布カバンに、指輪用の金やダイヤモンドを詰め込んで、ダイヤモンド街までせっせと通い続け、ある時はオファーとアヤ夫人、物静かで頭脳明晰なイエメンの宝石商アレックス・ギャルと私の四人で一緒に、レンタルした机を囲んでダイヤモンドをグレード分けしたり、新しいデザインを描いたり、顧客に電話をかけたりしたものでした。

当時のオファーはロンドンの友人たちに、もう少し融資してもらえないかと頼み込んでいる状況で、私の給料はほんの雀の涙ほど、しかも遅れがちでした。それでも私は何とかビジネススーツを一着買い、数ヶ月間ずっとこのスーツで働きました。

仕事は忙しく、夜中まで残業することも珍しくありませんでした。仕事が終わると、バスで数時間かけてニュージャージー州ハウエルのアジア系仏教徒が多く住む地域の小さな僧院の部屋に戻り、数時間後にはまたバスでマンハッタンに戻るという生活を送っていました。

その後、事業が上向きはじめると、アンディン社はオフィスをダイヤモンド街に移転し、思い切って宝石職人を一人雇うことにしたのです。その職人は「工場」と呼んでいた広い部屋に一人座って、ダイヤモンドの指輪を作りました。これがアンディン社がつくった初めての指輪です。

こうした中、私は次第に信頼されるようになり、ダイヤモンド原石のグレード分けをさせてもらえるようになりました。さらに、オファーとアヤが、ダイヤモンド購買部門を新設するにあたり、私にその責任者になってくれないか、と言ってきました（購買部門の社員は、私ともう一人だけでした）。願ってもないチャンスです。私は胸を躍らせながら、このプロジェクトに乗り出しました。

## チベット人師僧から課された一つのルール

一般企業で働くにあたり、チベット人の師僧は私に一つのルールを課しました。それは、仏教徒であることを隠しておく、というものです。頭髪は剃らず、普通の長さに伸ばし、服装も一般的なものを着用する。仏教の教えを仕事で使うときは、何も言わず、静かにただ実行する。

つまり私は、内面は仏教の賢人、外見は普通のアメリカのビジネスマンでいなければならなかったのです。

こうして私は誰にも知られることなく、仏教の教えに従って、ダイヤモンド購買部門の運営に着手することになったのです。アズリエラント夫妻とは、最初に次のような取り決めをしました。

私がダイヤモンド購買部門全体を統括し、収益を拡大するという責務を負うかわりに、夫妻は、人事や給与管理、労働時間に関することから、業務の割りふりに至るまで私に一任してくれる、というものです。

おかげで私は、製品を納期までに納め、収益を上げることに専念することができました。

## 仏教の古い教えから学んだビジネスの原則

本書は、私が仏教の古い教えから学んだ原則を使って、アンディン・インターナショナル社のダイヤモンド部門をゼロから世界的な規模に拡大させて、年間数百万ドルの収益をあげるまでに成長させた物語です。もちろん、これは私一人の業績ではありませんし、アンディン社の方針を私だけで決定したわけでもありません。しかし、私が取締役であった期間、ダイヤモンド部門の決定事項や経営方針の大部分は、この本に書かれた原則によって導かれたものだと言えます。

その原則とは、簡単に言うと次の三つです。

### 第一の原則

**第一の原則は、ビジネスは収益をあげなければならない**、というものです。アメリカやその他の西欧諸国では、精神世界を重視している人が成功したり、お金儲けをすることを不適切とみる向きがあります。しかし仏教の教えでは、お金自体を悪いものとはみなしていません。むしろ、お金を持っている人はお金がない人よりも多くの善をなしうる、と考えられています。重要なのは、清廉潔白な態度でお金を稼ぐこと、そして、お金の出所を知り、収益の流れを止めないこと、お金に対して健全な考え方を維持することです。こうした心構えを実践している限り、精神世界の充実とお金を稼ぐことは矛盾しません。それどころか、お金を稼ぐことは豊かな精神世界の一部となるのです。

### 第二の原則

**第二の原則は、「お金を楽しむこと」です。**

つまり、お金を稼ぎながら、心身の健康を保つことが大切です。富を築くという行為によって、心身が疲弊し、その富を楽しめない状況になってはならないのです。ビジネスで健康を損なう人は本末転倒しているといえます。

**第三の原則**

**第三の原則は、自分の事業を振り返って、最終的にその事業に何らかの意義があったと言えなければいけない、というものです。**どんな事業にも、どんな人にも、終わりはやってきます。

ビジネスにおいて最も重要なことは、その最終局面において、それまでの自分自身や事業をふり返って、なんらかの意義を残せた、社会に貢献できた、と思えるかどうかということなのです。

**経歴や信条にかかわらず誰もが学び、応用できる**

まとめると、ビジネスが目指すものは、チベットの古い教えが目指すものであり、すべての人間の行いが目指すものでもあります。それは、自分自身を豊かにすること、外面と内面の両方で富を得ることです。心と体の健康状態を高く保つことができて、初めて私たちは豊かさを享受することができます。そして、その豊かさをさらに意義あるものにするための方法を生涯、追求しつづけなければなりません。アンディン・インターナショナル社のダイヤモンド部門で私たちが行ったことは、経歴や信条にかかわらず誰もが学び、応用できる知慧なのです。

ゲシェ・マイケル・ローチ

# ダイヤモンドの知恵　目次

# 第一の目標　お金を稼ぐ

# 第一章　教えの源泉

『金剛般若経』に学ぶ

この教えは、古代インドの言葉であるサンスクリット語（梵語）で

***Arya Vajira Chedaka Nama Prajinya Paramita Mahayana Sutra***

と呼ばれています。チベット語では

***Pakpa Sherab Kyi Paroltu Chinpa Dorje Chupa Shejawa Tekpa Chenpoy Do***、

英語では、『ダイヤモンドを断ち切る完成された智慧の経典』と呼ばれており、日本には漢訳で「金剛般若波羅密経」あるいは「能断金剛般若波羅蜜多経」として伝わっています（以下、『金剛般若経』と呼びます）。

本書は、これまでのビジネス書とは一線を画しています。というのも、この本は、『金剛般若経』と呼ばれる仏陀の教えを記した古い経典をもとに書かれたものだからです。右のチベット語の一節は、チベットに伝わった『金剛般若経』の冒頭部分です。

『金剛般若経』には、古来より伝えられた智慧《ちえ》が隠されています。その智慧のおかげで、私が以前

働いていたアンディン社は年商一億ドルを超える企業に成長しました。その秘密を解き明かす前に、まずはこの貴重な文献が東洋諸国の歴史の中でどのような役割を担ってきたのか、お話することにしましょう。

## 『金剛般若経』とは

『金剛般若経』は現存する世界最古の印刷物といわれています。大英博物館には、グーテンベルク聖書から遡ること約六百年前の西暦八六八年に唐で木版印刷された「金剛般若波羅蜜経」が収蔵されています。

『金剛般若経』は、およそ二千五百年前に仏陀が説いた教えを書き記した経典です。

当初は口承で伝えられていましたが、やがて文字による記述が発達し始めると、その教えは貝葉《ばいよう》という細長い葉に刻みこまれるようになりました。厚くしっかりとした貝葉の上に先のとがった鉄筆などで文字を彫り、その跡にすすを摺り込むと黒褐色の文字が残るのです。

こうしてつくられた貝葉本は、今も南アジアにほぼ判読可能な状態で残っています。

ばらばらの貝葉を一つにまとめておく方法は二つありました。一つは重ねた葉の真ん中に千枚通しで穴を開け、ひもを通して、束ねる方法。もうひとつは、布に包んで保管する方法です。

『金剛般若経』は仏陀がサンスクリット語で語った教えを記録したものです。サンスクリット語は古代インドの言葉で、その歴史は四千年ともいわれています。

『金剛般若経』は、およそ一千年前にチベットに伝わり、チベット語に翻訳されました。そして数百年にわたり、この経典は木版で印刷されてきました。文字を彫った版木に墨を塗り、手漉きの細長い紙を押し付けて印刷するのです。こうして印刷された細長い紙の束が、貝葉時代と同様に、サフラン色＊やえび茶色の鮮やかな布に包んで保管されました。

＊訳注：サフランの染料で染めた明るい黄色。古代インドから仏教僧は法衣をサフランで染めていました。

『金剛般若経』は中国、日本、韓国、モンゴルなど、アジア各国にも伝播し、二千五百年もの間、それぞれの国の言葉に翻訳され、くり返し再版されてきました。

『金剛般若経』に秘められた智慧は、師から弟子へと、世代を超えて脈々と受け継がれてきました。中でもチベット仏教が主流宗教であるモンゴルでは、『金剛般若経』は特に重要な経典と考えられており、どの家庭の仏壇にもこの経典が大切に保管されています。

そして、年に一、二度、僧侶を自宅に招き、『金剛般若経』のありがたい教えを家族の前で朗誦《ろうしょう》してもらうのです。

## 成功をもたらすチベットの教え

『金剛般若経』の教えは一朝一夕に理解できるものではありません。その原文は、多くの仏経典と同様に、不可思議な文言でつづられており、その内容は、長い年月をかけて培われたさまざまな解釈を、師僧に面授されて初めて理解できるものです。

チベットには、千六百年ほど前のものから千百年ほど前に著されたものまで、三つの古い註釈本があります。

最近になって、私たちは『金剛般若経』の新しい註釈本を発見しました。その内容はこれまでの註釈本よりもはるかに理解しやすいものでした。

この十二年間、私はチベットの古い仏教文献を保存するためのプロジェクト「アジア仏典入力プロジェクト（ACIP：Asian Classics Input Project）」に携わっています。数千年もの間、チベットの古い仏教文献はチベットの僧院や図書館に所蔵され、ヒマラヤ山脈という自然の防壁のおかげで、戦火や侵略者の手から守られてきました。しかし、飛行機の発明により事態は一変し、一九五〇年、チベットは中華人民共和国政府による侵攻を受けたのです。

## チベット文化の破壊

中国によるチベット侵攻、そして現在まで続いている占領によって、こうした文献を保存していた五千以上の図書館や僧院が破壊されたのですが、ほんの数冊だけが、亡命チベット人の手によって、エベレストを擁するヒマラヤ山脈を徒歩で越えるという過酷な旅の末にチベット国外に持ち出されました。チベット文化の破壊は、想像を絶する規模で行われています。

強いて例えるならば、ある強大な国がアメリカを攻撃し、大学や図書館の本をほぼ残らず焼き払ってしまったようなものです。唯一、亡命者が何週間、何ヶ月もかけてメキシコまで歩いて運んだ本だけが残っている、そんな状況なのです。

この入力プロジェクトでは、インドの難民キャンプで生活するチベット難民に、コンピュータによるタイピング技術を習得するトレーニングの機会を提供し、失われつつあるチベット書籍のデジタル化を行っています。入力したテキストはＣＤ－ＲＯＭ、またはインターネット上に保存し、世界中の何千人もの研究者に無料で提供しています。私たちは、現在までに十五万ページ分の木版書籍をデジタルコンテンツとして保存してきました。さらに世界のあらゆる場所に出向き、中国占領下のチベットから持ち出すことのできなかった文献を探しています。

## 自由への道を照らす陽光

先にお話した『金剛般若経』の素晴らしい註釈本の写本は、ロシア科学アカデミーの東洋学研究所サンクトペテルブルグ支部のチベット文献コレクションにひっそりと所蔵されていました。この註釈本は、偉大なチベットラマ僧であるチョネ・ダクパ・シェドゥップ（一六七五 - 一七四八年）が著した『自由への道を照らす陽光（『*Sunlight on the Path to Freedom*』）という本で、チベットを訪れた探険家がロシアに持ち帰ったものです。

偶然にも、この本の著者であるチョネは私が修行したチベットのセラメイという寺院の出身でした。彼は、チベット東部にあるチョネ（甘粛省ケンロ州）にちなんだ「チョニラマ（チョネ出身のラマ）」というニックネームで、何世紀にもわたり知られています。

本書では、『金剛般若経』の原文とともに『自由への道を照らす陽光』の内容も紹介していきます。この重要な註釈本が英語に翻訳されるのは初めてのことです。

この二つの偉大な書籍の内容に加えて、『金剛般若経』のさまざまな解釈についてもお話していくつもりです。こうした解釈は、およそ二千五百年にわたり、師から弟子へ口伝されてきたもので、私自身も師僧から受け継いだものです。その上で、一般にはあまり知られていない国際的なダイヤモンドビジネスに携わった私の経験をお話し、ビジネスや人生を実り多きものにしてくれる仏陀の教えの秘密を解き明かしていこうと思います。

# 第二章　『金剛般若経』の意味するところ

まず、経典の長い題名について、チョニラマによる註釈本の説明を引用します。

## 金剛、それはダイヤモンド

『能断金剛般若波羅蜜多経』、つまり『金剛般若経』はその名称自体に極めて深い意味を含んでいます。この経典の内容に入る前に、その意味についてお話ししたいと思います。

原本は次の句から始まっています。古代インドの言葉では、この教えはArya Vajra Chedaka Nama Prajnya Paramita Mahayana Sutraと呼ばれています。

それぞれの単語の意味は以下のとおりです。Aryaは「高貴な」、vajraは「金剛（ダイヤモンド）」、Chedakaは「断ち切る」、prajnyaは「智慧」。Paramは「彼方に」itaは「到達する」、この二語を併せてParamita=波羅密多「完成」を意味します。Namaは「名づけられた」という意味で、Mahaは「偉大な」を意味し、「菩薩」の偉大さを表しています。yanaは「道」、Sutraは「経典」です。

この中で、ビジネスや人生における成功法を説明するうえで、最も大切な言葉は「金剛＝ダイヤモンド」です。チベット仏教でいうダイヤモンドとは、森羅万象に秘められた潜在性を表しています。この潜在性は「空《くう》」と呼ばれるものです。空《くう》をよく知る人は、ビジネスや人生における成功の鍵を理解していることになります。これについては、次の章で詳しく述べたいと思います。

## 純粋なダイヤモンド

ここでは、森羅万象に含まれる潜在性とダイヤモンドに共通する三つの性質についてお話しましょう。

一つ目の性質は、純粋なダイヤモンドは、限りなく透明に近い物質であるということです。ガラスと比べてみましょう。

庭に面した大きな窓などに使われるガラスの板があるとします。正面から見ると、ガラスは完全に透き通って見えます。時折、窓があることを忘れて、ガラスにぶつかってしまう人がいるほどです。しかしそのガラスの厚みを上から見ると、たいていは深い緑色に見えます。これはガラスに含まれる微量の鉄不純物が蓄積されることにより生じる色で、厚みのある大判ガラスほど緑色が特に鮮明です。

しかし、純粋なダイヤモンドは違います。ダイヤモンド取引の場で、まず重視されるのは「色の無さ」で、完全に無色透明のダイヤモンドが、希少価値がもっとも高いとされます。この無色のダイヤモンドを、最高品質のDカラーと呼びます。なぜDから始まるのかについては、ちょっとした歴史的経緯があります。

ダイヤモンドのカラー等級制度が作られたのは近代になってからですが、当初はさまざまな制度が混在していました。しかし、一般的には、Aが無色の最高級ダイヤモンドを示し、B、C…とアルファベット順に等級が下がっていきました。ただ、AやBといったグレードの定義は、企業によって異なっていました。

たとえば、ある会社のBカラーはほぼ無色、別の会社のBカラーはわずかに黄色味がある、という具合だったため、顧客にとっては非常にわかりにくいものでした。

そこで、新しい等級制度の開発者は、混乱を避けるためアルファベットを少しずらしてDから始めることにしました。こうして、無色透明の最高品質ダイヤがDカラーと呼ばれるようになったのです。

Dカラーのダイヤモンドでできた窓があるとすれば（それくらい大きなダイヤモンドがあったと仮定して）、その窓は完全に透き通っているはずです。その厚みを上から覗き込んでも、同じように透明です。これこそが、完全に純粋で、不純物が何も入っていないダイヤモンドの性質です。

あなたと誰かの間に幅1メートルほどのダイヤモンドの壁があったとしても、表面で光が反射していない限り、ダイヤモンドは全く見えません。

## 『金剛般若経』で説かれている成功のための隠された潜在性

『金剛般若経』で説かれている成功のための隠された潜在性は、このダイヤモンドの窓のようなものです。この世界に存在するすべての人や物には、どんなときにもこの潜在性が備わっています。これをうまく生かせば、人生やビジネスで確実に成功をつかむことができるのです。

しかし皮肉なことに、森羅万象に備わっているにもかかわらず、この潜在性は目に見えないのです。

**『金剛般若経』の教えは、この潜在性に眼を開かせることを目的としています。**

## ダイヤモンドが万物の中で最も硬い物質

二つ目の性質は、ダイヤモンドが万物の中で最も硬い物質であるということです。この世のいかなる物質を以ってしてもダイヤモンドに傷をつけることはできません。それができるのはダイヤモンドそのものだけです。ヌープ硬度（硬度測定法の一種）では、ダイヤモンドの硬度は二番目に硬いルビーの三倍です。ダイヤモンドは、他のダイヤモンドを使い、割れやすい一定方向に力を加えるという方法以外で傷つけることは不可能なのです。

実際、ダイヤモンドはこうしてカット（研磨）されます。ダイヤモンドには「劈開《へきかい》」という性質があるため、特定の方向に力を加えると、木片を斧で割ったときのように、結晶が割れるのです。カット（研磨）用のダイヤは、ダイヤモンドをカットして残った小さな切片や、宝石にするには純度が低い原石を割り、粉状にしたものを使います。このダイヤモンドの粉を、目の細かいふるいや鉄綱で何度も丁寧に濾し、きめ細かい粉末状になったものを、小さなガラス瓶に保存しておきます。

次に、鋳鉄の円盤を用意します。この円盤の表面に無数の細かい傷を網目状につけ、上質の油を塗ります。たいていは、オリーブオイルをベースにしたブレンドオイルですが、研磨師には、それぞれ秘密の調合方法があります。

この鉄製円盤は、モーター付の軸に固定されます。

この軸は、鉄の支柱で補強された厚みのある台の上に据付けられており、一分間に数百回転という速さで回転する円盤の振動を抑える働きをします。そして油を塗った円盤表面にダイヤモンドパウダーをまき、グレーのペースト状にします。

## ダイヤモンドの原石と研磨

ところで、ダイヤモンドの原石は、見た目は泥のついた小石のような外観で、それほど美しくありません。が、実はこの濁った水のような褐色やくすんだ緑のまだらな外層の奥に、透き通った氷のようなダイヤモンドが閉じ込められています。

時には、この外層がダイヤ内部にまで入り込んでいることがあります。そんな石に当たると、研磨しているうちに、大枚を投じた原石に何の値打ちもないことがわかって、一日が台無しになることもあるのです。

研磨するときは、石を「ドップ」と呼ばれる先がカップ状になった道具に固定します。ドップは、昔のレコードプレーヤーやコンピュータのハードディスクに装備されているようなアーム状のホルダーに取り付けられています。ダイヤをドップに固定するときは、研磨時の摩擦熱でも溶けない接着剤を使います。

私が研磨師のサム・シュムエロフ氏のもとで修行していた頃、ダイヤモンドを固定する接着剤にはアスベストと水を混ぜたペーストが使用されていました。石が熱を帯びると、アスベストが乾燥、収縮するため、ドップにダイヤモンドががっちりと固定されます。

ペーストを作るとき、私たちはアスベストを噛んでいました。ほんの少量のアスベストにも発癌性があるということを誰も知らなかった時代です。今思うと、一人の研磨師の喉元に大きな腫瘍ができていたのはそれが原因だったのでしょう。

モーターの電源を入れると、円盤が持ち上がり回転します。そのとき少しも振動することなく回転する必要があるため、古くなった研磨機は何時間もかけて調整しなければなりませんでした。それが終わると、研磨師は子供用のハイチェアのような高椅子に腰掛け、円盤の上に体を乗り出します。そして、ダイヤを取り付けたホルダーを持ち、ダイヤが円盤にそっと触れるように当てていきます。ダイヤモンドと鉄の硬さは比べものになりません。そのため、先のとがったダイヤの原石を鉄製の円盤に強く押し当てると、円盤のほうが切れてしまいます。ですから、ダイヤをそっと揺らすようにして円盤に触れさせては、ホルダーを裏返して研磨具合を目で確認します。ホルダーを持つ手の反対の手には、ルーペが握られています。

経験豊かな研磨師は、石の向きを変え、ダイヤモンドの状態をチェックし、また石を円盤に当てるという一連の流れるような工程を、一分間に何度もくり返します。研磨師の手先だけを見ていると、まるでチアリーダーがバトンを回しているようです。

研磨状態をチェックするときは、肩にかけた布で表面を拭き、油やダイヤモンドパウダーを取り除きます。こうして、一、二分も研磨すれば、ダイヤモンドに小さな面ができあがります。この面がダイヤモンドの内側をのぞく「窓」です。

この窓をルーペでのぞいて、内部に斑点や亀裂がないかを確かめます。斑点や亀裂があれば、削り取るか、できるだけ目立たない端の部分にくるように成形します。もし黒い斑点が鋭角の先端部分にあると、石の底面に映りこみ、一つの点がいくつもの点になって見えます。こうなると、仕上がった宝石の価値はなくなったも同然です。

「窓」から覗き、宝石を切り出す角度を正確に決めていく作業は、彫刻家が大理石を前にして、どうすれば自然の色や質感を活かせるかと考えるのとよく似ています。大きなダイヤモンドの場合は、原石の外層を何面も研磨し、窓をたくさん作る必要があります。

そして数週間、ときには数ヶ月間、石を観察して、これ以上は大きくできない限界のサイズを削りだすために幾何学図を何枚も描くのです。

ダイヤモンドの内部に時折、黒い小さな斑点がみられます。たいていの場合、そうした斑点は、生成過程で大きな結晶に取り込まれた小さなダイヤモンドの結晶です。

ダイヤモンドは普通の炭素が火山の火道内の高熱で溶け、地球の深部の超高圧により原子構造が変化して生まれます。しかし、結晶が小さいダイヤは、全く違う状況下でも生成されることがあります。たとえば、炭素を含んだ隕石が地表に衝突した際の衝撃によって、大きな隕石孔の中心に小さなダイヤモンドが生まれることもあるのです。

小さな「ダイヤモンド内部のダイヤモンド」は黒い斑点として見えることもありますが、軸上にならんでいる場合は原石内部にみえないポケットを形成します。

## ダイヤモンドの抵抗

いずれにせよ、研磨師には厄介な問題です。ダイヤ内部に圧力がかかる部分が生まれるからです。研磨師は円盤にダイヤを当てて、自分のイメージに沿って角や面を削っていきますが、ダイヤモンドはまるで研磨を嫌がっているように抵抗します。円盤には油が塗ってあるにもかかわらず、ダイヤモンドはものすごい音を出しはじめるのです。

ダイヤモンド街と呼ばれるニューヨーク四十七番街では、高額のダイヤモンド原石を輸入し、それを宝飾用に研磨したうえで、宝石製造業者に卸すディーラーがいます。ダイヤモンド加工所の多くは、こうしたディーラーと同じビルの上階にある陰鬱な雰囲気の薄暗い大部屋にあります。薄暗い部屋に研磨師たちが何列も並んで座り、背を丸めて作業しているのです。

抵抗するダイヤモンドの面を鉄製の円盤に当てると、ダイヤモンドは「キキーッ」というブレーキのような不快な音を発しますが、研磨師たちは慣れたもので、轟音の渦の中、穏やかな目で作業に没頭しています。

円盤と石の摩擦で、ダイヤモンドは焼いた炭のように赤く輝きはじめ、触ればひどい火傷を負うほどの熱を帯びます。この熱が、内包物の周囲にできた圧力ポケットに到達すると、ダイヤモンドは爆発し、円盤がものすごい勢いで飛び、部屋中にダイヤモンドのかけらが飛び散ります。大きなダイヤモンドが爆発すれば、数十万ドルがまさにこっぱ微塵です。

## ダイヤモンドが持つ意義

ここで、ダイヤモンドが万物の中で最も硬いということの意義を考えてみましょう。

万物の中で最も高いもの、最も低いもの、最も長いもの、最も大きいものを思い浮かべてみてください。いくら頭をひねっても思いつかないはずです。というのも、これ以上は高くならないものや、これ以上短くならないものなど存在しないからです。

実体があるもので、真に絶対的なものはありません。その意味で、「隠された潜在性」は、真に絶対的なものなのです。それは森羅万象が持ちうる最高の性質であり、あらゆるものに共通する普遍の真実です。万物に勝るダイヤモンドの硬さは、本質的に「真に絶対的なもの」に最も近いといえます。

つまり、ダイヤモンドには真に絶対的なものを暗示するものとしての意義があり、これこそが森羅万象に含まれる潜在性と共通する二番目の性質といえます。

ここで、ダイヤモンド加工所の話に戻りましょう。

ダイヤモンドが内部から爆発し、そのかけらが床に散らばりました。このかけらが、ダイヤモンドが持つ三番目の重要な性質を示唆しています。

ダイヤモンドは純粋な炭素原子から構成され、その原子構造はきわめて単純です。実は、鉛筆の芯とダイヤモンドの炭素は全く同じ物質です。

鉛筆の芯の炭素分子は、頁岩やパイの層のようなシート構造で、シート同士は緩い結合で積み重なっています。鉛筆の先で紙の上に線を描くと、シートの層が剥離し、紙の表面につきます。鉛筆で文字が書けるのはこのためです。

しかし、ダイヤモンドの原子構造は全く違います。ダイヤモンドが現在知られている物質のうちで最も硬いのは、すべての方向で完全な対称性を持つ安定した構造であるためです。おもしろいのは、産地にかかわらずどんなダイヤモンドでも、同じ原子構造で結びついた炭素のみでできている点です。

つまり、分子レベルでは、ダイヤモンドの一粒一粒はどれもまったく同じなのです。

## 隠された潜在性との関係

これが、隠された潜在性とどのように関係するのでしょうか？

お話したように、石や惑星のような無生物であれ、蟻や人間のような生物であれ、森羅万象には、潜在性、つまり究極の本質が眠っています。

ここで重要なのは、森羅万象に隠された潜在性、つまり究極の性質は、どれもまったく同じものであるということです。この点でも、精神面と社会面の両方の成功の鍵となる森羅万象に隠された潜在性とダイヤモンドは似ています。

『金剛般若経』の名称に「金剛＝ダイヤモンド」がついているのはこういう理由からです。ダイヤモンドは無色透明で、光が反射しなければ、目にはほとんど見えません。

同様に、森羅万象に隠された潜在性も目で見ることは困難です。万物において最も硬いダイヤモンドは、絶対的な何かに限りなく近い存在であり、隠された潜在性は、絶対的な真理です。

ダイヤモンドは、場所に関係なく、一つ残らず全く同じ物質、純粋で完全なダイヤモンドです。そして森羅万象に隠された潜在性も、一つ残らず、すべて純粋で完全なものなのです。

では、なぜ『金剛般若経』は『ダイヤモンドを断ち切る経典』と英訳されたのでしょうか？

『金剛般若経』を翻訳した先達の中には、この題名の重要さに気付かずに、「断ち切る」を省略した人もいました。

## 森羅万象に隠された潜在性を見る方法

森羅万象に隠された潜在性、究極の性質を見る方法が二つあります。簡単に説明しましょう。

一つは、本書にあるような説明を読み、その潜在性を理解し、生かせるようになるまで、その説明を熟考する方法。つまり、理解することによって「見る」方法です。

もう一つの方法は、深い瞑想状態に入ることです。深い瞑想状態では、心の目でこの潜在性を直接「見る」ことができます。

概念を理解するだけでも、十分に潜在性を使いこなすことは可能ですが、二つ目の方法でこの潜在性を見るほうがはるかに強い効果があります。

瞑想状態で、この潜在性を直接見た人は、それが絶対不変の何かであるとすぐに理解します。そして、心の中で、それに匹敵するものを探します。

## ダイヤモンドを断ち切る経典

私たちが住む世界で、この究極の潜在性に最も近いもの、究極の何かに最も近い普通の物質こそが、最高の硬度を持つダイヤモンドだったのです。

たしかにダイヤモンドは、この世で究極の何かに最も近いものです。しかし、隠された潜在性とは比べものにはなりません。この潜在性は真に究極のものだからです。

このことについては、以下の項で詳細に述べていきますが、この点でダイヤモンドは比喩としてはまったく不十分です。したがって、真に究極の何かが、ダイヤモンドをしのぐ、つまり「断ち切る」。これが、この古い経典が『ダイヤモンドを断ち切る経典』と呼ばれる所以です。

**つまりこの世で最も硬く、最も究極に近いダイヤモンドよりもさらに究極の潜在性を説いたものなのです。**

すこし難解かもしれませんが心配は無用です。本書の目的は、その理解を助けることにあるのですから。

この世の事象はどのように成り立っているのか、そして人生とビジネスにおいて、真理に到達し、成功を持続させるにはどうすればいいのか、こうした疑問を解く鍵は、奥が深く、努力なくして簡単に理解できるものではありません。

しかし、努力するだけの価値は間違いなくあるのです。

# 第三章　『金剛般若経』の成り立ち

これから私たちは、前人未踏の領域へ大きな一歩を踏み出そうとしています。これは決して誇張ではなく、これからお話するビジネスと人生を成功へと導くための智慧は、ビジネス書の類で取り上げられたことのないものなのです。

まずは、『金剛般若経』が実際に説かれた時代に遡り、その成り立ちをみていきましょう。

## 『金剛般若経』が実際に説かれた時代

時は今から二千年以上前、舞台は古代インド。裕福な王子として生まれたシッダールタ（後の仏陀）が、民衆の心を捉えていました。この点は、このおよそ五百年後に現れるイエス・キリストとよく似ています。シッダールタは宮殿で育ち、富や贅沢を享受して育ちました。しかし、人々の苦難を知り、人は最も大切にしている人や物の喪失を避けて通れないことを知ると、宮殿を一人去り、この世の苦しみの根源は何か、どうすればこの世の苦難を解決することができるのかを探求する修行を始めました。

そして、真の悟りに達し〝仏陀（覚者）〟となると、自らの悟りを人々に説いてまわりました。多くの人が仏陀の弟子となり、出家し、財産を捨て、人や物に対する執着を離れた高潔な心で、清貧な僧侶としての生活を送っていました。

**仏陀が『金剛般若経』を初めて説いたときの様子**

では、『金剛般若経』の冒頭部分を紹介します。仏陀が『金剛般若経』を初めて説いたときの様子を、弟子の一人が何年も後になって語る場面です。弟子は師である仏陀を「世尊」と呼んでいます。

**一時《あるとき》、私は仏陀がこのように説かれたのを聞きました。**

**世尊はシュラヴァスティにある祇陀《ぎだ》王子の園林のアナータピンダダ園に滞在しておられました。世尊との集まりには、一千二百五十人もの優れた僧たちと共に、熱心で信仰の厚い多くの求道者たちが一同に会していました。**

多くの教典は仏陀が亡くなってしばらくしてから編纂されたため、「**私は仏陀がこのように説かれたのを聞きました**」ということばで始まっています。当時のインドの人々は記憶力が非常によく、偉大な師からの教えは口頭で伝えられ、それを弟子たちがその場で記憶していました。

**森羅万象を統べる真理**

「一時《あるとき》」ということばからわかることがあります。まず、古代インドの一般の人々は、仏陀が語ったことばをその場で記憶し、その深い意味を理解できるくらい、並外れて高い知的水準を持っていたということです。『金剛般若経』が語られたのはこの一度きりでした。

つまり、『金剛般若経』に収められている智慧──森羅万象を統べる真理──は、希少で得がたいものなのです。

チョニラマは自身の註釈本の中で、この偉大な教えが語られた場面について、詳しく説明しています。以下の太字部分は、チョニラマが自らの註釈本に加えた『金剛般若経』からの引用です。

ここでは、教えが説かれた様子について描かれており、話している人物は、この教えを著した人物です。

まず、著者は、「**私は仏陀がこのように説かれているのを聞きました**」と述べます。

「**一時**《あるとき》**、世尊はシュラヴァスティにある祇陀王子の園林のアナータピンダダ園に滞在しておられました。世尊との集まりには、一千二百五十人もの優れた僧たちと多くの熱心で信仰の厚い求道者たちが一同に会していました**」

つまり、これはあるときに大勢の弟子たちが、仏陀と一緒に集まっていたときのことを描いています。

当時のインドには六つの大きな都市があり、そのうちの一つは、「シュラヴァスティ」（舎衛城）という名前で知られていました。シュラヴァスティは、プラセーナジットが統治するコーサラ国の都で、祇陀王子園林として知られる非常に美しい場所がありました。

世尊が悟りを開いてから数年後、アナータピンダダ（給孤独《ぎっこどく》）と呼ばれる長者が、仏陀とその弟子たちを定期的にお迎えできるように、広く壮麗な僧院を建設しようと思い立ちました。

長者は、祇陀王子の園林こそ、その場所にふさわしいと考え、祇陀王子にその土地を譲ってほしいと願い出ました。

これに対し、祇陀王子は土地の広さに等しい黄金を要求してきます。長者は言われた通り、園林の地面に金貨を敷きつめ、この土地を購入しました。

祇陀王子自身も、管理人用の住居として使用されていた土地の一部を世尊に寄進しました。

この土地で、アナータピンダダ長者は、世尊の高弟であるシャーリープトラ（舎利弗《しゃりほつ》）の力を借り、天上天下の職人を集めて、壮大な園を建設しました。

園が完成したとき、世尊は祇陀王子の願いを聞き入れて、園の中心となる僧院を王子の名前にちなみ、祇園精舎《ぎおんしょうじゃ》（祇樹給孤独園精舎《ぎじゅぎっこくおんしょうじゃ》）と名づけました。

ところで、アナータピンダダ長者は、仏陀の支援者となるべく生まれついた偉大な人物でした。彼には、水中や地中に深く埋もれた貴重な宝石や金属を探し当てる力があり、必要なときにその富を使うことができたといわれています。

## 『金剛般若経』の冒頭部分

この『金剛般若経』の冒頭部分は重要です。なぜならば、ここは仏陀が集まった僧侶たちに教えを説こうとしている場面であり、僧侶たちは、イエスの弟子たちと同じように、世俗の職から離れ、求道者として生きていくことを決心した者たちです。しかし、この教えの場が実現したのは、権力者や資産家たちのおかげといえるのです。

古代インドの王族は、経済と政治を動かす大きな力でした。現代社会で言えば、まさにビジネスリーダーたちが担っている役割です。

現在では、仏陀とその教えについて語るとき、私たちは、**仏像のように頭のてっぺんがこぶのように盛り上がり（眉間にこぶのようなものがある）**、でっぷりとしたお腹で、にっこりと微笑む一風変わった東洋の男性を思い浮かべがちです。

しかし実際は、細身で背の高い高貴な身分である王子が、たった独りで国中を孤独に旅し、老若男女に、「人生を豊かで意義深いものにするための知識や信念、慈悲」について説いてまわっていたのです。

弟子たちについても、剃髪の托鉢僧が、壁際で座禅を組みながら念仏を唱えている姿を想像しがちです。しかし、古代の仏教における最も優れた指導者は、国中の政治と経済を動かす力と才能を備えた王族でした。

たとえば、カーラチャクラ（時輪《じりん》）と呼ばれる仏教の重要な教えがあります。この教えは、ここ数百年間は、チベット歴代のダライラマ法王により、特別な集まりの中で、人々に伝授されています。しかし、最初にこの教えを仏陀から受けたのは、卓越した慧眼と才能を持つ古代インドの王たちでした。そして、教えを受けた王たちは、別の王へとその教えを代々伝授していったのです。

この話をしているのは、特に仏教について、そして一般的な、人間の内的な精神世界についてのよくある誤解を指摘したかったからです。

仏教の教えでは、世の中に奉仕することを学ぶためには、世俗から隔絶した僧侶の生活をする時間と場所が必要だといわれています。しかし一方で、世の中に奉仕するためには、私たちは世俗にいる必要があるのです。

## あるダイヤモンドディーラーとの出会い

ビジネスの世界にいた頃、私が出会った一流実業家の多くが、実は深遠な精神世界を持っていることを知り、私は感銘を受けたものです。

特に一人あげるとすれば、インドのボンベイ（現ムンバイ）出身のダイヤモンドディーラー、ディル・シャー氏です。

彼は、小柄で肌は褐色、眼鏡をかけていて、髪の毛は薄く、はにかんだ笑顔が印象的な男性です。彼は、ニューヨークのケネディ空港で飛行機から降りたつと、小さな使い古したスーツケースを手に取り、人ごみを抜けて、タクシーでマンハッタンの小さなホテルに向かい、夕食は、一人ホテルの部屋で、バッグに大切に入れてある奥さんが焼いたパンを食べるのです。

しかし実際は、このシャー氏こそ世界でも有数のダイヤモンドディーラーで、アンディン社のために何千ものダイヤモンドを買いつけてくれた人物であり、私にもっとも深遠な精神世界を見せてくれた人物の一人なのです。年月を重ねるにつれ、私はシャー氏の豊かな内面を徐々に知るようになりました。

シャー氏はジャイナ教徒です。ジャイナ教は仏教と同じく、二千年以上前の古代インドで生まれました。

ある日の静かな夕暮れ時、私たちはインドのシャー氏の自宅からほど近い寺院に行き、ひんやりとした床に座りました。

寺院は簡素な優美さを備えた石造りで、その一角は、ボンベイの喧騒の真ん中にありながら静けさをたたえていました。

僧侶たちは祭壇の前をゆっくりと歩きます。神聖な空間にはひんやりとした空気と暗闇が広がり、仏像の前の赤いオイルランプが柔らかく僧侶たちの顔を照らしています。

ふわりと垂れたシルクのドレスを身につけた女性たちが静かに入ってきます。そして、畏敬の念を表すために床に額を擦りつけた後、座りなおすと、静かな祈りに入ります。子供たちは小声で話しながら、そこにある千体の仏像を見上げながら、その間を歩きます。

ビジネスマンたちは、寺院の階段の下にカバンと靴を置き、寺院入り口まで裸足で登ると、開祖マハーヴィーラとの内なる対話のために座ります。

## 寺院では、魂と一つになれる

その寺院では、魂と一つになれるのです。曜日や時間、日常生活から完全に離れ、めまぐるしい取引やオペラハウスの存在も忘れることができます。

オペラハウスとは、インドのダイヤモンド取引所の総称です。インドでは五十万人もの人が、泥レンガ造りの家や高層ビルの豪華なオフィスでダイヤモンド加工に携わっています。世界中のダイヤモンド加工の大半がインドで行われ、アメリカ、ヨーロッパ、中東、日本の顧客に出荷されています。

オペラハウスは、実際は、ボンベイの繁華街にある十六階建てと二十五階建ての荒廃した二棟の建物で、近くに古いオペラハウスがあることからその名がつきました。

オペラハウスに入るには、大混雑する駐車場にオンボロ車で乗り付け、そこに集まった新進のダイヤモンドディーラーたちの間をかき分けながら、コンクリートの入り口に向かわなくてはなりません。

ディーラーたちは互いに、付け値と言い値を叫びながら、ダイヤモンドが数個入ったぼろぼろの紙の包みを振っています。バイヤーの正面には交渉相手が並び、お互いの手のひらに指を押し付けて価格を示し合うという、他人に悟られない方法で取引を行います。

下っ端ディーラーたちの間を抜けると、次は、古びたエレベーターの前で人だかりができています。一機しか稼動していないため、なかなか中に入れないのです（エレベーターに乗るかどうかは、いつも悩むところです。エレベーターに乗っているときに停電になって、階と階の間に何時間も閉じ込められることがよくあるからです。しかし、階段を使って二十階まで登れば、ボンベイの暑さと湿気のせいで、おろしたてのシャツも汗びっしょりで台無しになります）。

二十階はオフィスですが、この聖域に入るためには、古いインド式錠前とデジタル式と最新式の二台の監視カメラという風変わりな組み合わせの入り口を通り抜けなければなりません。

## オフィスの様子

オフィスに入ると、世界は一変します。部屋は広く、床は大理石、壁も大理石、トイレもすべて大理石でできています。そして、ベルギー支社から送られたアンティークの優美な彫刻が大理石の台座の上に置かれています。トイレの備品はおそらく金メッキで、トイレ自体は西洋式ですが、便座を上げると両脇に磁器製の羽のような足置きがあり、腰掛け式でもしゃがみ式（インド式）でもどちらでも使える折衷型になっています。

オフィスのメインの部屋は、内部から鍵がかかり、静かで空調が効いています。インドで数千年にわたり着用されてきた民族衣装、サリーを着た若いインド人女性がずらりと並んで座り、特定の波長に設定された蛍光灯の柔らかな明かりの下で、机に向かっています。

それぞれの女性の前には、数十万ドル相当と思われるダイヤモンドがきれいに積んであります。サリーの折り目から伸びた手に、先の細い専用ピンセットが握られ、積まれたダイヤモンドの中から、一つずつ持ち上げては、もう一方の手で持った宝石用の顕微鏡を目に押し付け、鑑定を行います。鑑定が終わったダイヤモンドは、白い紙の上にひょいっと放り出され、紙の上にできた五つの山の一つに弧を描きながら落下します。五つの山は、グレードと価格の違いで分けられています。

部屋の中で聞こえる音は、紙とピンセットのかすかな摩擦音と、ダイヤモンドの小山にダイヤモンドが落ちるパラパラというわずかな音だけです。ニューヨーク、ベルギー、ロシア、アフリカ、イスラエル、オーストラリア、香港、ブラジル、世界中のどこであれ、ダイヤモンド鑑定所ではこうした光景がくり返されています。

## ダイヤモンドの息づく場所

あるとき、私はシャー氏と一緒にインドの地方都市へ、実際にダイヤモンドが研磨されている工程を見に行きました。作業が行われているのは一般家庭で、大量のダイヤモンドを家族総出で加工していました。ボンベイの大手ダイヤモンド商からその地方都市までの道のりには、小型カバンにダイヤモンドを入れて運ぶメッセンジャーたちの巨大ネットワーク、つまりルートができあがっています。

毎日、電車やバス、自転車、ときには徒歩で大量の原石がこのルートで運ばれています。加工されたダイヤモンドは同じルートを通って、ボンベイに戻り、どこかの仕分け室に持ち込まれます。そして金属の小箱に厳重に入れられ、貴重品の運送を専門とするブリンクス国際輸送システムで、ニューヨークに深夜便で毎日届けられます。

グジャラート州ナヴサーリーは、ボンベイの北部にある典型的なダイヤモンド加工都市で、ダイヤモンド加工所が最も密集している都市です。インド中の労働者が、少しでも安定した職を求めてナヴサーリーに押しかけます。

労働者たちには、たとえば、ヒンズー教でもっとも大きい祭りであるディワリまでの六ヶ月間の契約で働く者も多く、祝日用のボーナスを受け取ると、次の日にはナヴサーリーを出て、何百キロも離れた家に戻る者もいるくらいです。数週間を家族と過ごし、それから、小さなカバンに荷物を入れて、また次の六ヶ月間働くために加工所に戻るのです。

ナヴサーリーでは、唯一ここでしか見られない方法でダイヤモンドが売られています。

小さな町の中心を走る舗装されていない一、二キロの道路を、端から端までを、たくさんの人が埋め尽くし、どの人も小さく折りたたんだ紙を握りしめています。その紙の包みには、ダイヤモンドが一つか二つ入っているのです。

ダイヤモンドの大きさは、この文章の終わりの句点より少し大きいくらいです。石にはまだ研磨オイルが付いており、光沢のない灰色のままなので、明るい日光の中でも純粋な白（高価）なのか、明るい黄色（無価値）なのか見分けがつきません。こんな代物を買うのは、よほど酔狂な人間か、インドの熟練ディーラーか、どちらかでしょう。

群集の間を車がクラクションを鳴らしながら両方向に走ります。太陽はじりじりと照りつけています。シャツの上に降り積もった細かい塵が、汗と混ざり合い、茶色い泥のようになります。路上の浮浪児たちが四つんばいになって、餌をついばむ鶏のように、誰かが落としたダイヤモンドの小さなかけらを探そうとして、人々の足元で文字通り這い回っています。

## ジャイナ教最大の聖地、パリタナ山

インド西岸とアラビア海の近くにあるバウナガールの辺りに、ダイヤモンド帝国インドで最もはずれの飛び地があります。砂漠に囲まれたラジャスターン州の州都で、別名ピンクシティとも呼ばれる、エメラルドの取引で有名な砂岩の町、ジャイプールです。

私がディル・シャー氏に連れられて、ガタガタのインドの航空機でジャイプールに着き、車で向かった先は、ジャイナ教最大の聖地、パリタナ山でした。

ジャイプールで、最後に立ち寄ったダイヤモンドの加工所は、砂漠のはずれにある、ごく普通の別荘のような建物でした。小さなカップに入ったインドのチャイを飲んでいると、その家の子供たちと女性たちがタイルの壁の後ろからベール越しに覗きながら、あまり見かけることのない白人をじっと見たり、クスクス笑ったりしていました。

## 自分の精神世界を探求する

その加工所を後にしたとき、私たちは生活もビジネスも忘れ、自分の精神世界を探求するために目の前にそびえる山への旅を始めました

その夜は、山のふもとの小さなホテルで過ごしました。そのホテルは、精神的に必要が生じたときにいつでもこの山を訪れることができるようにダイヤモンド商人たちが建てたものです。

シャー氏は夜が明ける数時間前に、静かに私を中庭に連れ出しました。その中庭から山頂に続く道が始まっています。聖地への敬意を表すため、二千五百年前の祈りの言葉が彫られた石壁の上に靴を置き、山頂までゴツゴツした岩道を裸足で登っていかなければなりません。

夜明け前の暗い道を、私たちは数千人の巡礼者とともに歩きました。空気はひんやりとしています。足の下に刻まれた窪みが、何世紀にもわたり、数百万人が裸足でこの山を登ってきたことを物語っています。

山頂までの数時間の道のりは、それほど長くは感じません。巡礼者たちの思考や祈りが周囲に満ちており、足下の岩の感触が元気づけてくれるからです。

ついに山頂までくると、寺院や礼拝堂が密集していました。石を彫って作られた祭壇の内側は、夜明け前の暗がりよりも深い暗闇です。私たちは無心に前に進み、直感的にここだと感じた場所に座り、冷たい石の上で瞑想します。マントラが深部から流れてくるように静かに響きわたります。光はありません。周囲にいる数千人の呼吸と鼓動、そして期待が伝わってきます。

## 山頂寺院への巡礼

山頂では、誰もがインド平原を見渡す東向きに座ります。暗闇がわずかに明るくなり、瞑想中の閉じた瞼の向こうにバラ色の影が映ります。影は次第にサフラン色になり、最後に金青銅色のインドの太陽が昇ります。

誰もそこを動きません。じっと座ったまま瞑想しながら、それぞれが自分の人生を振り返り、山から下りたらどのような人生を過ごそうかと考えるのです。

山では誰一人、水も食物もとりません。そのような行為は神への冒涜と考えられているからです。しばらくして立ち上がると、寺院を参拝し、転がるように山を駆け下ります。下りは打って変わって、お祭りのような雰囲気です。子供たちは笑いながら前を走っていきます。

裸足の足が腫れ、ひび割れてくると、私は生まれて初めて靴の有難みを実感します。しかし、そのおかげで、この巡礼がさらに素晴らしいものになるのです。

私はこのとき初めて、小柄で陽気な色黒のダイヤモンドディーラー、ディル・シャー氏が、若い頃にこの山で師僧について何年も修行したことを知りました。

そして、シャー氏がニューヨークの国際ディレクター会議に出席したとき、宗教上の断食期間にあったことや、タイムズスクエアの派手なネオンが映るホテルの小さな部屋で、夜更けに祈りをささげていたことを知ったのは、もっと後のことでした。

ボンベイにあるシャー氏のオフィスは、家族的なぬくもりに包まれています。シャー氏は従業員の一人ひとりを息子や娘のように気にかけ、結婚式や葬式の費用まで工面してやっていました。シャー氏のまわりでは毎日数百万ドルの取引が動いていましたが、シャー氏は自分が手にする権利のない資産には一セントたりとも手を出さないよう厳しく自戒していました。

## 彼の幸福

シャー氏の家では、家族も同じようにつつましい生活をしていました。私は長い間、シャー氏の家族と親しくしています。

私と知り合った最初の頃は、一家はヴィルパールという街にある閑静な建物の三階にある小さな部屋に住んでいました。シャー夫人は結婚前から裕福でしたが、シャー氏、そして息子ヴィクラムの事業の成功も手伝って、資産はさらに増えていきました。

周囲の人たちからは、子供たちも大きくなったのだから自分の部屋が必要だろう、広い家に引っ越せばいいのにと、いつも口うるさく言われていました。それでも、彼らは長い間、引っ越しませんでした。

台所の横の居心地のいい部屋は、家族に敬われ、介護されている祖父が使っていました。残りの家族は、寝る時間になると笑いながら屋上に上り、星空の下にベッドを並べ、夜の空気と樹上の花の香りを楽しみながら眠るのです。

後になって、ようやくボンベイの特別居住地の部屋数の多い豪邸に移ったときも、家族全員が小さな隅の一室で一緒に寝ていました。なんとも幸せな一家です。

## ビジネスマンの真髄とは

ここで大切なことは、とても単純です。

アメリカ人は、私も含めて、「ビジネスマン」と呼ばれる人々に対して非常にひねくれた見方をしています。私が育った一九六〇年代には、誰かを「ビジネスマン」と呼ぶことは侮辱と同じでした。ピシッとしたビジネススーツに身を包んだオオカミ、早口で、金のためだけに生き、手に入るものはすべて手に入れ、周りの人への配慮に欠ける、そんな固定観念があったのです。しかし、本当にそうでしょうか？

現代のビジネス界は、その国でもっとも才能のある人々の巨大な集まりといえます。

実業家には、物事を動かす力があり、成功に必要な能力が秀でています。何十億ドルもの価値があるモノやサービスを時計仕掛けのように生産しながら、絶えず製品の改善を図り、生産にかかる時間と費用を削減していく。ビジネスの世界では、革新と効率化は当然のことなのです。

ビジネス界で成功している人々は、思慮深く快活で、用意周到。洞察力にも富んでいます。そうでなければビジネスの世界で生き残ることはできません。

ビジネスには自然淘汰の作用があり、独自の純度を保っているのです。何も生みだすことができなければ、どんな立場の人間であっても遅かれ早かれ居場所がなくなります。精力的に仕事に取り組まず、何も生み出さない人は、会社のオーナーや経営陣、ときには部下からでさえ、排除されてしまいます。私は何度もこうした事態を目にしてきました。まるで、抗体が血流から異物を排除しようとしている様を見るようでした。

ビジネス界の重鎮たちには、深遠な精神世界を受け入れる土壌があります。彼らは、恐らく一般の人々よりも強く精神世界の真の充実を望んでいます。さまざまな世界を見てきた彼らは、自分が得ることができるもの、できないものを承知しています。そして、精神世界に論理的な説明を求めます。方法と結果を明快にしてほしいのです。それは契約書の条件を明快にするのと同じです。しかし、彼らの中には、深遠な精神世界の探求を途中でやめてしまうこともよくありますが、貪欲さや怠惰が原因ではありません。単に、彼らの要求を満たす道がなかったからです。

**知識や才能の豊富な、粘り強い人々のために生み出された経典**

『金剛般若経』はそういう人々にまさにうってつけです。この経典は、知識や才能の豊富な、粘り強い人々のために生み出されたものだからです。

「ビジネスマンには、真の精神世界を学ぶ上で必要とされる機会も時間も素質もない」

「精神世界の充足を保つことは、ビジネスキャリアとは相反するものだ」

そんな考え方を受け入れないでください。「金剛般若経」の教えは、ビジネスに引きつけられた人こそ精神世界を充足させるための行動を理解し、それを実行するための内的な強靭さを持っていると述べています。

この教えは、人生の道だけでなく、同様にビジネスの道をも指し示すものです。そして、教えをビジネスに活かすことは、仏陀のメッセージと完全に一致します。

現代社会において、私たちが目標を達成するためにこの古代の智慧を活用すれば、静かに、しかし確実に変化が起こり、仕事や生活が変わっていくはずです。

では、この項の最後に、『金剛般若経』を語ったその日、仏陀が起きてからどのように過ごしたのかを見ていきましょう。

**『金剛般若経』を語ったその日、仏陀が起きてからどのように過ごしたのか**

その朝、世尊は下衣をつけ、鉢と上衣をとって、家々を回り、食糧を乞うために大都シュラヴァスティに行かれました。托鉢によって、食べ物がいくらか集まると、帰途につき、食事をとられました。

食事をすまされた世尊は、心を清めるために夕食をとらない戒律に従うため、鉢と上衣を片づけました。世尊は両足を洗い、足を結跏趺坐《けっかふざ》に組み、背中をまっすぐに伸ばし、設けられた座に精神を集中して座られました。

そのとき、多くの修行僧たちが世尊のおられる場所に近づき、傍らまで来ると世尊の両足に自分の頭を触れて尊敬の念を表しました。そして世尊の周りを恭しく三度回り、一方に腰をおろしました。そのとき、若き僧スブーティも修行僧らと共にその場に座っていました。

若きスブーティは座から立ち上がると、礼法として一方の肩のみに上衣をかけると、右の膝を地面につけ、世尊のおられる方に向かって合掌し、頭を垂れました。そして、次のように世尊に嘆願しました

「世尊よ、悟りを開いた如来よ、邪悪なものを打ち砕くものよ、完全な悟りに到達したものよ、仏陀は菩薩の道に向かう求道者たちに、偉大で聖なる人々に、多くの有益な教えを与えてこられました。仏陀である世尊が私たちに与えてくださった教えは、私たちを大いに救ってくださいました。悟りを開いた如来よ、邪悪なものを打ち砕くものよ、完全な悟りに到達したものよ、世尊は求道者たちに明快な教えを与えて導いてくださいました。世尊よ、あなたが与えてくださった明確な教えは、いずれも素晴らしいものでした。世尊よ、本当に素晴らしいものです」。

続けて、スブーティはこのように尋ねました。

「世尊よ、菩薩の道に向かう求道者たちは、どのように生活すべきでしょうか？　どのように実践すべきでしょうか？　どのように心を保てばよいのでしょうか？」

スブーティの質問に対し、世尊は次のように答えられました。

「スブーティよ、まことによろしい。スブーティよ、そのとおりです。悟りを開いた如来は、求道者たちに恵みを与えてきました。偉大で聖なる人々に有益な教えを与えてきました。如来は、実際に求道者たちに最も明快な教えを与えることで、はっきりと道を示してきたのです。

ですから、スブーティよ、聞きなさい。そして私の言葉をしっかりと心にとどめておきなさい。私は求道者たちがどのように生活すべきか、どのように実践すべきか、どのように心を保つべきかを話して聞かせましょう」

「そうお願いいたします」若き僧のスブーティは答え、世尊の指示に従って、その場に座り、世尊のお言葉に耳を傾けました。

世尊は、次のように話始めました。

# 第四章　森羅万象に隠された潜在性

## 二兎を得ることは可能

そろそろ核心に入る準備ができました。誰しもビジネスを含めて人生での成功を望んでいるはずです。しかし、精神面での充実が伴っていなければ、実り多き人生とはいえないことも確実にわかっています。

つまり、物質的な富と同時に精神的な豊かさも欲しいのです。

「二兎を追うものは一兎をも得ず」と言いますが、実は二兎を得ることは可能なのです。

なぜなら、ビジネスでの真の成功には、精神世界の充実から得られる深い洞察が必要だからです。

## 空とはあらゆる成功をもたらす秘訣

この項では、仏教の世界で「空《くう》」と呼ばれる、森羅万象に隠された潜在性についてお話します。空《くう》と聞くと難しく感じられるかもしれませんが、心配は無用です。空とは何か、という答えを急ぐ必要もありません、簡単に言えば、**空とはあらゆる成功をもたらす秘訣**なのです。

最初に、仏陀とその弟子スブーティの一風変わったやりとりが交わされる場面をみていきましょう。

若き僧スブーティは、世尊に向かい、深い敬意をこめて、次のように述べました。

「世尊よ、この教えの名は何と申しますか？　その教えをどのように心に受けとめればいいでしょうか？」

世尊はこれに答えて、こう言われました。

「スブーティよ、これは『完成された智慧』についての教えです。そして、そのように受けとめればいいのです。

何故なら、スブーティよ、如来によって説かれた『完成された智慧』は、『完成された智慧』として決して存在しえないのだから。だからこそ、それは『完成された智慧』と呼ばれるのです。スブーティ、どう思いますか？　如来がこれまで説いた教えというものが何かありますか？」

するとスブーティは尊敬をこめて答えました。

「世尊よ、ありません。一つもありません。如来が説いた教えというものは何もありません」


**この教えはビジネスの世界で間違いなく応用が可能**

残念ながら西欧では、多くの人が仏教の教えはわけがわからないと感じています。実際、この問答を読むと、『金剛般若経』には、意味不明なことが書かれているかのように思えてきますが、決してそうではありません。

まず、この問答の意味と理由を考え、そして教えをビジネスに活かす方法を考えていきましょう。

実際、**この教えはビジネスの世界で間違いなく応用が可能だからです。そして、この問答には実り多き人生を導くための確かな秘訣が含まれているのです。**

まずは、二人の対話をわかりやすく追っていきましょう。

スブーティ：この教えをなんと呼べばいいでしょうか？

仏　陀：「完成された智慧」と呼びなさい。

スブーティ：この教えについてどう考えるべきですか？

仏　陀：完成された智慧として考えなさい。何故なら、私が説いている完成された智慧というのは、「完成された智慧」として決して存在しえないのだから。だからこそ、私はこの経典を「完成された智慧」と名づけることにしたのです。

仏　陀：ところで、スブーティ、この教えが教えであると思いますか？

スブーティ：いいえ、世尊は教えを説かれたことはないと私たちは知っています。

ここでの重要なポイント、そして森羅万象に隠された潜在性を理解するための鍵は、次の言葉に集約できます。

「この教えを教えと呼んでよい。教えを教えであると考えてよい。なぜなら、教えとして存在したものなどないのだから」

この言葉は、極めて明確で具体的な意味を含んでいます。

決して無意味な呪文の類ではなく、人生とビジネスの両方で成功するために必要なことすべてが含まれているのです。

### アンディン社の例

この隠された潜在性という考え方を説明するために、ビジネスの世界によくある例をみていきましょう。不動産についてです。

創業当時、アンディン社はエンパイヤ・ステート・ビル近くにあった宝石会社のオフィスの中の二部屋を借りていました。

小さい部屋はオーナーのオファーとアヤが使い、隣の大部屋には、大きなテーブルを一つ置き、ダイヤモンド取扱責任者のウディ、宝石デザイナーのアレックス、データ管理担当のシャーリー、そして私が使っていました。

テーブルの一角ではダイヤモンドのグレード分け、もう一角では請求書のデータ入力が行われ、私はテーブルの片隅で、受話器を片手に、近郊の大手宝石バイヤーの秘書の名前を探していました。

当時のアンディン社の取扱商品は指輪が十五種類ほどでした。オファーとアヤは、一枚の紙に商品の写真を載せて、出かけた先々でそれを顧客に見せていました。

二人はアメリカでのビジネスのやり方を何一つ知らなかったので、ある意味、彼らと一緒に働くのは楽しい経験でした。

というのも、従来うまくいかないと考えられること（実際にはうまく行ったのですが）や決して許されないこと（世界最大級のデパートチェーンの上級役員との会議にアメリカンフットボールチームのジャージを着ていくなど）を全く知らないがゆえに、二人の仕事への取り組みはかえって独創的だったのです。

オファーがアメリカについて素っ頓狂な質問をすることもありました。

「カレンダーに、明日はグラウンドホッグデー*だと書いてあるけど、祝日なのかい？　休日にすべき日？　有給休暇日にすべきだろうか？」私たちはうなずき、「この日はアメリカの非常に大事な祝日だ」と答えたりしたこともありました。

訳注*二月二日、日本の啓蟄《けいちつ》に当たる日で、ウッドチャックが冬眠から目覚め、この日を境にして春が来るとされる。

一方で、オファーとアヤは、なぜ皆が夜の十一時前には仕事を終えて帰りたがるのか、理解できないようでした。そのため、私たちは夜中の十一時頃まで残業することも少なくありませんでした。私は片道およそ二時間かけて僧院から通勤しており、家に着くのは午前一時頃、そして朝六時には起きて、またマンハッタン行きのバスに乗り込む、という生活を送っていました。

当時、アンディン社では、イスラエルの加工所から送られてきたダイヤモンドや宝石を、そのまま顧客に届けていました。世間では、アンディン社は自社工場を持っていると思われていたようですが、実際は、中心街から少し外れた会社から五番街と四十七番街の交差点にあるブリンクス社（貴重品運送業者）まで走っていき、テルアビブから届けられたばかりの箱のラベルを剥がし、顧客の宛先を書いたラベルに貼りかえて、一つ上の階にある発送オフィスへ駆け上がっていたのです。

**ある事件**

一度、びっくりするような事件がありました。一つの箱に顧客二人分の注文が入った箱があり、中身を分割するため箱を開けると、中には赤銅色のダイヤモンドリングが山積みされていたのです。私はその箱を抱えて、三十番街にあるオフィスに慌てて戻り、中東に何本も抗議の電話をかけました。問題は、合金法の違いにありました。金製品のカラットはダイヤモンドのカラットとは違い、二十四カラットが純金を表します。純金は宝飾品として使うには柔らかすぎるため、指輪などをつくると壊れてしまいます。ですから、別の金属と混ぜて硬度を高める必要があります。

別の金属が四分の一入った金は十八カラット（十八金）になります。アメリカのカラット法では十八、十四、十カラットがあります。指輪の硬度を上げるために合金するのですが、混ぜる金属によって色味が変わってきます。ニッケルを混ぜると明るい黄色、銅を混ぜると光沢のある赤色になります。複数の金属を混ぜるとまた違った色調になります。

アメリカ人は標準的な黄色から明るい黄色を好み、アジア人は深いゴールドを好む傾向があるようです。またヨーロッパ人には赤銅色に近い色を好む人が多いといわれています。つまり届けられた指輪は、間違ってヨーロッパ仕様になっていたのです。

このエピソードは創業当時の大切な思い出の一つです。私たちは揃って、ダウンタウンにある狭苦しいメッキ工場に押しかけ、一刻も早く、赤味がかった金の上に高価なイエローゴールドのメッキをしてほしいと工場長に掛け合いました。その工場で、私とオファーとアヤは、プエルトリコ出身の少女十五人と一緒に一つのテーブルを囲みました。

オファーとアヤは、ヘブライ語でお互いに指示を叫び、少女たちはスペイン語でまくしたてていました。少女たちは誰一人として、なぜ金の上に金メッキしなければならないのか理解していませんでしたが、しばらくすると全員が肩と肩を並べて、指輪を持ち、背中を丸めて、ダイヤモンドに金メッキがつかないように保護するための薬品を塗る作業を始めました。

## アンディン社は思い切って自社工場を開設

そんなことがあって、アンディン社は思い切って自社工場を開設しました。この工場は最初のオフィスと同じような立地でした。マンハッタンの通りから少し入ったワンルームで、コンクリート打ちっぱなしの床は、大きな鉄格子で囲まれており、アンディン社にとっては初めての貴重品保管室がついていました。その頃の懐かしい思い出は他にもあります。

前のオフィスを引き払う晩、私たちはカーペットを引きはがし、数ヶ月の間に落としたダイヤモンドのかけらを四つんばいになって探し、数百個のかけらを回収しました。

新しい工場では、女性社員が誤って、貴重品保管室に入ったまま一晩中出られなくなってしまい、彼女の夫が、いったい何時まで働かせるのだろうとやきもきしたこともありました。

そして私は、蒸し暑い夏の盛りだというのに、ウールのスーツを着て汗だくでした。当時、私が持っていたのはそのスーツ一着だけだったのです。

しかし、師僧から、常にビジネスマンらしくふるまうよう強く言われていたので、私は毎日スーツを着用しなければならず、上着を脱ぐことも、ネクタイを緩めることも決してしてはいけないことになっていました。

## アンディン社はまた移転検討

新しい工場を借りて六ヶ月ほど経った頃、アンディン社はまた移転を検討していました。

「冒険かもしれないが、ダイヤモンド街にオフィスを移すべきではないか?」「しかし、もし広い場所を借りて、注文が減ったらどうするのか?」「小さな場所を借りて、大量の注文がきたら、どう対処するのか？」などさまざまな不安がありましたが、結局アンディン社は、ダイヤモンド街の中心から少し外れた古びたビルのフロアの半分を借りることにしました。広い場所を借りることのリスクと無難な賃借料の間をとった妥協策でした。

「ダイヤモンド部門」の小部屋は、私が一人で使っており、「システム部門」（待合室を兼ねたとても狭い部屋）や貴重品保管室（人が二人も入れば、まるで石棺のミイラに見えるような、縦長の狭いスペース）で作業することもありました。大部屋は工場として使っており、片隅で研磨師が一人で作業していました。

一年ほどでアンディン社の売上は倍増し（これはほぼ毎年およそ十年間続きました）、以前は、ためらっていた広いオフィススペースが、不可欠となってきました。

当時は、まさに膝と膝を付き合わせて仕事をしている状態でした。私たちは、給与一万ドルごとに二・五センチのデスクスペースがもらえるという冗談をよく言っていました。当時の私のデスクスペースは三十八センチくらいでした。

## アンディン社の安全管理

アンディン社は、安全上の懸念から、ダイヤモンド原石の納入業者を社内には入れませんでした。しかも、待合室で待つ他のダイヤモンド商に、最初の取引相手への提示額を聞かれてはいけないので、玄関口（「マントラップ：人捕り罠」と呼んでいました）と待合室の間の廊下で、立ったまま取引を行っていました。

狭い、薄暗い廊下に立ち、手には数千の小さなダイヤモンドの入った紙の小さな包みを持ち、目の前で座っている人々には聞こえないように注意しながらも、背後の工場から聞こえる騒音でかきけされないように大声を出し、さまざまなグレードのダイヤモンドの合計金額と金利を計算しながら、相手が同じ値をつければ、付け値を下げる。まるで狭いクローゼットの中で剣士同士が決闘しているようでした。

ところで、「マントラップ」はダイヤモンド店では特別な場所です。外部からの訪問者が、入り口から中に通されると、自動的に扉が閉まり、監視カメラまたは防弾ガラス越しにチェックされます。チェックをパスすると、二つ目のドアを通り抜ける許可を得て、ようやくオフィスに入ることができます。

一つ目と二つ目のドアは、同時に開かないように電子制御されています。そのため、残業で最後に退社し、内側のドアを通り抜けたあとに、外側のドアの鍵を忘れたことに気が付くと大変なことになりました。

この段階で、アンディン社は、とりあえず同じフロアのもう半分のスペースを借り受けることにしました。全フロアを使っても、デスクスペースが約五十センチほどになってしまうと、今度は階上のフロアを借り、上下階を階段で行き来できるようにしました。

売上は常に倍増を続け、デスクスペースが再度五十センチになったので、さらに別のフロアが必要になったのですが、そのときには残念ながら、二階はなれたフロアしか借りられませんでした。

その後、スペースがさらに必要になったときには、もう他の階はすべて埋まっていました。とはいえ、まさか他の階の人に移動してもらうわけにもいかないので、他を探したのですが、階の少ない、すぐ隣のビルにも空きはありません。

結局、二軒隣のビルのワンフロアを借りたのですが、そのフロアは、高層ビルの上階だったので、私たちのオフィスが入った二つのビルの間には、視界をさえぎるものが何もありませんでした。

そこで、全くの違法行為なのですが、二つのオフィスのコンピュータを接続するために、間にある低いビルの上空でワイヤーのネットワークをつなげました。マンハッタンのど真ん中で、近代的な高層ビルの間に張り巡らされているワイヤーは、まるで、ブルックリンの安アパート街の路地に張り渡された洗濯ロープのようでした。

ここにきて困った事態が起こりました。仕分室が両方のビルにあったので、ダイヤモンドやルビー、サファイヤ、アメジストなどの宝石を入れた大きな包みを抱えて、通りを行ったり来たりしなければならなくなったのです。これは防犯上、危険でした。

さらに、ダイヤモンド街が私たちのオフィスがある地区まで拡張してきたために、オフィスの賃借料は上がる一方でした。当時、アンディン社の社員はおよそ百人、年商は数百万ドル。この規模の事業をどこで行うかについて決断のときが来ていました。

さて、ここで、不動産と森羅万象に隠された潜在性の関係に戻りましょう。

## アンディン社の決断

ニューヨークには、エクゼクティブ・クラスの人間は毎朝ウォールストリート・ジャーナル紙をとるべきだ、と考える風潮があります。実際に読むかどうかは別として（私の印象では、実際読んでいる人はごく少数です）、多くの企業では、毎朝、この新聞を小脇に抱えて、階段を軽やかに駆けあがる姿を見せることが重要なのです。

さらに言えば、毎朝九時頃、新聞が部屋に直接、配達されるよう手配し、「ウォールストリート・ジャーナル」と印刷された部分が、廊下からでもはっきり見えるように、ドアの下に差し込まれていれば完璧です。

九時に配達されるということは、上司がのんびりと出社する九時半まで、新聞はそのままの状態でドアの下にあるということです。出社してきた部下がドアの前を通りがかり、その新聞を目にすれば、上司がまだ出社していないことは一目瞭然です。

つまり、ボスは誰なのか、そして、ボスは九時五分までにタイムカードを押す必要のない存在であることを再確認するのです。

私はウォールストリート・ジャーナル紙は、ごくたまにしか読みませんでしたが、毎回、非常に好奇心をそそられたものでした。一面の右側（左側は国内外のニュースの要約が占めていました）には、たとえば、ジョージ・ソロス氏が、大きなリスクを伴う投資をして大成功した、というような、ある実業家を大げさに褒め称えた記事があり、成功した実業家は、「先見の明があり、業界の誰よりも先を読める人」として賛美されます。

小心で保守的な財界人が遅れを取る中、現状を打破して収益拡大をめざして進む勇気と自信のある人物と称賛されるのです。

他方で、四面には、年をとった経営陣が自分たちのやり方に固執したために、経営が行き詰ってしまった企業についての記事があり、理事会とＣＥＯは、取締役全員をお払い箱にして、新しい取締役を迎えるとあります。

一週間後、あるいは、一ヶ月後だったかもしれません。またジャーナル紙を開いてみると（実は、私は別の副社長の部屋のドアから抜き取ったものを読み、彼が出社する前に戻していました）、一面には、独自の方法を何年も試行錯誤し、行き詰っていた企業が、この四半期に大きな利益をあげたことを称賛する記事がありました。この企業は、行動方針にぶれがない賢明なリーダーが率いる「優良株」企業と紹介されています。そして四面には、自社株で無謀な投資を行った軽率な実業家についての批判記事が載っていました。

私が驚いたのは、リスクをいとわず果敢に挑戦したことを称賛されていた人物が、数ヶ月後にはリスクを犯した軽率な人物となってしまうことです。一ヶ月前には、保守的な経営姿勢をけなされていた人物が、今度は、慎重な経営手腕を褒め称えられているのです。もちろん、勇敢な実業家の経営が伸び続けることも、保守的な実業家の凋落が続くこともあるかもしれません。

**いずれにせよ、同じ人物、同じ企業が全く同じ行動をとっているのに、そこから生じた結果は脈絡なくバラバラで、しかも、そのことに誰も気づいていないようなのです。**

## 不動産への投資

このことが、不動産にどう関係するのでしょうか。どのように「隠された潜在性」を解き明かすのでしょうか。

アンディン社は、これまでの数年間、賃借すべきか否か、拡張すべきか否かで迷い、ここにきて自社ビルを持つべきかの岐路に立っていました。この大きな一歩を踏み出すべきなのでしょうか？

この時点で、実業家はそれぞれの尺度で、利点とリスクを評価するでしょう。新しく大きな自社ビルは顧客に好印象を与え、顧客やディーラーに経営状態のよさをアピールすることにもなるでしょう。

あるいは、自社ビル購入は当社に不相応な拡張だと感じる顧客やディーラーがいるかもしれません。

また、顧客は、新たな経費を補うための値上げを危惧し、ディーラーは自分たちの売り値が安すぎたのではないか、だから自社ビルを手に入れることができたのだろうと邪推するかもしれません。

ダイヤモンド街を離れてしまうと、宝石ディーラーのオフィスからも遠くなってしまうので、必要なときに製品を届けてもらうことが難しくなる可能性もあります。賃借を続ければ、経費を節約でき、ディーラーに払う金額に上乗せできるかもしれません。そうすれば、多数のディーラーの注目を引き、商売繁盛につながるかもしれません。

移転によって社員の通勤に支障がでることも考えられます。通勤時間が三十分増えれば、有能な社員は通勤が楽なダイヤモンド街での仕事を探すかもしれません。他方で、新オフィスとなる西グリニッチビレッジの静かな環境を好む社員もいるかもしれません。ダイヤモンド街のような都会の中心に比べ、趣のある昔ながらの店やレストランがあり、気前よく盛り付けられた食事が楽しめます。

あるいは移転後に、不動産価値が高騰し、投資収入額が上乗せされるかもしれません。もしくは、ニューヨークの不動産価値が再度、突発的に急降下し、不当に高いローンの支払いを続けることになるかもしれません。

すべての生産工程を一つのビルで行えば、大量生産によるコストダウンが可能になり、低コストと収益向上が実現できるかもしれません。逆に、繁忙期でなくても大規模な生産施設を維持する費用がかかるため、経営が徐々に苦しくなるかもしれません。

ビジネスの世界に長く携わっていて、自分に本当に正直な人であれば、物事がいとも簡単に良いほうにも悪いほうにも変わりうることがもうおわかりだと思います。ビル購入後に事業が上向けば、オ能ある実業家だと言われ、いい買い物をしたと称賛される。ビル購入後に事業がうまくいかなくなれば、リスクを犯した軽率さを批判される。ビルを購入しない場合でも同じことです。結果がどうであれ、同じ人物であることに変わりないのに、評価は変わってきます。

少しずつですが、確実に、森羅万象に隠された潜在性がおわかりになってきたのではないでしょうか。

アンディン社はマンハッタン西部に大きな九階建てビルを購入しました。このような不動産への投資は、隠された潜在性、あるいは仏教でいうところの「空」を示す良い例なのです。

## 良いこと、悪いこと、その差は何？

ここで大切なのは、これまでお話してきたビルやビル購入といった出来事の中には、あらゆる種類の潜在性が隠されているということを理解することです。つまり、良い方向に向かう潜在性も、悪い方向に向かう潜在性も、同時に存在しているということです。

ビルを購入したとたんに、ニューヨークの不動産価格が下がれば（残念ながら、アンディン社が自社ビルを購入したときに実際に起こったことなのですが）、ビル購入は、オーナーのオファーとアヤにとっては、判断ミスだったと言えます。

ビルを購入したことで、管理職全員が以前よりゆったりとオフィスを使えるようになれば、ビル購入は、経営陣にとって、良い決断だったと言えます。

ビルを購入したことで、ニュージャージー在住の社員の通勤時間が三十分延長したのであれば、彼らは不満でしょう。一方、ブルックリン在住の社員は通勤時間が短縮して喜んでいます。

ビルを購入したことで、宝石ディーラーたちがアンディン社の財務状態が堅調だという印象を受けたのであれば、アンディン社にとってプラスですが、大金を搾り取られていると感じたのであれば、アンディン社にとってマイナスです。

しかし、「誰々にとって」の部分を取ってしまえば、どうなるでしょうか?

ビル、あるいはビル購入そのものの、善し悪しを考えるとどうでしょうか?

答えは瞬時に出てくるはずです。

当然のことですが、ビル購入そのものは、良いことでも、悪いことでもなく、誰の視点で見るかによって変わってくるのです。利益を受ける人にとってはいいことであり、損害をこうむる人にとっては悪いことなのでしょう。

しかし、ビル購入自体に「良さ」や「悪さ」が備わっているというわけではありません。つまり、そのような性質は存在せず、本質的には「空」である、ということです。

**すべては、私たちがどう捉えるかによる**

**これこそが「空」の真意です。物事はどちらの方向にも動きます。ビル自体に備わった性質ではありません。すべては、私たちがどう捉えるかによるのです。これが森羅万象に隠された潜在性です。**

これは、あらゆるものに普遍的に当てはまります。歯医者での歯根管手術そのものは悪いことでしょうか。もしそうであれば、すべての人にとって良くないものでなければなりません。

しかし、考えてみてください。歯根管手術がどれだけ嫌なものであっても、それを良いものと考える人もいるのです。良心的でない歯科医は、自分の子供たちの学費を稼ぐチャンスだと考えるかもしれません。受付のアシスタントは、病院に新たな収入源ができたことでクビになる心配がないと考えるかもしれません。医療機器業者にとっては、注射器の注文を増やすチャンスになるかもしれません。

　このように、痛みを伴うことでさえ、それ自体に本質的に備わった良い性質や悪い性質はありません。

　つまり、認識の違いにかかわらず、そのような本質的な性質はない、要するに、中立あるいは白紙です。つまり、それが「空」なのです。そして、『金剛般若経』によれば、これこそが隠された究極の潜在性なのです。

　私たちの周りの人々についても、同じことがいえます。職場でいつも不愉快な思いにさせられる人について考えてみましょう。

　一見、その人自身に、不快な性質、性格があるように思えます。「不快な性質」がまるでこちらに向かって広がってくる、あるいは流れてくるようにさえ感じます。

　しかし、よく考えてみてください。他の「誰か」（他の社員、またはその人の家族、奥さんや子供）にとっては、その人は優しく愛すべき人物なのです。たとえ同じ状況下でも、あなたにとっては不快な言動が、他の誰かにとっては好ましいこともあるのです。

　その人の「不快な性質」は、別の誰かには流れついていないようなのです。この事実によって、人「そのもの」に備わった性質などというものは存在しないことが、簡単に立証されます。その人にそういった本質が備わっているわけではありません。もしそうであれば、他人にもその性質が感じられるはずですから。

　むしろ、人は何も書いていないスクリーンのようなものなのです。見る人によって見えるものが違います。これは、単純なことですが、紛れもなく、「空」あるいは隠された潜在性の証です。そして、これは森羅万象に当てはまることなのです。

**仏陀の教え**

ここで仏陀が経典について述べた言葉に戻りましょう。

**「この教えを教えと呼んでよい。教えを教えであると考えてよい。なぜなら、教えとして存在したものなどないのだから」**

これをビル購入に当てはめれば、**「ビル購入を良いことだと言っていい。ビル購入は良いことだと考えていい。なぜなら、ビルそのものには良いも悪いもなく、良いか悪いかは物の見方で変わってくるものだから」**

それでは、この考え方がビジネスにどう関係するのでしょうか。

どうすれば、この隠された潜在性が、人生とビジネスを実り多きものにするための鍵になるのでしょうか。

この疑問を解くために、潜在性を使う上での原則をみていきましょう。

# 第五章　潜在性を生かすための原則

## 「空」なるもの

前章では、仏教で「空《くう》」と呼ばれている森羅万象に隠された潜在性についてお話しました。そして、私たちの身の上に起こるどんなことにも、良い性質や悪い性質が「備わっている」わけではないことが明確におわかりいただけたと思います。

もし、何かが本質的に良い、あるいは、悪いのであれば、他の誰もが同じように感じるはずです。たとえば、もし「同僚Aが一緒の部屋にいると、誰もが不快だと感じているはず」と思ったとします。それが本質をついているなら部屋にいる他の誰もがあなたと同じように不快に感じるはずです。しかし実際は、その同僚を善良で愛すべき人だと感じている人もいるのです。

だとすれば、これには二つの重要な意味が含まれています。

(1)　嫌な人であるとか、いい人であるといった性質はその人自身に備わっているものではない。その人自身に備わった性質は、「白紙」、「中立」、あるいは「空」である。

(2)　個人的にその人を不快に感じる理由は、どこか別のところから生じているはずである。

## 完全な世界

では、その不快さは、どこから生じているのでしょうか。

その答えは、森羅万象に隠された潜在性を解き明かす原則に示されています。そして、この原則を理解すれば、ビジネスと人生を実り多きものにするための潜在性を生かすことができるようになります。

『金剛般若経』の中で、仏陀はビジネスも生活も完全であること、すなわち完全な世界あるいは無上の世界についてこう述べています。

**世尊がおっしゃいました。**

**スブーティよ、菩薩の道に向かう求道者が「自分は完全な世界を創造するために励んでいる」というならば、その者は偽りを語っていることになるのです。**

偉大なチョニラマは、この謎めいた文を次のように説明しています。

仏陀の言わんとするところはこうです。ある人が悟りの境地に到達するためには、まず、そのような究極の状態に到達するための完全な世界を創造しなければなりません。したがって、世尊はスブーティにこうおっしゃったのです。

菩薩の道に向かう求道者が「**自分は完全な世界を創造するために励んでいる**」と語る、あるいは、考えているとします。そして、同時にその求道者が、完全な世界がそれ自体として存在しうるもので あり、完全な世界の創造もまたそれ自体として生じうると考えているとします。このような場合、その求道者は「**偽りを語っている**」ことになるのです。

## 主観は自分自身に由来する

『金剛般若経』の中で、さらに仏陀は続けます。

「**なぜかというと、私たちが創造しようと努めている『完全な世界』というものは、決して存在しえないと如来は言われたからです。それゆえ、その世界は『完全な世界』と呼ばれるのです**」。

ここで、「完全な世界」を、「完全なビジネス」と置き換えてみてください。第一に、完全なビジネスがそれ自体で存在するということは間違っています。教えも、ビルの購入も、あるいは隣の嫌な同僚にしても、それ自体に本質はありません。つまり、それ自体に備わった「悪い」本質、「良い」本質はないのです。もしそのようなものがあるとすれば、誰もが同じように感じるはずです。

しかし、実際には、感じ方は一人ひとり違います。

要するに、物事は白紙、中立。仏教の言葉を借りると「空」なのです。それなのに、私たちはあるものを善、あるものを悪として捉えてしまいます。

**では、そうした主観が物事自体から生じるのではなければ、どこから生じるのでしょうか。**

この疑問が解ければ、望んだとおりに物事を進めることができるかもしれません。

ちょっと考えれば、簡単にわかることですが、**主観は自分自身に由来します**。同僚にイライラするにせよ、同僚からやる気をもらうにせよ、すべてこちらの認識の問題です。このことは、他の人が別の見方、ときには全く逆の見方をしていることからわかります。

では、物事の本質が主観に由来するとはどういうことでしょうか？　そして、どうやって、この現象を活用すべきなのでしょうか？

## 物事の本質と主観

まず、ここでもっとも重要なことは、物事の本質が、いかに私たちの主観とずれているかを考えてみることでしょう。人やものに対する主観は私たち自身の心や認識から生じる、と言うのは簡単ですが、だからといって、望んだだけで、主観をコントロールできるわけではないことは火を見るより明らかです。どんな実業家も、事業の失敗や破産を望んではいませんし、幻滅した社員や未払いの業者、失望した家族の痛みなど目の当たりにしたくないのです。

破産を破産と受け止めるのは、確かに自身の心かもしれませんが、だからといって嫌だと望むだけで破産から免れるわけではありません。

どちらにしても、自分の意思や希望に関係なく、何かが私たちの主観を「否応なし」に決定しているのです。

## 脳＝心という考え方

ここで、仏教の「業《ごう》（カルマ）」という言葉の真の意味を紐解いていきましょう。**業とは、心の記憶**です。この言葉については多くの誤解が広まっていますので、まずはこの「心の記憶」についてお話ししていきます。

心をビデオレコーダーと考えてみてください。目や耳などの感覚器官はレンズの役割です。画質を決定するつまみやスイッチはほとんど全て意図、つまりあなたが起きてほしいと望むことやその理由に関係しています。それでは、どうやって記録するのでしょうか。

**ビジネスの成否を決める記憶は、どうやって心に植えつけられるのでしょうか。**

まず、心の記憶という考え方がどんなものかをみていきましょう。心を粘土と考えてみてください。非常に変形しやすく、何かに触れるたびに、その跡が残ってしまう粘土です。

一方で、この粘土にはこれ以外に驚くべき性質があります。まず、この粘土は完全に透明で言葉で表現できる物質ではなく、血、肉、骨で作られた身体の一部ではありません。

仏教では、脳＝心という考え方を認めていません。たしかに脳周辺の感覚には心の一部が存在していると言えるかもしれません。しかし、心は指の先にまでつながっています。

誰かが指先に触れればわかるのは、心がそう認識するからです。さらに、「冷蔵庫に何か美味しいものが入っていませんか？」と私が尋ねれば、あなたの心の目は冷蔵庫に向かいます。今朝、冷蔵庫にあったもので、今も残っているのは・・・と記憶を引き出すのです。

つまり、あなたの意識は、理性と記憶という媒介を通して、現実世界の物質的な境界を越えて、肉体を越えて、どこか別の場所へ旅をするのです。

「夜空の星や空の果てを思い浮かべてください」と言われたら、あなたの心はどこへ向かうでしょうか？

心の粘土にはまた別の面白い性質があります。この粘土を、あなたが生まれた瞬間から最期の時まで（おそらくその前後はさらに伸びているのですが、ここではその点には触れません）引き伸ばされる一本の長いスパゲッティのようなものと考えてみてください。

別の言い方をすれば、この粘土は時間とともに伸びるのです。一年生で心に植えつけられた「あいうえお」の記憶は、二年生になっても、そのまま残ります。ですから、二年生のときにも、現在も、文字がすべて読めるのです。

西欧社会では、学習を「意図的に植えつけられた記憶」として語ることはあまりありません。しかし、考えてみれば、それこそが子供たちを学校に入れる理由です。小学校に入学したばかりの子供を持つ親が教師に望むのは、子供が将来医学部に進学できるくらいに、しっかりと残る記憶をいくらかでも植えつけてほしい、ということです。

老後に頼れるのが、国の社会保障だけというのでは少々心もとないですから。

ただ、私たちは、心の記憶という考え方を全面的に認めても、記憶のプロセスが実際にはどう機能するかについてはまったくと言っていいほど無頓着です。たとえば、年齢を重ねるにつれ、脳に記憶が詰め込まれていくのに、脳はなぜ大きくならないのか？　などとは考えないものです。

## 物事を良い悪いと認識させる心の記憶

では、本来ならば「白紙」、「中立」、あるいは「空」であるはずの物事を、良い、または、悪いと認識させる心の記憶について考えていきましょう。（ちなみに、ここまで「空」についてお読みになった皆さんは、空が「意味がないこと」や「ブラックホール」や「何も考えないようにすること」などとは全く違うことがおわかりになったと思います。私たちにとって良いものであれ、悪いものであれ、それ自体にはそのような性質は備わっていないことが「空」であるということです。）

ある物を「良い」または「悪い」と認識させる記憶は、三つの方法で心に植えつけられます。

**行為、言葉、そして思考**です。私たちに内蔵されたビデオレコーダーである心は、常に作動しています。心のある面が、目や耳などの感覚や思考というレンズを通して、私たちが感じたことを絶えず記録しているのです。困っている社員を助ければ、良い記憶が心に植えつけられます。顧客や業者にうそをつけば、悪い記憶が心に植えつけられるのです。

**カメラには意図というつまみがついており、これが記憶の強さを決める最も重要な要素です**。社員を助けるという行為にしても、その社員への思いやりからではなく、生産性や収益に悪影響がでては困るという理由からなされたのであれば、心に植えつけられた良い記憶はないにも等しいのです。

社員が本当に困っているから助けたのであれば、良い記憶がより強く植えつけられます。さらに言えば、「自分」と「他人」を隔てるものが実際は存在しないことに気づき、一人の苦しみは全存在の苦しみであり、闘っているのは人間の不幸という共通の敵であることを理解した上で、その人を助けたのであれば、もっとも強力な記憶が植えつけられるのです。

他にも記憶の強さを決定づける要素があります。

まず、感情です。たとえば、業者にたわいもない嘘をついた場合でも、それが強い怒りから生じた嘘であれば、悪い記憶はより強く心に植えつけられます。

次に、意図の正しさがあります。

たとえば、顧客に対して、実際の価格よりも誤って高く請求してしまった場合でも、悪意のない単なる（コンピュータのモニタ上の）数字の読み間違いからの行為であれば、意図的に間違えた場合よりも、心の記憶はずっと弱くなります。また行為の相手の周囲の条件や状況も、記憶の強さを決める大きな一因となります。

## 研磨師のもとでの修行

ダイヤモンド裸石（研磨済みのダイヤ）の大量取引に携わって数年経った頃、私はダイヤモンドの研磨法を知ることで、ダイヤモンドの真価をさらに理解できるのではないか、と考えていました。

四十七番街に立ち並ぶダイヤモンド店のビルの上階には、隠れ家のような加工所がいくつもありました。私はそのような加工所を何軒も訪ね、研磨法を教えてくれる人を探し始めました。

あるとき、私はダイヤモンド街でも名の知れたある研磨師を探し出すことに成功しました。彼は当時、世界最大のダイヤモンドのカットに取り組んでいました。四百カラット以上というそのダイヤモンドは、明るい黄色のファンシーカラーダイヤモンドで、大手宝石チェーンであるゼールス社が買い取ったものでした。彼は、「作業を見学しに来てもいいよ」とは言ってくれたものの、残念ながらそれ以上、話が進展することはありませんでした（ところで、「ファンシーカラー」とは、天然の色味を持つダイヤモンドで、色は、明るい黄色や茶色、有名なホープダイヤモンドのようなブルーなどがあります）。

南アフリカ共和国出身の研磨師と偶然に出会い、数日間、彼らのもとで修行したこともありましたが、その加工所はあまりにも騒がしく問題が多すぎました。困ったことは他にもありました。アンディン社で夜中まで残業する日が続いていたため、夜遅くに教えてくれる人が必要でした。そんなときに、サム・シュムエロフに出会いました。

「シュムエル」と呼ばれていた彼もまた、ダイヤモンド業界で私が出会った本物の紳士の一人でした。彼の妻レイチェルは、アンディン社で私の右腕として働いており、ダイヤモンド部門の成功は彼女の功績と言っても過言ではありません。

シュムエルは平日の夜と日曜日に私を指導してくれることに応じてくれました（ニューヨークのダイヤモンド商の多くはユダヤ教正統派であるため、ダイヤモンド業界はシャバットと呼ばれる安息日を尊重しています。ですから、ダイヤモンド街では、信心深いユダヤ教徒は安息日である土曜日には働かないのです）。

私が初めてシュムエルのダイヤモンド加工所に入ったときの様子は、『神曲』の中で、ダンテがその師ウェルギリウスの案内で、地獄に足を踏み入れた瞬間のようでした。

シュムエルは私の腕をつかみ、四十七番街にある大理石造りの二つの高層ビルの間の人目に付きにくい入口に入ると、小さなエレベータまで私を連れてきました。エレベータでガタガタと十階まで上がると、そこには薄暗く狭い廊下があり、両側に細いドアがずらりと並んでいました。

**表札＝個人経営の小さなダイヤモンド商が使っている「商号」**

ペンキが剥げかけた古いドアには、真新しく光る珍しい形の重厚な差し錠がつけてあります。ドアのほとんどに、手書きの安っぽい小さな表札が五、六枚かけてありました。後で知ったのですが、その表札には、個人経営の小さなダイヤモンド商が使っている「商号」が書かれていました。

たとえば、「ベニー・アシュター」という人だったら、こんな感じです。

「アシュター・インターナショナル・ダイヤモンド社」

この数ヶ月で研磨した、小さな靴箱いっぱいの半端なダイヤモンドと、数年前に、誰かが借金の代わりに残していった売れ残りのクズ原石を販売。

「ベン―アッシュ・ワールドワイド宝石製造工場」

ダイヤモンド商よりも宝石加工業のほうがより簡単に稼げるという話を耳にして、宝石を数個使って昔つくったお粗末なデザインのイヤリングを販売しているものの、まだ売れたためしがない。

「シムゼブ・インターナショナル・ダイヤモンド加工＆修理工場」

ダイヤモンド研磨機のついた机一つの工場とはいえ、きちんと稼働しているのでご安心を。シムゼブ（Simzev）という名前は、子供たち、サイモン（Simon）とゼーバ（Ze'eva）の名からとったものの、結局皆は「ベニーの加工工場」と呼んでいる。

「ベンジャミン・レア＆エキゾチック宝石店」

一九九三年に「ピンクアイス」と呼ばれるキュービック・ジルコニア（模造ダイヤ）が流行し、値上がりを見込んで、二キロ分を買い占めたが、流行は六ヶ月で終わり、七ヶ月目には急落。現在は、保険会社から、ジルコニアを入れたカバンが金庫の場所をとりすぎるので、捨てたほうがいいと苦情を言われている。

**研磨室の様子**

怪しげな廊下を進むにつれ、甲高い音が聞こえてきました。その音は、徐々に大きくなり、まるで閉じ込められた蚊の大群が激しく飛び回る洞窟に向かっているようでした。私たちが立ち止まったドアは、巨大な暗灰色《あんかいしょく》の金属製の奇妙な扉で、部屋番号も名前も何も書かれていません。ドアのずっと上方の天井の角には監視カメラがこちら向きに取りつけてあります。

シュムエルがブザーを押し、誰かが応対するのを待ちます。返事はありません。

何度もブザーを押すと、ようやくドア越しに「誰だ？」という怒鳴り声が聞こえました（実は監視カメラは壊れたままで、修理する気も、時間もないのです)。

「シュムエルだ」と答えると、

「やれやれ、今開けるよ」という声とともに、ボルトをがちゃがちゃと開ける音がしました。そしてチェーンが何本か外され、ようやくドアがギーギーときしみながら開きました。突然、耳と頭が、ものすごい轟音に包まれます。まるで、ニューヨークの通りを三十分歩いて遭遇するタイヤの音、サイレン、道路工事の音を、わずか数秒の間に、すべて聞かされているような轟音です。

店のオーナーは私を睨んでいますが、シュムエルは「彼は大丈夫、私の友人だ」といいながら、私を人捕り罠（ここも壊れています）から店内に引っ張り込みます。

轟音の渦の中で、研磨師が一人、二人顔をあげて、様子を伺っています。強盗や顧客ではないことがわかると、視線を戻して、よそ見した間に一ミクロンでも余計に研磨していないか確かめます。

部屋には長テーブルが五台ほど、あばら骨のように二列に並んでおり、各テーブルには金属製の研磨機が三、四台ずつ組み込まれています。それぞれの研磨機の前では、研磨師が高椅子に座り、前かがみになって作業しています。

ダイヤモンド街のビルは世界でも有数の高額不動産です。その貴重な空間を有効利用するために椅子の両側には肘掛がなく、研磨師は一メートルにも満たない間隔で、向かい合わせに座っています。目に入るのは前方の研磨師の顔だけ。一日のうち十〜十四時間を作業に費やすのですから、相手と話が合うに越したことはありません。

ダイヤモンド加工所には独特の薄暗さがあります。ダイヤモンド原石の茶色がかった外層を研磨して、透明な窓を削り出すと、ダイヤモンドの小さな粒子が薄く剥がれ落ち、研磨機の円盤の表面に塗った油と混ざります。円盤は超高速回転しているため、ダイヤモンドの薄片と油の混ざったしずくが空気中に撒き散らされ、そこら中の壁や人にベタベタとくっつき、積もっていきます。

そのため、加工所内はどこもかしこも、どんよりとしたグレーです。壁も床も照明器具もグレー。人の顔も手もグレー、シャツもズボンも靴も窓までグレーです。窓からの光が遮られた薄暗い加工所にいると、自分が地下何百メートルのところにいるのか、あるいはニューヨークのガラス張りの高層ビルの四十階（多くの宝石加工所がこうした場所にあります）にいるのかわからなくなるほどです。

しかし、その冥府の暗闇から現れる極上の宝石は、まるでインドの僧院の池で、泥と堆積物だけに支えられて花開くピンクの蓮の花のように、私をいつも感動させます。

「蓮のように生きることができるか？」

これは、仏教徒が大切にしている比喩です。人生の痛みや混乱を受け入れ、その上で力強く成長し、それを生かし、この世ではめったにみられない宝石、つまり真に思いやりのある人間になることができるか？　という意味です。

## 二人の研磨師

シュムエルは修行を始めるにあたって、私にいくつかの基本的なアドバイスをしたあと、私にネイタンとホルヘスという二人の研磨師の間の古びた高椅子に座るように指示しました。

ネイタンはハシディーム派ユダヤ教徒でした。毎朝ブルックリンから、ハシディーム派専用バスで通勤していました。古い黄色いスクールバスの車内はカーテンで左右に男性と女性の席が分けられています。バスがブルックリン橋からチャイナタウンを抜け、ダイヤモンド街まで走る間、男性も女性も祈りを唱えます。

ネイタンは、クォーター（〇・二五カラット）の加工をする大きな宝石製造所の社員でした。通常はクォーターの加工は儲かる仕事ではありません。賃金は、仕上がった宝石と同じくらいか、それを少し上回る程度のものだからです。しかし、その会社は良質の石を取り扱っており、ネイタンも安定した量の品質のよい商品を良い値で提供していました。ですから、しっかりと働けば、生計を立てることが可能です。

一方、ホルヘスの住む世界は全く違います。ホルヘスはダイヤモンド加工業界に身を置くプエルトリコ人の職人の典型で、自尊心が高く、怒りっぽい人物でした。飲み歩いて数日欠勤したり、数週間姿が見えないと思えば、プエルトリコに戻っていたりします。そして、まるでお茶でも飲んできたみたいな顔をして突然戻ってきたりするのでした。

しかし、彼らの技術といったら！　トンボのように円盤の上をひらひらと動き回るその手にかかれば、万物の中でもっとも硬い原石が真の芸術作品に生まれかわるのです。ホルヘスは世界最高級の原石の研磨をまかされる職人です。今、彼の手の中では、十二カラットのダイヤが鉄製円盤との間で悲鳴を上げながら、赤く熱を帯びています。研磨されれば、五万ドルはくだらないでしょう。

シュムエルは、自分の長椅子の脇にある穴に、たくさんの外国製の道具を詰め込んでいます。その中から、彼はダイヤモンドの古いホルダーを取り出しました。おそらく、彼自身も修行に使ったもので、初期のダイヤモンド研磨で使用された正真正銘のアンティークです。

堅木製のアームの端に分厚い銅製のネックが付いており、先端に鉛のボールが取り付けられています。そのボールの片側を、脇に置いたアルコールランプであぶり、鉛を柔らかくします。そして、原石をすばやく鉛に押し付け、爪で数回すばやく叩いて詰めこみます。

ダイヤモンドは、その完全な原子構造のおかげで、万物でもっとも透明であるだけでなく、熱伝導性と導電性に非常に優れています。他のどんな物質よりも熱を逃がしてくれるダイヤモンドは、人工衛星内の小さなスイッチなど、オーバーヒートや停電が絶対に発生してはいけない電気の配線に使用されます。実際、NASAの最先端技術にもダイヤモンドが数多く使用されています。

以前、NASAがある会社を通して、大きなダイヤモンドを取り寄せたときのことを覚えています。ほぼ無傷で、直径がなるべく大きい石という注文でした。

ダイヤモンドは酸などの浸食作用にも全くといっていいほど影響されないため、NASAはそのダイヤを円盤状にカットして、火星に送る衛星のカメラレンズの外側を覆うために用いるということでした。NASAは、何か事故があったときに備え、この円盤の予備まで用意していました。その費用がいったい幾らになるのか想像もつきません。

ともかく、ダイヤモンドは金や銀などの金属よりも熱を伝えやすく、ひどい火傷の原因となることもあるので、ホルダーにダイヤモンドを取り付けるシュムエルの動きは俊敏でした。

**最初に研磨する石**

私が最初に研磨する石としてシュムエルにより託されたのは、「ボルト」とよばれるダイヤモンドくずでした。ダイヤモンドがしっかりと結晶化せず、原石の内部が氷のように見える代わりに、濁った緑色のゼリーのようになったものです。

こうした石は、一般的に、研磨機の円盤用のパウダーにするために砕かれるか、結晶面が複雑で手に負えないダイヤモンドに「拒絶された」つまり、削られてしまった鉄製円盤を平らにするためのカンナとして使われます。ボルトは、数カラットの重さがある原石でも、その価値は十ドルにもならないので、たとえ私が研磨角度を間違っても失うものは何もないというわけです。

研磨角度の正確さは重要です。ダイヤモンドは、完全な原子構造を持つため、天然の物質で最も高い屈折率を有しています。「屈折」とは、宝石に入った光が内部で折れ曲がり、反射を繰り返し外に出て再び私たちの目に届くことです。もし、ダイヤモンドの底部や先端の角度が狭すぎると、光は底部や横へ屈折してしまい、素人目に見ても輝きが鈍いとわかります。もし底部が平らすぎると、コップの底のように光が垂直に通り過ぎてしまい、輝きが失われてしまいます。

ダイヤモンドがもっとも輝く底部の角度は四十・七五度と言われており、研磨師の見習いにとって、習得するのがもっとも難しいのが、寸分の狂いもなくこの角度に研磨する技術なのです。

私の師匠となったシュムエルは、角度を自動設定できる近代的なドップの使用を許してくれませんでした。研磨を始めるにあたって、私に与えられたのは銅製の棒の先の鉛に詰められたダイヤモンド原石だけです。研磨するため、銅の棒を曲げて、アームを円盤の上に下ろします。

ダイヤモンドが数ミクロン剥がれると、石をひっくり返し、宝石用ルーペの前にかざし、鉄製の蝶のような奇妙な道具で角度を確かめます。ルーペの焦点距離はおよそ三センチなので、私はほぼ半日、顔を手の平にうずめるようにしておかなければなりません。

ルーペは鼻の先で固定します。手で支えなくとも、これで十分な安定感が得られるのです。とはいえ、炭素の斑点の場所を確かめながら、微小な内包物をぶれることなく捕らえるのは、小さなクローゼットの中にルーペを持って閉じ込められて、地震の最中にノミを観察しているような作業でした。

私は三十分近くも気づかないまま、ダイヤモンドの内包物ではなく、ダイヤモンドを持つ自分の指の毛穴を観察していました。分度器とルーペと石のついたドップを持ちながら、指が震えないように気をつけ、正しい角度で光を見て、呼吸を止め、周囲の研磨機のキーキー鳴る音を気にせずに作業するのは至難の業だったのです。私は目の端で時計を見ながら時間ばかり気にしていましたが、作業終了の時間はもうすぐだと言うのに時計の針はなかなか進んでくれませんでした。

### 本当に困っている人を助ける

そのとき、ちょっとした騒ぎがありました。横を見ると、ホルヘスのお尻（彼は、ちょっとぽっちゃりしていました）が目に入りました。鼻を床にこすりつけるように四つんばいになっていたのです。今となってみれば、この姿勢が、ダイヤモンドビジネスに携わる人がダイヤモンドを落としたときの典型的なポーズだとわかります。普段ではなかなか見ることができない光景です。

部屋中で大の大人が四つんばいになり、床の埃を一つひとつつかみ、円盤やダイヤモンド用のピンセットからこぼれ落ちた石が埃の中に入っていないかを調べているのです。しかも、大多数の人は、上流社会の億万長者たちです。

ダイヤモンド鑑定師の養成学校では、紛失したダイヤが見つかるまで家に帰してもらえません。授業の後、三時間も残されたこともありました。かなりの大きさのブリリアントカット・ダイヤモンドが講師の書見台の隅まで飛んでいたのです。床に落ちたとばかり思っていた私たちは、床ばかりを隅から隅まで徹底的に探し回っていたのでした。

何も言わずに黙って床を這っていたホルヘスが少しばかり物音をたて始め、小声でスペイン語の悪態をつきました。そのうち、ネイタンも四つんばいになって一緒に探し始めました。ホルヘスはシュムエルに必死の形相で、問題があるから、助けてほしいと訴えかけました。数分後には、部屋にいた全員が自分の担当している数十万ドル相当のダイヤモンドの研磨を中断し、仲間を助けるべく床に這いつくばっていました。ここ最近、この加工所でお目にかかることがなかった十二カラットものダイヤモンドを仲間が失くしたのです。

夜更けになっても捜索は続きました。まずは、床の隅から隅まで、それから窓枠（幸運なことに窓は何年も開けられたことがなく、四十七番街で過去に何度もあったように、どこかの幸運なダイヤモンドディーラーの手元に落ちたという心配はありませんでした）。

次に全員のシャツのポケット（格好の隠れ場所です）、それから、ズボンの裾の折り返し部分、靴、靴下、ベルトの下、ズボンの中、下着の中、バッグ、箱、亀裂部分、すき間、全員の髪の毛（ただし、生えていればの話ですが）まで探しましたが、（髪の毛に小さいダイヤモンドがくっつくことがよくあるのです）見つかりません。もう一度、最初からすべて見直し、さらに再度しらみつぶしにチェックしました。部屋にいた全員が居残って、捜索を手伝っていましたが、もうお手上げでした。

夜明け近くになって、私たちはようやく断念しました。この出来事は、どうすれば心に特に強い記憶が植えつけられるかを実証しています。本当に困っている人に対して、親切あるいは不親切な行いをするかです。

## 研磨師の掟

ダイヤモンド取引では、こうした事件を補償する保険契約がありますが、そんな高額な保険に入る余裕のある人はほとんどいません。もしこのままダイヤモンドが見つからなかったら、ホルヘスは費用を賠償するために丸一年分の賃金を支払わなければならなくなるでしょう。そして、これは研磨師の掟であるため、実際にホルヘスはきっちりと支払う心づもりだったに違いありません。

自分の仕事を中断し、ダイヤモンド探しを手伝った人は、本当に困っている人のために働いたことになります。困っている人を助けるために、立ち止まり、手助けをしたとき、あるいは、他人が困っているのに知らないふりをしたとき、(良いにつけ、悪いにつけ) 心の記憶はずっと強いのです。

次の朝になり、加工所のオーナーに、廊下続きの隣のオフィスで働く研磨師から電話がありました。大きなダイヤモンドを失くしてないか? 経理部屋の隅の床に落ちていたんだが、と言うのです。これは私にとって、ダイヤモンド原石の取引に携わる人がほとんど例外なく誠実だということを思い知らされた最初の経験でした。私はとても感動しました。

結局、そのダイヤモンドは、研磨師の椅子の金属の角で跳ね返り、床をコロコロ転がり、壁と床の接合部の小さな亀裂に入り込み、壁のすき間を通りぬけて、壁の反対側の亀裂から出てきたのでした。言うまでもないことですが、ホルヘスは感謝してもし尽くせないという感じでした。

**本当に困っている人に手助けすれば、心の記憶は強く植えつけられます。その行為の対象が、あなたに非常に親切にしてくれている人や、徳の高い人格者である場合もまた、記憶を強く植えつけます。**

ほんの短い期間だけ会社で働き、たいした貢献もしていない社員を軽い気持ちで首にするのと、会社の設立時から長い間働いてきた社員を、特別退職金を支払わなければならない勤続年数に達したという理由だけで首にするのは全く別の問題です。同様に、電話代の支払いが遅れることと、心からあなたを信用し、高価なダイヤモンドを託してくれた人との口約束を破ることも全く別のことです。

## 神のご加護あれ

ダイヤモンド業界には、こうした信用を担保にした口約束があります。ダイヤモンド取引では、伝統的に「マザール」という概念で取引を行ってきました。マザールとはイディッシュ語で「神のご加護あれ」という意味の言葉です。ダイヤモンド取引でこの言葉が使われると「交渉成立」を意味します。最高レベルのダイヤモンド取引の大多数は、このマザールという口約束で成立しています。

時には、一面識もない売り手と買い手が電話交渉で「マザール」という一言を口にするだけで、数百万ドルものダイヤモンドが取引されるのです。「マザール」と口にした時点で、いかに不利な取引であっても、約束を守る義務が発生します。

マザールを守ることは、ダイヤモンド取引で最も重要なことです。マザールが破られた例は耳にしたことがありません。激しい交渉の末、売り手と買い手の両方がマザールと口にすれば、その証拠が心の中にしかないにせよ、約束を変更することはできません。契約書もサインもありません。「マザール」という言葉を口にした、この事実だけを理由に、約束した金額を期日どおりに支払わなければならないのです。マザールの精神を無視したり、人格者を裏切る行為をすれば、あなたの心の記憶はずっと強く植えつけられるということは想像に難くないはずです。このことを示す好例に、「差し替え」と呼ばれる行為があります。これはダイヤモンド職人の神聖な伝統である「委託」システムの侵害です。

## 白熱した交渉の結果で決まる

ディーラーAが一カラットの裸石三百個の紙包みを、「委託」としてディーラーBに送ったとします。Bは数日間、石を丁寧に調べ、すべてを買うか、一部を買うか、全く買わないかを判断します。すべての石を買うのであれば、全体の値段からある程度の割引は確実に得られるでしょう。どのくらいの割引になるかは、今後数週間の白熱した交渉の結果で決まります。

Bが包みの一部だけを買うことに決めたのであれば、慣習として、AはBが選んだ石の単価を高めに要求していいことになっています。通常、包みの中の最上品の価格は同じ包みの劣悪品よりもはるかに高いからです。したがって、「いいとこどり」をするのであれば、少し高めの値段を覚悟しなければなりません。

**悪徳商人**

さて、ディーラーBが悪徳商人で、数日後にディーラーAに電話でこう言ったとします。

「送ってもらった品を調べたところだが、こんなドレックを送りつけるなんて全く信じられない。すぐに、お宅の警備員に品物を取りに来てもらってくれ。こんなガラクタを私の店に置いておく気にはなれない」

ちなみに、「ドレック」はイディッシュ語で「くず」という意味です。もしインド人ディーラーと口論しているのであれば、代わりに「カラブ」と言えばいいでしょう。相手がロシア人であれば、「ムソール」です。おわかりでしょうが、どんな善良な商人からダイヤを買ってもダイヤは常に「くず」です。誰かから買ったばかりの「くず」を別の誰かに売りつけるときは、ダイヤはいつも「ミツィア」(信じられないほどの掘り出し物)になります。

Bは、数日の間に、Aのダイヤモンドを丹念に調べ上げ、もっとも価値のあるダイヤモンドを一つか二つ選び、まったく同じ重量で、それほど質の高くない自分のダイヤモンドと差し替えました。ダイヤモンドは雪片のようなもので、一つとして全く同じものはありませんが、自分の商品をすべて把握している人はいません。特にアンディン社のように、数十万個のダイヤモンドを保管している場合は、差し替えに気づく人はおそらく誰もいないでしょう。

### 詐欺の被害を見抜く方法

しかし、こうした詐欺の被害を見抜く方法は、すでにいくつか考案されています。

ダイヤモンドには傷をつけることができないので、ピンでイニシャルを彫るような安易な方法は無理ですが、取引の場面でどうしても必要であれば、微調整されたレーザーでダイヤモンドの側面に照合番号を小さく焼き付けることができるようになったのです（これは非常に値の張る方法なので、「鑑定書付」あるいはもっと高価なダイヤモンドでのみ試す価値があります）。

また、X線を使って、模造ダイヤや差し替え品を検出する方法が開発されたおかげで、携帯式の小型X線装置を社用車に積んでおき、移動先で一度に数千個のダイヤモンドを検査することができるようにもなりました。

### 差し替えの常習犯は遅かれ早かれ、馬脚を現す

しかし、現実には、差し替えの常習犯は遅かれ早かれ、馬脚を現すものです。（不正直さと愚かさは、同じ心に現れやすいものです。それは、ダイヤモンドとガーネットの関係に似ています。この二つの石は、同じ場所で見つかるため、ガーネットが見つかれば、近くにダイヤモンドがある可能性が高いのです）。

二日もしないうちに世界中に噂が広がり、悪徳ディーラーBがダイヤモンドの包みを要求しても、どのディーラーも「今日は該当する品はない」などと理由をつけて取引を断るようになります。

**問題は、BがAの神聖な信用を裏切ったこと**

問題は、BがAの神聖な信用を裏切ったことです。信用してくれた人を傷つけ、「マザール」に象徴される自主管理制度を踏みにじったことが、その行為の記憶を心に強く刻みつけるのです。**良いことであれ悪いことであれ、自分の行為の質が、心と呼ばれる粘土の痕跡の強さに影響するのです。**業者への支払いが間に合わなかっただけでなく、さらに言い訳をしたとします。ビジネスの世界で私が聞いたよくある言い訳をいくつか紹介しましょう。

「小切手は先週、郵送しました。まったく、ニューヨークの郵便事情ときたら！」

「経理担当が当社ビルの別のオフィスに移動したのですが、まだ彼の内線番号を知らないのです」

「経理ソフトを変更したため、小切手が隔週金曜日にしか印刷できません」

「期限が九十日とは知っていましたが、ダイヤモンドのグレード分けが終わってから九十日と思っていました（グレード分けには数週間かかります）」

「コカコーラのような大企業ですら、数日遅れることがあるのに、何が問題なんだい？（二ヶ月遅れでこの発言です）」

「本当に今、立て込んでおります。両日中には小切手を用意できると思います。昼食のあとにでも立ち寄ってください。（経理部は、金曜日の銀行閉店時間の十分後に来てもらい、資金の利息を三日分稼ごうという算段です）」

もちろん、一番よく知られている方法は、逃げの一手です。経理部の電話線をすべて外したり、(残酷な方法を望むなら)「私どもはお客様からのお電話を一件一件大切に扱っております。担当者は現在、別のお客様に対応しておりますので、そのまましばらくお待ちください」と言う優しい声のメッセージをつくり、イライラするような音楽をバックに、このメッセージを三十秒ごとに繰り返すように設定するのです。こういう行為は、その悪質さの故、心の記憶をより一層強く植えつけます。

## 心の記憶の原則

**記憶が心にどのように植えつけられるかを決定する最後の要因は、思考、言葉、行為の結果と関係します。**それをやり終えて、嬉しかったですか？　もう一度やりたいですか？　責任を取れますか？もしそうであれば、良いものであれ、悪いものであれ、記憶は強く植えつけられます。

これが心の記憶の原則です。

私たちの心は非常に感度の高いフィルムのようなものです。他人に対するどのような行為でも、良い行為であれ、悪い行為であれ、そのフィルムに明確な記憶あるいは印象を残します。まるで新雪についた鳩やオオカミの足跡のようにはっきりと、しかしその跡は、ずっと消えずに残るのです。

では、こうした記憶は、私たちの人生にどう影響するのでしょうか。

それを生かすことはできるのでしょうか。

私たちは望みどおりに物事を動かすことができるのでしょうか。

こうした疑問に答えるために、潜在性を生かすための原則と潜在性そのものを結び付けていきましょう。

# 第六章　潜在性を生かす方法

## 森羅万象にはどのようにでも変わりうる流動性がある

さて、これで、チベット仏教の深遠な教えを、生活や仕事に応用するために知っておくべきパズルのピースはすべて揃いました。ここからは、そのピースをつなぎ合わせていく作業に入ります。

ここまでの項では、まず、《森羅万象には隠された潜在性がある》ということを見てきました。別の言い方をするならば、**森羅万象にはどのようにでも変わりうる流動性があるのです**。

どのような人であれ、決してその人自身に不快な性質が備わっているわけではありません。どんな人にも、その人自身に不快な性質が備わっているわけではありません。

なぜなら、その人を魅力的だと感じる人は必ずいるからです。どんなに嫌な人に思えても、その性質はその人自身には由来しません。では、相手を不快に感じるのは、一体どこから来るのでしょうか。

明らかなのは、それが何らかの形で自分自身の心に由来しているということです。

では、あらゆる事象が自分の心に由来するからといって、自分の身にどんなに悪いことが起きても、良いこととして捉える決意などできるものでしょうか、ひどい目にあっても、良いことだと思うことができますか？　現実はそんなにうまくはいきませんよね。また、願うだけで、家を買ったり、子供を大学に行かせることはできません。

どうも、私たちの主観を決定している何かには強制力があるようです。つまり、自分の身に今「良いこと」や「悪いこと」が起こっていると認識させる何かが、私たちの主観を決定させてしまったら、それを変えることはできないのです。

こうしたことはすべて、前章でお話したカルマと呼ばれる心の記憶によるものです。

## 記憶がどのように作用するのかを知る

仏教の智慧は、このカルマを自分のためにうまく生かすためにあります。そのためには、心の記憶がどのように作用するのかを知る必要があります。手掛かりを得るために『金剛般若経』に立ち戻ってみましょう。

**世尊はおっしゃいました。**

**「スブーティよ、どう思いますか？　高貴な生まれの子が、この三千大千世界を七宝で満たし、誰かに寄進するとしましょう。この子は、こうした行為により、多くの功徳を積んだことになるのでしょうか？」**

少し難解になってきたので、チョニラマの註釈を引用していくことにしましょう。以下は、これまでの箇所に対するチョニラマによる解説です。

経典の次の節で、仏陀はある事実を明らかにしたいと考えています。これまでの節では、究極の状態に達するという行為について、そして、これらの教えを他の人に説くという行為などについて、話してきました。

いずれの行為にも、この世界のあらゆる事象にも、それ自体に備わった本質はありません。にもかかわらず、主観的には本質が存在しています。ですから、寄進した人は確かに功徳を積んだことになります。しかし、こうした事象の背後にある原則を学び、熟考し、黙想した人は、はるかに多くの功徳を積むことができるのです

**三千大千世界**

この点を伝えるために、世尊はスブーティに次のように尋ねています。

「**スブーティよ、どう思いますか？　高貴な生まれの子が、この三千大千世界を・・・**」

この三千大千世界は、『阿毘達磨倶舎論』では次のように描写されています。

私たちが「小千世界」と呼ぶものは人が住んでいる世界が千個集まったものです。それぞれの小千世界には、四つの大陸があり、中心に山があります。山の頂上には「聖地」があり、さまざまな神が住んでいます。この小千世界が千個集まったものが「中千世界」と呼ばれ、この中千世界が千個集まったものが「三千大千世界」です。

仏陀は続けておっしゃいます。

「**高貴な生まれの子が、この三千大千世界を七宝で満たし、誰かに寄進するとしましょう**」

七宝とは、つまり、金、銀、水晶、瑠璃《るり》、エメラルド、金緑石、赤真珠です。

**「彼らは、こうした行為により、多くの功徳を積んだことになるのでしょうか?」**つまり、贈り物をするだけで、功徳が得られるのか、と尋ねておられるのです。

それでは、『金剛般若経』に戻りましょう。

**スブーティは答えました。**

**「世尊よ、それは、非常に大きな功徳となるでしょう。世尊よ、実にりっぱなことです。この高貴な生まれの子らは、こうした行いによって非常に大きな功徳を積むでしょう。何故なら、世尊よ、功徳の集積というものは決して存在しえないものだからです。だからこそ、如来は『功徳を積む、功徳を積む』と説かれたのです」。**

チョニラマの解説を見ていきましょう。

これに対して、**スブーティは答えました。**

「それは、非常に大きな功徳となるでしょう。そして、この功徳の集積は、私たちの認識の中でだけに、夢や幻のような存在としてのみ存在することができるものです。つまり、『功徳を積む』ということは、実体のあるものではなく、それ自体では決して存在しえないのです。だからこそ、如来もまたそれを名目上は「功徳を積む」と呼び、「功徳を積む、功徳を積む」と説かれたのです。

この節には多くの重要な教えが示されています。過去の善行や悪行はすでに終わったものであり、未来の行為はまだ為されていません。

したがって、厳密にはそれらの行為は存在していないのですが、一般的な意味では、そうした行為が存在すると考えることに異論はないでしょう。さらに、それを行った人の心には一貫した流れがあり、その心の流れが過去や未来の行為に結びついていること、そして、行為はその人にふさわしい結果をもたらすことも認めざるをえないでしょう。上に示した一連のやりとりの中には、このような難しい問題が提起されています。

では、『金剛般若経』の続きをみていきましょう。

**すると、世尊はおっしゃいました。**

**「スブーティよ、高貴な生まれの子が、この三千大千世界を七宝で満たし、誰かに寄進するとしましょう。一方で、この子が、この教えの中の四句からなる詩の一節を受持し、他の人に正しく説明し、正しく伝えるとしましょう。こうすれば、単に宝を寄進するよりもはるかに多くの功徳を積むことになり、はかりしれない無量の功徳の集積を生み出すでしょう」**

## 心に留める＝記憶する

チョニラマはこの最後の数行を次のように説明しています。

まず、「詩の一節」という言葉について説明しましょう。チベット語に訳されたこの経典は詩の形式で書かれていませんが、原典のサンスクリット語版は韻律詩になっています。

「受持する」という言葉は、「心に留める」つまり記憶するという意味です。あるいは、手に経典を一冊「持ち」、朗誦するという意味でもあります。

「**正しく**説明する」という言葉は、この経典の言葉を読み上げ、それを正確に説明するということです。「**正しく**伝える」とは、この経典の意味を正確に伝えるということで、何と言ってもこれが最も重要です。

**心の記憶の問題**

前者の善行（貴重な宝石で覆われた世界を寄進する）よりも、この経典を受持し、正しく説明し、正しく伝えるほうが、はるかに多くの、はかりしれないほどたくさんの功徳の集積を生み出すことになるというのです。これまで私たちの身に生じるあらゆる事象は「中立」つまり「空」であることをみてきました。その出来事を快いと感じようと不快に感じようと、その性質はそれ自身が元々備えていたものではないのです。それはむしろ私たちの側にあるものです。

だからといって、私たち自身がすぐに感じ方をコントロールすることはできません。

ここに、心の記憶の秘密があります。これまで述べてきたように、心の記憶は、他人を助けたり、他人を傷つけたりするたびに「自覚」という門を通じて植えらつけられてきました。

記憶の強弱には、これまでに概説したように、意図、感情の強さ、行為についての自覚の強さ、行為についての自覚の強さ、行為の為し方、あとでどの程度自身の行為を省みることができるか、行為の相手の状況（非常に困っている人、とても親切にしてくれた人、あるいは徳の高い人など）などが強く関係しています。

残る問題は、こうした心の記憶が私たちの世界観をどのように決定づけるかという点です。

チベットの仏教典によれば、**私たちの心の「ビデオカメラ」は、一回指を鳴らす間に、およそ六十五の画像もしくは記憶を記録すると言われています。こうした記憶は、潜在意識と呼ばれる場所に入り、数日、数年、数十年の間そこにとどまります**。

潜在意識の中では、あたかも一続きの幻想を映し出す映画のコマのように、記憶の断片が千分の一秒ごとに明滅しながら再現されているのです。

自然界の種子と同じく、心の流れの中に植えつけられた種子は成長します。そして、自然界と同じく飛躍的に成長します。一ヶ月目に心に植えつけられた記憶の強さは二ヶ月目には二倍に、三ヶ月目には四倍、五ヶ月目には当初の十六倍になっています。

この原則は何も驚くべきことではありません。

たとえば、ドングリの重さはせいぜい数グラムですが、ドングリが成長したカシの大樹の重さを考えてみてください。単位がグラムからトンに変わっているはずです。

古代チベット仏教の教えでは「心の種子は自然界の種子と同じような習性をもつ」と言われています。

それは、アメリカ全体を支配する連邦政府を思い起こすと納得がいきます。一七七〇年代に、アメリカ建国に寄与した人々の心に浮かんだ新政府という小さな志が、この巨大組織を作り上げました。すべては心の中の小さな種子から始まったのです。

子供のとき、初めてお金の意味を理解したときのことを覚えていますか？　そのときの思いと比べて、過去二十年間、あなたの生活や思考がどれほどお金に対して向けられてきたかを考えてみてください。

今、お話している概念を、チベット語でke-nyen chenpoと言います。大きな利益の可能性と大きな損失のリスクは、常に背中合わせであるという意味です。他人に対する些細な行為や軽率な行為でさえ、心の中に種子を植えつけ、その種子が成長して開花する頃には、非常に大きな結果へつながりかねないのです。

## 心の種が開花するとき

では、その種子はどのように開花するのでしょうか。このとき、どのような法則が作用するのでしょうか。

私たちの心は、莫大な数の記憶が入った巨大収納庫のようなものです。記憶は、空港の滑走路に並ぶ飛行機のように、列をなして離陸を待っています。前述の原則のとおり、強い記憶は先に離陸し、弱い記憶は後まわしとなりますが、後回しになって心の滑走路で待つ間、刻一刻と動力を強めていくのです。

今現在の心の記憶よりも強力な記憶を植えつけるような行為を他人に対して行うと、まるで、管制塔からその記憶を他より先に発進させるよう指示があったかのように、強い記憶が列の前に進みます。

記憶という飛行機が飛び立つと、つまり、心の記憶が意識下に入ると、そのときに経験している出来事に対する色づけがされてしまいます。大きなタンク状のものに四本の肌色の動く円筒がついた集合体が、あなたの前に現れると、心の記憶が意識下に入り、この新しい情報を「人」であると解釈するよう要求するのです。

そのタンクの上には卵型のものがついており、その真ん中に、ピンク色の楕円形が見えます。すると、その楕円形の中に赤く光る円筒形のものが表れて、しきりに動き始めます。子音と母音がある法則で混ざりあい、円筒形の周囲の音量が急に変化します。

同時に、数日前に植えつけられた悪い記憶が意識下に入り、この新しい情報を「私に向かって怒鳴りちらす上司」と解釈するという具合です。

**四つの法則**

心の中に植えつけられた過去の記憶が「開花」し、周囲で起きている物事に対する見え方を強制的に決定する方法は、次の四つの法則に従っています。

◎第一の法則

**心の記憶によって決められた主観の内容は、以前その心の記憶が植えつけられるきっかけとなった内容と一致する**

つまり、他の人を傷つけた悪行により植えつけられた記憶は、不快な主観として結実するのです。同様に、他の人を助けた善行により植えつけられた記憶は、快い主観として結実します。簡単に言えば、悪い行為は悪い結果しか導かず、良い行為は良い結果しか導かないのです。

「いばらからブドウを、あざみからイチジクを採ることができようか?」と言ったイエスの心には同じ考えがあったのではないでしょうか。

◎第二の法則
**潜在意識下で、記憶の種子は開花するまで成長を続け、良いにせよ、悪いにせよ、なんらかの主観を生じさせる。**

この現象については既にお話しています。重要なのは、ほんのわずかな、ほとんど無意識の行為でさえ、将来の重大な主観の引き金になりうるということです。

◎第三の法則
**引き金となる記憶が植えつけられていなければ、どのような主観も生じない。**

ここで重要なのは、すべての主観が、過去の心の記憶の結果だということです。私たちの身の回りの人、物、事象、思考そのものでさえ意識下に記憶が表れ、その記憶が主観を決定づけない限り、存在しないのです。

◎第四の法則
**一つの記憶が心に植えつけられると、必ず一つの主観が生じる。いかなる記憶も無駄にはされない。**

第四の法則は、第三の法則の裏返しのようなものです。きっかけとなる過去の記憶がなければ、どんな主観も生じないことが真実であると同時に、植えつけられた記憶は、間違いなく主観を生じさせます。記憶は無駄になることは決してなく、常になんらかの結果を導き、私たちに必ず何かを認識させるのです。

ちなみに、第二の法則は、本章の最初に引用した『金剛般若経』が示していることです。本書で述べているすべての事項の中で、これがビジネスと人生における成功にとって、何よりも重要な点であり、要約すると次のようになります。

**心の記憶によって、「中立」あるいは「空」であるはずの世界が私たちの目にはそう見えないことを自覚すること。それによって比較的小さな行為であっても、途方もなく大きな結果を導くことできる。**

この事実を説明するため、仏陀は弟子のスブーティに対し、一つの世界を贈るよりも、さらには、貴重な宝石で覆われた世界を一億個贈るよりも、ただ『金剛般若経』を入手し、その内容に触れることのほうがよいと述べたのです。

なぜなら、心の記憶が主観を決定する法則がわかり始めさえすれば、自分の人生や世界を意識的に完全なものに変えることができるからです。

つまり、この法則への理解がさらに深まっていけば、どんなに些細な行為、言葉、思考という種子であれ、しっかりと強く心に植えつけることができるようになり、その結果、自分を取り巻く外的世界・自身の内的世界がさらにはっきりと変化していくのです。

さあ、あなたはどんな目標を実現したいですか？

それが決まれば、第一の法則を使い、目標を実現させるための心の記憶を特定しましょう。望ましい結果から遡り、そのような認識を導く心の記憶を特定することができるのです。このような心の記憶とその結果の関係を「相関」と呼びます。

## ビジネスにおける「良い行い」とは

人生やビジネスにおいて、ある結果を生みだすために必要な心の記憶を植えつける行為は、多くの場合、思わずとってしまう行為とは大きな落差があります。

たとえば、会社の製品が市場で振るわず、キャッシュフローが悪くなっている場合、企業やその役員の大半は、直観的に経費削減に向かいます。最初に削減の対象となるのは会社の寄付金です。次に会社役員が短距離の出張でビジネスクラスを使うなどの露骨な待遇手当がなくなります。

さらに、残業した社員へのタクシー代支給など、手当と給与の中間のようなものが消えます。

それから、ボーナスが消え、昇給が削られ、そして昇給が完全になくなり、給付金削減が始まります。行き詰った会社が「現行制度よりも優れた医療保険制度への切り替えをお知らせします」などと発表すれば、経験豊かな社員であれば不安になるでしょう。

なぜなら、これは十中八九、現在の給付金を削減するための巧みな策略だからです。

こうした段階的な削減とともに、あらゆる方面で社員への心配りが消えていき、会社全体の士気も下がっていきます。

「資金繰りが厳しいため、昇給を数ヵ月先送りにしなければなりません」

「昇給もないのに、なぜ残業しなければいけないんだ？」

「今回も昇給は見送ります。誰も業績を上げていませんから」

「昇給はずっと先送りにされているのに、なぜ会社の金を節約しなければならないんだ？」

「ぎりぎりまで経費を節減しているのに、キャッシュフローは悪くなるばかりです」

こうして悪循環は続きます。ですから、ある問題に対して思わずとってしまう対応には慎重になることが肝要です。その対応が問題を単に永続化させることもあるからです。チベットでは、悪循環が永続化してしまう現象を korwa と呼びます。会社の資金が不足しているから、社員の手当を打ち切り、給与や人員の削減について話し始める。

そして、これが何よりも問題なのですが、何かを生み出すという創造的な思考が、身を守るという防御的な思考に移行してしまうのです。

こうした対応の一つひとつが、経営者の心に、新たな悪い記憶を植えつけます。経営者に依存するしかない人々への手当や支援を打ち切るたびに、**自分や自分の会社が同じように資金援助や支援を打ち切られるという結果を導く記憶を植えつけているのです**。

さらに、心の記憶は潜在意識に長く滞在するほど、その強さを増すという第二の法則により、この現象は拡大します。こうして、心の記憶が第二の財政難の波を生み出し、それに対して緊縮姿勢をさらに強める対応をすることで第三の波を生み出す。この悪循環が蓄積された結果、経営に行き詰った企業でよく見られる下方スパイラルが起きるのです。

これまでの流れでおわかりのように、財政難への対応として、削減や緊縮といった考え方は避けるべきです。ただ、状況次第ではやむをえないときもあるかもしれません。前述したように、記憶を植えつける方法には、行為、言葉、そして思考の三つがあります。

そして、**この三つの中で、群を抜いて重要なのが思考です**。考え方は、それだけで、もっとも深い記憶を植えつけるのです。

ですから、企業であれ個人であれ、財政難への対応として何よりも避けなければならないのは、ケチな考え方になることです。これまでと同じ額の手当を出すには財政的に無理があることは事実かもしれません。しかし単にケチればいいみたいな考えは絶対にいけません。現在の財政状況の範疇で、創造性を失わず、心からの寛大さをなくさないことが不可欠です。

もし単にケチな考えを起こして、現在の財政状況でも十分支給できる手当を打ち切ってしまえば、強い心の記憶が植えつけられ、その記憶は会社の立ち直りに悪影響を及ぼすでしょう。

ここで留意しなければならない重要な点がもう一つあります。今お話ししている古代の知恵は、考え方次第で、財政状況に対する自分の認識が変わるということを説いているのではなく、自分の考え方が「周りの現実を実際に決定する」作用を詳しく説いているのです。

支払不能に陥ってしまったことを、あなたがどう思うかについて話しているのではなく、**経営者の考え方次第で、支払いができるかどうかが実際に決まると言っているのです。**

「寛大な考え方を維持することが資金を生み出す」という奥の深い理念をもつこの智慧の体系は、これまでのビジネス思想体系とは、はっきりと一線を画しています。

## ダイヤモンド業界の場合

では、ある市場の状況をみてみましょう。

はっきり言ってしまえば、ダイヤモンドの価値はあってなきに等しいものです。変形したダイヤモンドや、茶色や黒のダイヤくず、また、砂利とそう変わりのない産業用ダイヤは、見た目は悪いものの、世界経済で果たす役割は極めて重大です。自動車のエンジンブロックや航空機の重要部品などは、鉄そのものを切断、成形することが可能なところまで硬度を高めたカーボンスチール製でなければなりませんが、カーボンスチール自体を研ぐ必要があり、それができるのはダイヤモンドだけなのです。

この理由から、ダイヤモンドは、ウラニウムやプルトニウムと並び、近代産業に必要不可欠な戦略的鉱物に数えられてきました。アメリカ政府は戦争や大災害によってダイヤモンド供給が不能になった場合に備えて、長年、産業用ダイヤモンドの備蓄を行っていました。当時、ダイヤモンドといえば、川底に堆積したダイヤモンドが主流で、しかもその原産地はアフリカの数カ国のみに集中していました。

冷戦中にアメリカは、ソビエト連邦など東側陣営へのダイヤモンド供給を阻害するという強攻策すら講じました。この政策の結果、ソ連はその広大な領土を、くまなく調査せざるをえない状況に追い込まれ、皮肉にも多くのダイヤモンドパイプを探しあてることになります。

ダイヤモンドパイプは、地表に噴出した部分だけで数メートルから数百メートルにおよび、地中に埋まった巨大なニンジンのような形状をしています。ダイヤモンド鉱床を求めて、パイプを地中数十万メートルまで掘り進めると、通常、パイプは徐々に細くなり、採掘が困難になります。

パイプは地球の中心部から地表に向かって古代の溶岩が噴きあげた通り道に沿って、形成を始めたばかりのダイヤモンドが溶岩とともに運ばれた筒状の鉱脈です。この鉱脈は、キンバーライトという緑がかった鉱石で覆われています。鉛筆のお尻に付いている消しゴム大のダイヤモンドを探すためには、何トンものキンバーライトを採掘しなければなりません。ですから（世間で信じられている説とは逆に）、ダイヤモンドの産出は実は費用がかかるものなのです。

地球に分布するダイヤモンドパイプの位置から、かつては大陸がすべて一つにつながっており、現在の海洋は大陸が離れ離れになったときに生まれた亀裂または割れ目であるという説が正しいことがわかります。よく知られている通り、ダイヤモンドパイプの多くが南アフリカに位置しています。

たとえば、有名なデビアス・ダイヤモンドパイプは、ビア兄弟というボーア人の農民が所有していた土地の真ん中で発見されました。次いで、この付近でキンバリー鉱山も発見されたのですが、貧しいビア兄弟は一八七〇年頃にこの土地を二束三文で売ることになりました。

それ以後、この土地では数百万カラットのダイヤモンドが発掘されています。このデビアス鉱山にちなんで、名づけられたデビアスグループは、百年以上の間、世界のダイヤモンド原石取引の大半を独占している強大な影響力を持つダイヤモンドカルテルです。

ダイヤモンドパイプは噴出して地表に円錐型に固まりますが、その後、数百万年間かけて周囲の土地と同じ高さにまで侵食されていきます。風、雨そして熱や凍結作用によって徐々に風化していくのです。その過程で、ダイヤモンドを含む青みがかった岩石「ブルーロック」からダイヤモンドの原石が剥がれて、小川に入り、川に流され、海に向かいます。

ダイヤモンドの比重は、金と同様に鉱石の中でも大きく、硬度は普通の石よりもはるかに高いため、しばしば川底の岩盤に小さな窪みができます。そのうちの一部が、さらに流されて海に到着するのです。小さなひびや亀裂がない本当に純粋なダイヤモンドだけが、気が遠くなるほど長い年月をかけて海へとたどりつくのです。

おそらく、ダイヤモンド採掘の歴史上もっとも有名なのは、アフリカ西岸でのダイヤモンド発見の逸話でしょう。おかげで、アフリカ西岸にあるオレンジ川は大西洋への出口まですっかり掘り返されてしまいました。

ダイヤモンドパイプから噴出したダイヤモンドの原石は、オレンジ川から大西洋に抜け、強い海流に乗り、数百年漂った後に、また海岸に打ち寄せられます。一九〇八年にドイツ人の探検家がアフリカの西海岸で最高品質のダイヤモンドを発見したときの光景は、まるでこぼれたポップコーンが散乱しているようだったと言われています。

現在は立入禁止区域に指定されているこの海岸一帯で、探鉱者たちが四つんばいになり、巨大なダイヤモンドを拾っている写真は私のお気に入りの一枚です。

一方、ブラジルには、川底にダイヤモンドが堆積している地域があります。たとえば、近代的なミナスジェライス州にあるスイスを思わせる静かな小都市ディアマンティナの近くのジェキティニョニャ川流域などです。しかしブラジルにはダイヤモンドを産出するようなダイヤモンドパイプは存在しません。

インド西部にもダイヤモンドパイプはありませんが、アフリカの堆積層が発見されるずっと前に、歴史に名を残す最高級ダイヤモンド「コヒヌール」や「オルロフ」などが、この地の川や海の堆積層から産出されています。

世界地図を思い浮かべてください。南米の最南端とインドの最南端を持ち、大陸移動が起こる以前の位置に押し戻してみましょう。つまり、南アフリカの両側に付けるのです。こうすれば、南米とインドの川底で採掘されたダイヤモンドがどこから来たかは一目瞭然です。

母なる大地アフリカからそれぞれの大陸が移動する前に、南アフリカにあった巨大な鉱脈パイプが徐々に侵食され、ダイヤモンドがブラジルの川とインドのデカン高原の川に流れ込んだのです。

南アフリカの巨大なダイヤモンドパイプの周辺の地形はシベリアの地形と多くの点で似ています。この事実に注目したのが、偉大なロシア人地質学者ウラジミール・ソボレフでした。

アメリカの策略により、ソ連（ロシア）が産業用に必要なアフリカ産ダイヤの供給を断たれたとき、ソボレフ率いる地質学者チームはダイヤモンドパイプを探すために、シベリアの広大なツンドラ（凍土）地帯に派遣されました。

残念ながら、当時は、空中からはもちろん、それ以外の方法でも、ダイヤモンドパイプの探査技術はほとんど開発されていませんでした。ダイヤモンドパイプの真上に来て、ようやくダイヤモンド鉱床である青色のブルーグラウンドを見つけることができたのです。さらに面倒なことには、ブルーグラウンドは、数世紀かけて堆積した数メートルの厚さの土壌で覆われていることがありました。

**ロシアのダイヤモンド**

ダイヤモンド産業では、シベリアのダイヤモンド採掘のきっかけとなった事件が次のように伝えられています。ソボレフの探索チームは、シベリアの凍てつく荒野でダイヤモンドパイプを探して歩き回っていました。

ある日、チームの一員であった女性地質学者が、仲間のために単調な食事に変化をつけようと新鮮な肉を求めて狩りに出ました。

彼女の目は、少し離れた場所で動くものを捕らえました。キツネです。キツネは低木の茂みに身を隠しました。彼女がライフルをかまえ、照準スコープでキツネを確認し、今にも引き金を引きそうになったとき、幸運の女神が引き金を寸前で止めました。キツネの側面の毛皮に青い染みがついていたのです。その青はまさにダイヤモンドパイプの鉱床の色でした。

彼女は巣までキツネを追跡しました。そのキツネ穴こそが、ロシアで最初に発見された大きなダイヤモンド鉱床「ミール（平和）鉱山」です。

その後四十年間、ロシアの広大な内陸に広がる凍土地帯で、次々とダイヤモンドパイプが発見され、ロシアは世界有数のダイヤモンド産地となっていきました。シベリアでは、永久凍土に深く埋められた杭の上に人工的な町がつくられ、そこに多くの鉱山労働者たちが住んでいます。氷が解けてしまうと、町が半解けの泥の下に沈んでしまうので、空調システムで町と凍土とのあいだの空間に、常に冷気を送り込まなければなりません。

ダイヤモンド市場にロシア産ダイヤが流入し始めたとき、世界中のダイヤモンド商が不安と恐怖の波に呑み込まれました。

ロンドン周辺では、デビアスグループの産業部門が、ロシアの技術に後れを取るまいと研究しており、プリンストン大学でロシア語を習得していた私は、その研究のいくつかに関わりました。

一九七五年の瞑想体験以来、ダイヤモンドに対する興味は尽きることなく、ダイヤモンドビジネスに関することならどんなことでも知りたいと思っていた私は、ソ連のさまざまな科学誌に掲載されている記事の翻訳を買ってでたのでした。

西側がこれだけ憂慮したのは、ソ連が人造ダイヤの製造法をすでに知っているという事実を知っていたからです。人造ダイヤの製造に世界で始めて成功したのは、アメリカのゼネラル・エレクトリック社でした。石墨（鉛筆の炭）のかけらを巨大で奇怪な形をしたピストンで圧縮し、長期間、高圧高温下に置くことで、地球深部のパイプで本物のダイヤモンドが生成される工程を再現するのです。

ただ、幸いなことに、一カラットのダイヤモンド原石を製造するために要する電気代は、小都市で数時間、電灯をつけておくのと変わらないほど膨大でした。このやり方で人造ダイヤを製造すると、ブルーグラウンドの山を何トンも掘り出すよりも、はるかにコストがかかるのです。

ですから、人造ダイヤは割に合わないというのが定説でした。合成・人造ダイヤは純粋さも美しさも本物にひけをとらない完全な芸術品です。しかし、人造ダイヤは脅威にはならないとダイヤモンド業界は高をくくっていたのです。

「ロシアは低コストの合成ダイヤ製造技術を発見したのではないか？」

これがシベリア産の大量のダイヤモンド原石が市場に突如現れた唯一の説明だと考えられていました。これには大きな理由がありました。西側の技術では、ブルーグラウンドからダイヤモンド原石を回収するためには大量の水が必要だったのです。原石を回収するには、まず巨大な道具で鉱床を小さく砕きます（ちなみに、この作業では、時折発見される巨大なダイヤモンドを小さく砕くことがないように入念な注意を払わなければなりません）。

次に、砕いた鉱石と水を混ぜ合わせたものを、ポマードのような粘性のオイルペーストで覆った広いテーブル上にドロドロと落とします。ダイヤモンドは、ここでも完全な原子構造により、他のどんな鉱物よりも油のついた表面に粘着しやすい性質があります。泥水とダイヤモンド鉱石が油の上を転がるうちに、ダイヤモンドはくっつき、残りは横に流れ落ちるのです。

その後、テーブルからこそげ取ったポマード状のオイルペーストを大きな容器に入れ、液体になるまで加熱すると、底についたダイヤモンド原石が回収できます。

しかし、北極圏の辺縁にある内陸地でこれだけの水量を確保し、貯蔵することは不可能でした。水は外気に触れた途端、凍ってしまうからです。ダイヤモンドは、自動車、航空機、ミサイル、戦車などの製造に不可欠なものだったため、当時のソ連のダイヤモンド産業についての詳細な情報は国家機密とみなされ、情報漏洩は死刑に匹敵する罪でした。

シベリア凍土の下に本当に天然のパイプ鉱山があり、ロシア人がダイヤモンドと鉱床の石ころを見分ける優れた方法を開発したことなど、当時の私たちには知る由もありませんでした。

その方法とはこうです。ほとんどのダイヤモンドにはX線を照射すると、かすかに蛍光を発する性質があります（ちなみに、この性質が強く、太陽光線でも蛍光を発するダイヤモンドもあり、これが太陽光線下ではブルー、人工光線下では白く見える「ブルーホワイト」ダイヤモンドの伝説を生みました）。

砕いた鉱石を小さな穴が多数あいたテーブルに広げます。穴の下には強力なエアジェット装置が付いています。X線を鉱石に次々に照射していき、センサーが光を検知すると、センサーの信号でエアジェットが作動し、ダイヤモンドは跳ね上がり、ダイヤ回収用のガラストレーを底に敷いた専用タンクに飛び込むという仕組みです。もちろん、トレイは精巧な鍵でしっかり固定されており、近くには警備員が配置されているので、ダイヤモンドは安全です。

ロシアがこのような方法を開発していたことなど全く知らなかったため、事情通のダイヤモンド商たちは、ロシアが大量の人造ダイヤ製造に成功するという飛躍的な進歩を遂げたのではないかという底知れない不安を抱えていました。なぜなら、それが事実だとすれば、ダイヤモンド産業で「オーバーハング」と呼ばれているものの崩壊を招きかねなかったからです。

オーバーハングとは、過去六十年くらいの間に加工されたダイヤモンドの累積総数を指します。先進諸国の中流階級は、婚約の象徴としてダイヤモンド指輪を買うゆとりを持ち始めています。この中流階級からの需要増加に対応して供給を拡大するために、世界中で操業可能なダイヤモンドパイプが次々に発見されてきました。

考えてみてください。ブルーグラウンドからダイヤモンドを一つ回収し、輝くばかりの五十八面体のブリリアントカットを施せば、そのダイヤは代々受け継がれる宝となります。ダイヤモンドを捨てる人はいません。世代を超えて、愛情を持って丁寧に扱われ、流行が変われば、デザインの違う指輪やペンダントなどに作り変えられ、娘へ、そのまた娘へと受け継がれていくのです。万物の中でもっとも硬いダイヤモンドは永遠ともいえる時間を人から人へと渡り歩くのです。

チベットの賢人たちは、ダイヤモンドというものは、現所有者が年老いてこの世を去れば、いつかは新しい所有者を探す旅にでなければならないものなのだと冗談を言います。

ダイヤモンドは永遠ですが、私たち人間の時間は永遠ではないようです。

ありふれた古い宝飾品のダイヤモンドには（産業ダイヤとは反対に）現実的な価値はほとんどありません。ガラスのビーズでも同じくらいに美しいものが幾らでもあるのが現実です。その上、ダイヤモンドの価値とは、ある時点で誰かが支払ってもいいと思った値でしかないのです。

現在、市場に大量に出回っているダイヤモンド、つまり「オーバーハング」の価値は、ダイヤモンドの希少性は継続するという消費者の確信があってこそ成立する一つの価値観にすぎないのです。

もし、ロシアが本当に低コストのダイヤモンド合成技術（実験室で本物のダイヤモンドを生成する技術）を開発したのであれば、それは、すなわちオーバーハングの崩壊を意味します。ダイヤがどこにでもある飴玉同然になる前に、祖母から受け継いだ指輪をたとえ二束三文でも現金に換えておこうとする個人所有者が殺到し、世界中の市場に滞留したダイヤモンドの価値は雪崩のように崩壊していくでしょう。これはダイヤモンド商にとっては悪夢のような事態です。

しかし、幸い、これは現実にはなりませんでした。

## 三つの事例

ここで市場の問題に戻りましょう。ダイヤモンド裸石取引で、特に慎重を要する問題です。アンディン社のような企業は、数千種類の宝石デザインを常に用意しています。それぞれのデザインは、ダイヤモンドの配置が微妙に異なります。

たとえば、あるブレスレットのデザインは、中心に一カラットのダイヤモンド、その横に四分の一カラットのダイヤを数個並べ、二カラット製品と認められる基準までダイヤモンドチップを周囲にあしらうデザインです。

アンディン社は、大手顧客であるＪＣペニーやメイシーズ（共に百貨店チェーン）からいつなんどき、どの注文が来るのか予想できません。ＪＣペニーが突然、前述のブレスレットを百点注文し、十五日前後で納品するよう求めることもありえます。すると、アンディン社のダイヤモンド部門のバイヤーたちは駆け引きを始めます。

駆け引きとは、私の地元の少年たちに人気のあった「チキンゲーム」のようなものです。チキンゲームでは、二人の無鉄砲な少年が互いの車に向かって全速力で走行し、衝突を避けるために先にハンドルを切ったほうが「チキン（臆病者）」と呼ばれます。

ダイヤモンドのバイヤーは、値段が釣り上げられないように、ダイヤモンドは全く必要ない、あるいは、それほど必要ないという素振りを市場に見せておかなければなりません。

一方、市場は、バイヤーが切羽詰ってきたのを確認するまでは商品を出し惜しみして、商品が今日中に必要というところまで待って、いい値で買ってもらいたいと考えています。どちらか一方が一日でも長く待ちすぎてしまえば、ゲームオーバーです。つまり、納期が過ぎてしまっても、交渉するには価格が高くなりすぎても、ダイヤモンドは無価値に逆戻りしてしまうのです。

多彩な商品を顧客に提供しなければならない現代のダイヤモンド商にとって、常にあらゆる種類のダイヤモンドを在庫で揃えておくことはまず不可能です。前日には一つも必要ではなかったブレスレット用のサイズ・品質のダイヤモンドが、その日になって突然、二万個必要になることもあるのです。

これほど大量のダイヤモンドを、世界の一都市の市場だけでまかなうことは不可能です。

ですから、アンディン社がこのサイズでこの品質のダイヤモンドを必要としているという噂が広まる前に、世界中のバイヤーに大量の商品獲得を指示するとともに、隠密に行動するよう注意を喚起する必要があります。もし噂が広まれば、価格が跳ね上がるからです。ＪＣペニーにはブレスレットの定価を提示済みで、値上げの余地はありません。

これは、隠された潜在性と心の記憶の力を示す実例です。私はその力を、それこそ千回は目にしてきました。そして皆さんもその力が本当に存在することを信じられるようになるはずです。

## 隠された存在性と心の記憶

これからアンディン社の三人のバイヤーたちの駆け引きを見ていきましょう。

最初はニューヨークのキシャンという名のバイヤーです。キシャンは注文が来そうな「予感」がしていました。そこで、ダイヤモンド街の数十店ある宝石商から一店を選んで電話をかけます。

偶然にも、この店は香港支店から、注文と同じダイヤモンドを大量に仕入れたばかりでした。

実は、この店のアントワープの系列店が、ロンドンのデビアス社に翌週、支払いをするために多額の現金が必要だったのですが、取引先の宝石商が、顧客からの支払いが滞っているため資金繰りが悪くなり買取りができないと連絡してきたちょうどそのときに、キシャンが問い合わせの電話をしたのでした。そういうわけで、キシャンは二千個のダイヤモンドをその日の午後までに格安で手に入れることができました。

次はインド、ボンベイのバイヤーのディルです。ディルも業者に電話をしましたが、今のところ簡単に大量入手できる商品はありませんでした。しかし数時間ごとに、ボンベイのあちこちのディーラーから小さな積荷が集まり始めました。あちこち走り回り、難しい交渉を経て、注文分を購入できることになりました。

しかし、その頃には、ニューヨーク本社では、近郊で簡単に購入できる商品に資金の大半を使ってしまっており、ディルは時間外業務をした上に、給与の支払いも少し遅れる羽目になりました。

三人目のバイヤー、テルアビブのヨーラムは、いつもの業者たちにまず電話をしてみました。しかし、時差があるため、アンディン社がこの種のダイヤモンドを必要としているという情報がすでにニューヨークからイスラエルに流れていました。価格は突如として強含みとなり、電話をかければかけるほど切迫感が伝わり、ディーラーはヨーラムが短納期で注文を受けたことを察し、どんどん価格を上げていきます。しかし、提示された目の飛び出るような価格を支払う以外に、ヨーラムが納期までに商品を買う手立てはなく、ヨーラムが折れるのは時間の問題でした。

ヨーラムは納期に遅れた上に、買値が高すぎたため、給与の支払いはずっと後まで先延ばし、ボーナスについては言わずもがなでしょう。JCペニーのバイヤーが週末にオファーの自宅に電話して、ブレスレットの広告を打ち出してから二日経ってもブレスレットがまだ納品されていない理由を問いただすという事態になったのですから。

ここで重要な疑問が持ち上がります。

「この三つの取引の違いの理由は？」

「ニューヨークオフィスは、なぜそれほど簡単に商品を手に入れることができたのか？」

「バイヤーが熟練していたから？」

「バイヤーの戦略に何か秘策があったのか？」

「単にそのサイズのダイヤモンドが他の市場に比べて手に入りやすかっただけなのか」

「たまたま運が良かっただけなのか？」

隠された潜在性と心の記憶の原則によれば、答えはノーです。

日時にかかわらず、どこの都市のどんな商品も、それ自体が良い、または悪いという性質は持っていません。もしそうでなければ、その都市でその日に取引したすべてのディーラーとバイヤーは、全員が同じく、容易か苦労かは別として商品を得ているはずです。しかし、そうではないことはおわかりでしょう。


あるディーラーは「まあまあの一日だった」と言うでしょう（これは、ダイヤモンド業界ではものすごく良い日を指す婉曲語です。誰しも、非常にうまくやっているなんてことは他の人にあからさまに言いたくはありません。もしその直後から高値でダイヤを売られる可能性があるからです）。

別のディーラーは「今年一番の厄日だった」とこちらは本音で言うでしょう。

つまり、市場は中立（仏教用語では「空《くう》」）なのです。本質的に良い市場や悪い市場はなく、この日、各々のダイヤモンドディーラーの認識の中で「良い」「悪い」が判断されているだけなのです。

どのような市場でも、一日の終わりや、たとえば長いビジネスキャリア終焉の日に際して、自分がいた市場は自分に賛同してくれたと感じるか、残酷だったと感じるかには、特に法則はないように思えます。

しかし実際は、常に正しい心の記憶が意識下に入る人にとっては、市場は常に自分に賛同してくれたと感じられるのです。実際に市場は彼に賛同していたわけです、つまり味方であったというわけです。

二人のディーラーが同じ日に同じ市場で同じ会社から同じダイヤモンドを探したにもかかわらず、その結果が全く異なるということがあり得るのです。それは二つの異なる世界と市場が同じ日に同時進行しているのではありません。

二人のディーラーはすでにおのおの心に刻まれた記憶のせいで、市場を二つの全く違う主観で捉えざるをえなかったのです。とは言うものの、この二つの主観はどちらも現実です。

しかしながら、一人のディーラーは取引が成功し、もう一人は失敗に終わったわけです。


そろそろ核心に戻りましょう。

**この事実を人生とビジネスの成功にどうやって応用すればいいのでしょうか。**

**答えは明白です。どのような記憶を心に植えつければ、後になって、市場を望ましい主観（収益が上がる）で捉えることができるかを解明すればいいのです。**

**さらに、ある一定の心の状態、一定の行動基準を維持できるか、そして「真実の行動」と私たちが呼ぶものの力を引き寄せる方法を理解しているか、が鍵となるのです。**

# 第七章　相関──ビジネスで起こりがちな問題とその解決策

## 心に植えつけるべき記憶

前項の終わりに、市場が「空《くう》」であることをお話しました。三人のバイヤーが、特定のサイズと品質のダイヤモンドを数千個購入しようとしていました。

一人目は注文の「予感」を得て、一、二店に電話をかけ、それだけですべてがうまくいきました。

二人目は、電話を何本もかけ、苦労してようやく購入できました。

最後の一人は、簡単に言えば、失敗に終わりました。

この三人は違う都市のバイヤーでしたが、同じ都市だったとしても、場所にかかわらず、同じ結果になったことでしょう。

**古代チベットの教えによれば、ビジネスで成功する人には、取引や市場といった〝暗い森〟を案内してくれる「予感」や「直感」があり、それこそが心の記憶の結実だと言われています。**

こういう風に聞くと、強い記憶が意識下に入るときの感じがなんとなくつかめるのではないでしょうか。

こうした直観を得ることができる人々は、ビジネス上の問題にぶつかっても、即座に、はっきりとやるべきことが見えるのです。その心には、ためらいも疑問もありません。「頭脳明晰」「洞察力に満ちている」、または「神通力がある」などと評され、市場を席巻する人物とはこうした人のことを言うのでしょう。そんな風になれれば、これほど楽しいことはないでしょう。打席に立つたびにホームランを放つ打者が「打つ直前にボールがスイカくらいの大きさに見える」と言うようなものです。

逆に、かつては正しい直感を得られた人が直感を得られなくなれば、これほどもどかしいことはないでしょう。それならば初めからないほうがずっとましです。

いずれにせよ、この直感をいつも一定して得る方法は知っておいて損はありません。

## 直感についての見識

ここで『金剛般若経』の中から、直感についての見識をご紹介しましょう。

**「スブーティよ、誰かが、ほんの一時でも、このような経典の言葉に対する洞察や信心に達したとしましょう。スブーティよ、如来は彼らに気づいています。スブーティよ、如来は彼らを見ています。スブーティよ、そのような人は、はかりしれない功徳を生み出し、自身の中に確実に集積していますす」**

直感はどこからくるのでしょうか。

前章でお話したように、ある心の記憶と行為や思考が「相互関係にある」、つながっていることを「相関」と呼びます。**心の記憶次第でビジネスや人生で私たちが求める結果が得られるのです。**

この項では、そのような心の記憶につながる行為を具体的に特定していきましょう。

**相関をはっきりと理解できれば、心の記憶とその背後にある潜在性の働きを把握したうえで行動し、自分自身の中に、ビジネスを思い通りに動かす巨大なエネルギーを集積できます。**

そして、この法則を理解して行動していれば、同じように行動する人の注目を集め、成功は雪だるま式に膨らんでいきます。

この相関について、仏教の賢人が発した言葉でもっとも有名なのは、およそ一八〇〇年前に龍樹《りょうじゅ》（ナーガルジュナ）が著した次の詩でしょう。この詩は、龍樹の『宝行王正論《ほうぎょうおうしょうろん》』の一説で、最初に、何にもまして心に植えつけるべき記憶について書かれています。

**菩薩の功徳**

菩薩の功徳を要約すると、**施し**、**自戒**、**忍耐**、**精進**、**禅定**、**智慧**、**慈悲**のような言葉があります。

**施し**とは、自分の持っているものを施与すること。
**自戒**とは、他人に益となる行いをすること。
**忍耐**とは、怒りを断つこと。
**精進**とは、喜びを持ってあらゆる善に努めること。
**禅定**とは、心を集中し、よくない考えを排すること。
**智慧**とは、確たる真実を見定めること。
**慈悲**とは、すべての生きとし生けるものに対する愛情にしっかりと裏づけられた気高い心。

この続きの節には、相関そのものが表されています。

**施しによって富が、自戒によって安楽な世界が、**
**忍耐によって美しさが、精進によって高貴さが、**
**禅定によって平和が、智慧によって解脱が、**

**そして慈悲によってあらゆる希望の成就が得られます。**

最後の節も引用しましょう。こうした心の記憶を培うことで得られる究極的な結果が示されています。

**これら七つの功徳をあますところなく完成させた人は**
**この世界の加護者と同じ、涅槃の境地に達することでありましょう。**

ここに引用した詩は、特定の行動、心の記憶、そして心の記憶が招く結果の相関を列記したものとしては、おそらく、もっともよく知られているものです（この本には、他にも数百箇所にわたり、心の記憶とその結果について書かれています）。

この詩を要約すると、次のようになります。

①ビジネスで成功し、経済的利益を得たければ、寛容な気持ちを常に持ち続けることで、潜在意識にこれを記憶として植えつけなければならない。
②自分を取り巻く世界を幸福な場所にしたければ、常に道徳的な生き方に徹し、潜在意識にこれを記憶として植えつけなければならない。
③健康な身体と魅力的な外観を得たければ、怒りを捨て、潜在意識にこれを記憶として植えつけなければならない。
④人生とビジネスの両方で、リーダーシップを発揮したければ、人の役に立つ建設的な行動に喜びを

**見出し、潜在意識にこれを記憶として植えつけなければならない。**

**⑤心の焦点を一定に保ちたければ、深い集中や瞑想を実践し、潜在意識にこれを記憶として植えつけなければならない。**

**⑥思い通りに事が運ばない状態を抜け出したいならば、隠された潜在性と心の記憶の法則を学び、潜在意識にこれを記憶として植えつけなければならない。**

**⑦自分と周りの人の望みをすべて叶えたければ、他人に対する慈悲の心をはぐくみ、潜在意識にこれを記憶として植えつけなければならない。**

ここまでの話から「確かに崇高そうな教えだが、どうやって現実の生活に当てはめればいいのかわからない」と思っておられる方も多いでしょう。それでは、潜在性と心の記憶の原則が実際のビジネス現場でいかに作用するのかをみていきましょう。

私はアンディン社で数年間、これまでお話ししてきた原則を実行してきました。つまり、私の身の回りの成功を生み出す心の記憶を植えつける行為を厳密に意図的に実践してきたのです。

## あなたの行為が物の見方を決定するのではない

私はマンハッタンの西側にある新社屋の正面玄関を歩いていました。ビルの正面は美しい御影石造りで、ロビーの入り口には透明なガラスのドアがあります。

ドアを開けようとする私に、ハドソン川からの冷たい突風が吹きつけます。警備室のジョン・ヴァッカロがうなずいて会釈するのが見えます。

四十七番街は、気を緩めると、強盗団に襲撃されるような物騒な街ですが、元警官の彼がいてくれるお陰で、ダイヤモンドの包みのやりとりも安全に行うことができます。

私が今説明した物や人は、同じ隠された潜在性を有しています。つまり、それぞれが良い方向にも悪い方向にも進むことができる流動性を持っているのです。

私は、ビルの壁の御影石が何ともいえず好きです。水面に反射した朝の光でキラキラと輝き、建物に上品な趣を与えるからです。

一方、九階に張り出した細い通路で窓拭きをしている作業員にとっては、この御影石は下手をすると命に関わる危険をはらんでいます。彼らにしてみれば、外壁に普通のレンガを使ってもらったほうがありがたかったに違いありません。

このときの私の御影石に対する主観は、自分の心にかつて植えつけられた良い記憶の結果です。その記憶とはどんなものなのでしょうか。

記憶と主観の「相関」は、普通の人の目には見えない深遠な世界ですが、遠い過去に偉大な仏教指導者たちが著した経典に、こうした「相関」が記されています。それによれば、御影石を滑らかだと認識させる心の記憶は、他人に対する優しい言葉遣いによって植えつけられたものなのです。

一方、窓拭き作業員に、同じ御影石を危険なものと認識させた記憶は、過去に命を尊重しなかったことに由来します。

こういう考え方は、西欧の文化的通念や偏見を持つ人間にはなかなか相容れないもので、いくら説明を聞いても眉唾物くらいにしか思えないかもしれません。

## 試してみてどうなるかを試してみればいい

しかし、西欧の文化的背景にも「相関」と全く同じ考え方があります。

たとえば、イエス・キリストは「アザミや棘の種から甘い果物が結実することはあっても、不道徳な行いから良い結果は得られない」と述べて、道徳的な生き方を擁護しています。

仏教典は、一歩進めて、この真実の背後にある精密な原動力について説明しています。

それは、まさに、心の記憶、そして御影石のような「空《くう》」であるはずの物に対する私たちの主観を司る法則です。もっと簡単に言えば、これを使えば、思ったとおりに物事を生じさせることができるというすばらしい法則です。

アンディン社のダイヤモンド部門の驚くべき成功が、この法則の信憑性を雄弁に物語っています。「試してみてどうなるかを試してみればいい」と仏陀自身も述べています。もし何も起こらなくても、その間、他人に親切で寛容になれるわけですから、損はありません。

この窓拭き作業員は、命を尊重してこなかったために、危険性を秘めたものとして御影石を捉えたと言いましたが、別に誰かの命に関わるような残虐な行為をしたから心の記憶が植えつけられたわけではありません。

前述したように、すべての心の記憶は潜在意識下にいる間にその強さが飛躍的に増大します。

会社の資金繰りが徐々に悪化し、従業員が一、二年の間に競合他社に流れ、ビジネスがうまくいかなくなるとすれば、それはたわいもない嘘や金銭の出し惜しみに見られるような、わずかなマイナス感情の表れなど、一見小さいことのようでも数多くの否定的な行為や思考が積み重なった結果なのです。小さな記憶が成長し、ねじ曲がった樫の巨木になるのです。これこそが大企業の破綻の真相です。

## 相関の法則

ここで極めて重要な注意点があります。ここで述べていることは、社会的・心理的な現象についてではありません。

「人を騙せば自分も騙される、他人を安く使えば自分も安く使われる」など、行為とその結果の「表面上の」相関は、本書の主題とは全く別です。

騙したから騙された、という単純な話ではありません。「相関」は、心に記憶が植えつけられ、それが開花する過程を抜きにしては決して説明できない現象なのです。

あなたが騙されたのは、過去に心に植えつけた記憶が開花して、「騙されている」という体験として現れただけのこと。誰にしても、何の因果もなく、たまたまあなたに嘘をつき始めるということはありません。無意識にせよ不可抗力にせよ、あなた自身が嘘をつき、その記憶を心に植えつけない限り、決して誰もあなたに嘘をつくことはできないのです。

**問題なのは、あなたの行為が物の見方を決定することではなく、心の記憶によりあらゆる出来事が生み出されていることです。**

周囲の物や事、あなた自身を含め、あなたをとりまく出来事は過去の行為、言葉、思考により生み出されたものなのです。

このことを念頭に置き、実際のビジネスの現場から典型的な相関の例をあげていきます。

「相関」とは、小学校の先生がよく生徒に言う「虫を踏んづけたら、いつか虫になって踏まれてしまいますよ」といった類のおとぎ話ではありません。

過去二千五百年の間、高名な人々によって活用され、その成果が立証されてきた実体験と智慧にしっかりと裏打ちされた真理です。つまり、この法則は時代や状況の変化にかかわらず、実践する者に確実な効果をもたらすのです。

チベットの賢人たちは、「この法則に効果がないように感じられるならば、それは、この法則を正しく実行していないからである」と述べています。自分に正直に向き合えば、この言葉が真実だとわかるでしょう。

ビジネスを成功させるためには、自分に真正直に、前述の原則を細部まで理解した上で、ある一定期間、この法則を継続して実行し、観察する必要があります。すぐにやめてしまっては運動と同じで、三日やればすぐ筋肉がつくというものではないのです。

この原則を用いて、ビジネスや人生を思い通りに作り上げるためには、ピアノやゴルフが玄人はだしの腕前に上達するくらいの努力と忍耐を持って原則を忠実に実行する必要があります。怠けていてはだめなのです。

この原則を活かすにはこれ以外には方法はありません。

こうした努力が無理な方には、本書は向かないかもしれません。

ちなみに、ここで述べた相関の法則は、アジアで著された最重要経典である次の二冊から引用しました。チベット仏教最大の学僧、ツォンカパ（一三五七－一四一九）による『菩提道次第論《ぼだいどうしだいろん》』と、インドの賢人、ダーマ・ラクシタ（一千年頃）による『刀の冠（The Crown of Knives)』です。

## ビジネスでよく見られる問題と金剛般若経の智慧に則った真の解決策

**問題1：会社の財政が不安定で、常に流動的である。**

解決策：利益を生み出す手助けをしてくれた人に利益を進んで還元し、不適切な行為からは、一円たりとも収益を得ないように厳しく律すること。ただし、人と分け合う金額の大小で心の記憶の強さが決定するのではありません。たとえわずかな額でも、自分が得たものを分かち合おうとする意思が、心の記憶の強さを決定します。

**問題2：製造機材などに設備投資しても、コンピュータや車を買い換えても、すぐに時代遅れになったり、使い物にならなくなる。**

解決策：他の経営者や企業をうらやむのをやめましょう。自分の会社を革新的で創造性にあふれる楽しい場所にすることに集中し、他人の成功を不愉快に思わないことです。

**問題3：会社での地位が不安定で、自分の権威が失われつつあるように感じる。**

解決策：周囲の人に傲慢な態度を取らないように十分気をつけ、仲間と同じ目線に立ち、腰を据えて同僚の話に耳を傾けましょう。

**問題４：必死で働いて得たお金や物を楽しめない自分がいる。**

解決策：人の努力の成果を決して妬まないことです。人と自分を比較するのをやめて、自分の持っているものを楽しむことに徹しましょう。自分は自分です。自分の持っているものに感謝しましょう。

**問題５：事業がどれだけ大きくなっても、どれだけ面白くなっても、それだけでは十分ではない気がして不満がくすぶる。**

解決策：問題４の解決策と同じです。

**問題６：社員と経営陣がいつも対立しているように感じる。**

解決策：こうした話には決して関わらないように細心の注意を払いましょう。直接的にせよ、間接的にせよ、対立を深めるような会話に巻きこまれないように細心の注意を払いましょう。会話の内容が真実であろうとなかろうと関係ありません。

「彼女があなたのこと噂していますよ」

「あなたの前回のプロジェクトについての彼の本心をご存知ですか？」

こうした会話には要注意です。

ところで、心の記憶が植えつけられた時期は、ほんの最近とは限りません。潜在意識に長く滞在して力を確実に蓄えた古い記憶もあることでしょう。重要なのは、あなたを今、苦しめている心の記憶を植えつけるような行為をもう繰り返さないことです。どのような問題であれ、それが解決策です。どんなに些細であっても、そのような行為を決して繰り返さないこと。とりわけ、あなたが現在この問題に苦しめられているのであれば、なおのこと軋轢を招くような話には決して加わらないよう心しておくべきなのです。

ところで、この解決策が対立している当事者にはほぼ関係ないものであり、双方に思いやりを持つよう諭すといったものではないことに注目してください。これが、この法則の大きな特徴です。**あなたの目の前で、あなたの世界で、彼らが対立しているということは、すなわち、心の記憶によってそれを経験させられているということです。**それに気づき、自分の心を変えることは、人生やビジネス、世界をも変えうるということなのです。

**問題7：ビジネスパートナーといつも問題を起こしてしまう。何度、相手が変わっても、不和が生じてしまう。**

解決策：問題6の解決策とまったく同じです。

**問題8：自分が優柔不断だと感じる。ビジネス上の問題に関して決断力がなくなってきている。**

解決策：この問題には、二つの本質的に異なる原因があります。一つは、社員や他の役員に対する思いやりが欠けていること、二つ目は、顧客や業者に本来のあなたとは全く違う自分を見せていることです。巧みなごまかしが横行している現代のビジネスの世界で本来の自分を出すことは非常に難しいことですが、自分らしさを保つこと、つまり、常に正直でいることができれば、あなたの意見やビジネス上の決断は、明瞭で実効的で確固たるものになるでしょう。

あなたの誠実さが徐々に顧客からの信頼を勝ち得ていくという話ではありません。「誠実な行為が植えつける心の記憶」が意識下に入ることで、実際に、あなたの周囲の人々が正直になり、あなた自身も迅速で明瞭な決断を下し、楽に利益を上げることができるようになるのです。

このような実相は、自分たちに馴染みのある「実際の」現実とは違うと考える人もいます。しかし、本来の現実はこういうものなのです。過去に誰かを傷つけたという心の記憶が意識下に入ると、交通事故を引き寄せてしまうだけでなく、結局は骨折という身体的な痛みを伴った「実際の」現実まで引き起こしてしまうのです。この考え方に馴染んでいきましょう。物事が本来はこのように起こるということが、おわかりいただけるはずです。

**問題9：これは確実に儲かるビジネスチャンスだと考え、他社の買収を目論んでいるが、買収に必要な資金がなかなか調達できない。**

**解決策：**答えは簡単です。ビジネスの取引においても私生活においても、ケチな考えは捨てることです。

とにかく相手に与えることを優先させ、双方に利益のある取引をするのです。くり返しになりますが、金額の大小は問題ではありません。常に心からの寛容さと創造性を持ち続け、皆の繁栄を望む気持ちがあふれでる心を維持することが大切です。

アメリカの歴史上、もっとも偉大な政治家であり科学者であり実業家であったベンジャミン・フランクリンは、競争への対策として、商工会議所という名の新しい団体に競合他社をあまねく招き入れ、市場拡大のための協力体制を模索し、関係者全員の利益を拡大できる道を探すことに献身しました。

このような考え方は関わった人全員の心に非常に強い心の記憶をつくり出します。関わった事業者たちが互いに協力して行動することによって、市場拡大など共通の目標を実現するための心の記憶が全員の心に生まれるのです。難しいことではありません。ちなみに、心の記憶を共有したり他人に渡したりすることはできません。しかし、集団全員が協力して公益のために行動することで、会社の成功や国家の繁栄などを生み出す心の記憶が生まれます。これこそが、裕福な国家とそうでない国家が存在する理由ですが、ここでお話するには少し規模が大きすぎるのかもしれません。いずれにせよ本書で述べられている原則について考えることで世界的規模の富について、驚くほど深く理解することができるでしょう。

**問題10：悪天候や都市インフラ問題、停電など外的な失敗要因、いわゆる「不可抗力」と呼ばれる問題が事業に悪影響を及ぼす。**

**解決策：**約束を必ず守ることです。特に、ビジネス上の取引や私生活のあり方に関する原則は確実に守りましょう。

天気や大都市の交通状況といった外部要因でさえ行動パターンがもたらした結果でありうるという考えに多くの人は反発を感じるとは思いますが、古代の智慧によれば、すべてはカルマの法則に支配されているのです。

天気や交通が「中立」で「白紙」すなわち「空」であることを思い出してください。大都市の道という道が大混雑している日であっても、人によっては、たまたま空いている道を通り、すんなりと思った市内に入れるかもしれません。また、大雪や大雨で大儲けする人もいるでしょう（スキー場経営者や傘メーカーなど）。ある出来事が良い結果をもたらすのか、それとも悪い結果をもたらすのかは、その出来事に由来するのではありません。それは当然ながら主観に由来しているのです。そして、主観は何もないところから突然表れるものではなく、あなたの過去の行動パターンによって、あなたが背負わされたものなのです。そして、過去の行動パターンの内容は、それが生み出された外的結果（変わりやすい天気や不安定なインフラなど）に反映させられるのです。

**問題11：ビジネス上の困難な状況に直面したときや、難しい決断を迫られるとき、精神統一や集中ができない。**

**解決策：**穏やかに、そして集中して、人生における大切な問題に心を向ける時間を、毎日いくらかでも持ちましょう。もし今晩、死ぬとわかっていたら、現在やっていることをするでしょうか。自分の優先順位は整理されていますか。仕事にかける時間や労力を増やすことで、人生の重大問題に背を向けたりしていませんか。

一歩下がって自分の人生に目を向け、何が大切かを考えてください。こうした時間を毎日持つことで植えつけられる心の記憶は、驚異的な集中力として意識下に表れます。これは非常に重要な点を示唆しています。過去の心の記憶の開花によって変わることは、身の周りに起こった出来事や周囲の人間の影響だけではないのです。自分自身の心や考えに対する主観も過去の行動と心の記憶が、自然の流れで意識下に入った結果なのです。

**問題12：ビジネスの大局を捉えられない、市場のパターンが理解できない、製造工程やシステムの全体を動かす原動力がわからないと感じる。**

**解決策：**自分に大局観が欠けていることを認めましょう。地球温暖化や国家間の戦争、生と死の問題、「私たちはなぜここにいるのか？」「どうやってここに来たのか？」「なぜ物事はこうなるのか？」といった疑問。こうした問題を理解する方法には、基本的に次の三つの説明しかありません。世界の成り立ちについての疑問にきちんと対峙して、その問題を理解しない限り、なぜあなたのビジネスがうまくいっているのか（あるいはうまくいっていないのか）を理解することはできません。そして、世界の成り立ちについての疑問と、信条や信仰とは全く別の問題です。

**第一の説明：**森羅万象は無から生じます。あらゆる出来事は脈絡なく起こり、その理由や方法にパターンや論理はありません。すなわち「すべてのものには原因と結果があり、原因と結果の連鎖は継続していくというのが科学的思考の前提である。ただし、宇宙の誕生という重要な出来事だけは別で、それは無から突然生じた」という科学的な理論です。あなたがここに存在しているのは、昔々に何かが爆発したためです。ある電子が別の電子に衝突して、原子が生成しました。原子が集まって、さまざまな種類の分子が生まれました。分子が結合して、ガスが生じ、そのガスがきりもみしながら、微小ないろいろなものに衝突して、その重さを増していき、やがて、物質が生成されました。やがて小さな塊は太陽に、小さな点は地球となりました。地球上には海が生まれ、小さな生き物が海からはい出て、何本かの足がなくなって、あなたの先祖が地球に誕生しました。こうしたすべての事象は、脈絡もなく生じた偶然の結果です。このように聞くと笑い飛ばしたくなるような説明ですが、もっとおかしなことに、これこそが西欧文化の世界観を形づくる基盤となっている世界観なのです。

**第二の説明**：この世界とその中に含まれる森羅万象は、私たちの直接体験を超越した大いなる力を持つ何者かの意図的な行為の結果です。しかし、その大いなる存在が最初にどこから現れたのかは説明できません（別の大いなる存在の意図的な行為でしょうか）。

また、私たちの多くが経験するあまりにも悲劇的な出来事について、この説明では答えを得ることはできません。たとえば、安アパートで起きた大火事で、上階に住む幼い子供たちが死んでしまうこともあります。生まれ落ちてから、その一生を孤独と苦悩にさいなまれて暮らす人もいます。どれだけ人生をかけて打ち込んでいることがあっても、どんなに愛する人がいても、いつかは必ず引き離されるときがやってきます。

**第三の説明**：本書で説明している原則です。実は何かが脈絡もなく生じたり、偶然起こったりすることはありません。自分自身の世界の責任は、自分以外の何者にも負うことはできません。

**身の回りで生じた出来事は、あなたの周囲の人々に対する態度と完全に一致しているのです。**

これは、自分以外のいかなる人間も、それを決定することはできないということです。その道徳律は、重力の存在と同じくらい絶対的で、残酷なほどに明白で、否定できない存在なのです。

いずれにせよ、この世界全体、そして人々や出来事がどこから生じているか、自分が本当に信じるものは何か、数時間でも数日間でも正直にみつめなおしてみてください。そうすれば、市場やビジネスに関する全体図を概念として把握できるようになるという大きな成果を得られます。そして、こうした行為のすべてが、更なる成功につながっていきます。

**問題13：賃借料があまりにも高く、新しい支店用のビルが見つからない。**

**解決策：**泊まる場所がなくて困っている人がいたら、必ず助けてあげましょう。休日にあなたが住む町に遊びに来た親戚を泊めてあげなかったことと、数百万ドルを生み出す支店が入るビルが見つからないことに何らかの関係があるというのは、論理の飛躍だと感じるかもしれませんが、本書で述べてきた法則にはぴったり当てはまっています。

潜在意識下に入った小さな記憶は時間をかけて成長します。そして、意識下に表れた記憶は、同じように場所がなくて困っている自分を体験させるのです。馬鹿らしいと一蹴せず、どうなるか実際に試してみてください。ただし、場所がなくて困っている他人を助けるだけでなく、ここで述べている原則を常に頭に入れておくことを心がけてください。意図的に実行することで、心の記憶は、はるかに強く植えつけられるのです。

**問題14：業界で特に名声が高く実力のある人物や企業が、相手にしてくれない気がする。**

**解決策：**この心の記憶は、仕事上の仲間選びを誤ったことよって植えつけられたものです。

典型的な例として、ビジネスで手を組む相手には、金銭的に多額の援助をしてくれる人、強い後ろ盾のある人、技術や人脈などを提供してくれる人などを選びがちです。やむを得ない状況では、パートナーとなる人物の性格や誠実さなどにかなり問題があることがわかっていても、見て見ぬふりをしてしまうことがあります。しかし、人格的に問題があるパートナーは最終的に例外なく事業に損失を与えるものです。一方、誠実さを備えたパートナーは結果的には大きな利益を生みだす助けとなってくれます。

ここで、したたかでも誠実な交渉と不誠実な交渉の違いを見ていきましょう。アンディン社の会長となったオファーは、私が知るなかでも特にやり手の交渉人でした。アンディン社の創立当初の業務マネージャーであった女性が、私の元に来て、自分の代わりに年次業績評価の場に行ってくれないかと頼んできたことがありました。驚いた私が「一体どうしてだい？」と尋ねたところ、彼女は「いつも昇給はあってないような額なのに、オファーの話にあまりにも説得力があるものだから、彼のオフィスを離れるときには、おっしゃるとおり！　私にはこれ以上望めませんっていう気持ちになるのよ」と言うのです。

ここで私が言いたいのは、オファーは確かに、虎のようにしたたかな交渉人でしたが、私の知る限り約束を破ったことは決してありませんでした。そして、このことはアンディン社の成功に少なからず影響していたと思います。

**問題15：競争は無情なものだ。競合他社と接戦を演じても、常に負けてしまう気がする。**

**解決策：**このような感情が起こる大きな理由の一つとして、他人にあびせられる「辛らつな言葉」が考えられます。仏経典は、「辛らつな言葉」の定義について興味深い説明をしています。それによると「辛らつな言葉」には、それ自体が不快な言葉と、言葉自体は不快ではないが批判的な意味で故意に使用される言葉の二つがあります。たとえば同僚の前で一人の社員を叱責すれば、当然彼にはこの種の心の記憶が植えつけられます。もう一方は、たとえば「シアーズ・デパートのプレゼンはすばらしかった」というような一見罪のない言葉を発したときです。もしこの言葉がシアーズのオフィスから何の成果もなしに退散してきたばかりの営業マンに対して発せられたとすれば、同じく心の記憶が植えつけられます。

一定期間、これら「辛らつな言葉」を発しないようにしてください。そして、そのようなことがどれだけ多くの記憶を心に植えつけずにすんでいるかを常に心に留めておいてください。あとは、競争の結果がどうなるかをのんびり見守るだけです。

**問題16：取引の最終段階になると相手が手の平を返したように態度を一変させ、取引が駄目になることが度々ある。**

**解決策：**この状況を生み出す心の記憶は、他人に対するある種の態度によって植えつけられます。それは、誰かが何か失敗しているのをみたとき、（同僚がコーヒーをこぼしてしまったり、ライバルが顧客の破産により数百万ドルの損失を被ったときなど）に、ひそかにそれを喜んだりするなど自己満足を感じる態度です。これは人の心に普遍的にみられるねじれた感情で、チベットの仏経典では、問題を起こす十の感情の一つにあげられているほどです。人は他人の不幸に不健全な興味を抱く傾向があるのです。有名人の不幸に人々が夢中になるのは、この傾向の最たる例です。

**この心の記憶を植えつけないためには、問題を抱えているどんな人に対しても、たとえそれが競争相手であっても、思いやりの気持ちを持つようにすることです。**

創造的で活気ある企業であるならば正々堂々と友好的に競争を行うべきです。たとえば、両企業のCEOがたまに会食するような関係は、相手が落ち目になったらあざ笑うというような関係よりも、はるかに大きな喜びをもたらします。こういう格言もあります。「上り調子のときには、会う人にいつも良くしておきなさい。なぜなら、下り調子のときに会うのも、また同じ人たちなのだから」。

特に、若くして企業の経営者となった人はこの格言を肝に銘じておくべきでしょう。相手の地位に関係なく誰に対しても、たとえ最大の競争相手に対しても敬意を示しましょう。自分が上昇気流に乗っているときに苦しめた相手の下で働くことになった経営者は、私の知っているだけで数十人はくだりません。そうなったときにどのような扱いを受けるかは想像に難くないはずです。

**問題17：大きなプロジェクトを思いつき、細部にわたるまで計画を立て、立ち上げのため入念な準備をするものの、結局、計画は実行されないまま駄目になってしまう。**

解決策：この状況も、物事の成り立ちを理解していないことが原因です。しかし問題は、本書で述べている原則を理解できていないことだけではないのです。一生懸命やりさえすれば十二分に時間をかけさえすれば、すべてはうまく行くはず、といった的外れの考えでプロジェクトに臨むたびに、物事の成り立ちを誤解し続けるという記憶が心に植えつけられ、失敗が続くのです。それは資金があるなしの問題ではありません。資金が十二分あっても失敗するプロジェクトは少なくありません。人の問題でもありません。有能な人に恵まれたプロジェクトでも失敗します。市場に問題があるというわけでもありません。時間をかけずに成功している人もいれば、日々残業し、週末まで働いたとしてもいつも失敗している人もいます。
成功の鍵は、心の状態、つまり、本書の原則を理解しているかどうかです。原則を理解した上で、プロジェクトに臨めば成功します。そういうものなのです。正しい思考が植えつけた記憶は、意識下に入って正しい思考を生み出すのです。

**問題18：最も助けを必要としているときに周囲の人は援助の手を差し伸べてくれない。**
解決策：この状況も、他人の不運を喜ぶ不健全な態度が原因です。隣の同僚が頭痛に苦しんでいれば頭痛薬を渡す、夜遅くまで大手顧客向けプレゼンテーションの最終準備をしている同僚を手伝うなど、どんな状況であろうと、できる範囲で何らかの手を差し伸べてみましょう。少なくとも、くれぐれも他人の不幸は蜜の味という感覚にふけったりすることがないよう自戒してください。

**問題19：自分の感情をコントロールできない。社員、業者、顧客、天気、電話、何に対しても怒ってしまう。**
解決策：こういう怒りは、潜在性と心の記憶という観点からみると興味深い問題です。これも、他人の不幸を望む心、不幸を望むまでいかなくとも、困っている人を見て同情しないことが原因です。ちなみにこれは嫌いな人に対しては非常によくみられる感情なのですが、考えてみれば人としてもっとも思いやりのない行為の一つなのです。たとえ、相手がこちらの不幸を望んでいたとしても、誰かの不幸を望んでいいものでしょうか。人生やビジネスにおいて発生する問題というのは、エイズや癌と同じく、誰にとっても無益で苦痛をもたらす人類の共通の敵です。もし、真の成功を得たければ、次期昇進を争うライバルであろうと、市場の競合相手であろうと、誰の心からも、あらゆる形態の不幸が消えるよう努力しなければなりません。

**問題20：市場やビジネスのムードは無秩序に上がり下がりしており、そこには何の意味も論理もないように思える。**

**解決策：**こうした混乱もまた、他人の失敗を望むという間違った態度の結果です。世界レベル、市場レベル、企業レベル（自分の会社あるいは競合相手に関わらず）、個人レベルの混乱は、その中心にいる人間の不幸の現れです。私たちは常に心のレベルを高め、あらゆる人の幸福を願うべきなのです。ライバルを含め、周囲の人の幸せを願ったことで植えつけられた心の記憶はすべての企業が望んだ以上の利益を得られるような、安定した成長市場を生み出します。このような経済観には深い含蓄があります。資源は限られており、ある時点で富を享受できる人数は決まっているというのは真実ではありません。電話やコンピュータの発明は新たな付加価値を生みました。

インターネットであれ何であれ、それに似た何かであれ、個人と企業のコンピュータの巨大ネットワークに内在する世界的な付加価値の潜在性について想像してみてください。潜在性と心の記憶の観点からみると、この新たに生み出された富は、影響を受けるあらゆる人の心に、新たな心の記憶が植えつけられた結果です。その記憶は、意識下に入り、多くの人々が新たな富の源を得るという主観をもたらします。増え続ける人口に対して資源が限られていることには、それなりの理由があるのです。

もし植えつけられた記憶が違っていれば人口増加と同じスピードで、あるいは人口増加のスピードよりも幾分速く、資源も成長してきたはずなのです。巨大な富を新たにつくり出すためには過去にとらわれることなく、自分自身や未来に対する明確なビジョンを持つことが必要です。

**問題21：政府による規制、企業間のやり取り、社員の行動において、汚職が問題になっている。**

解決策：この問題の解決策も、意識して周囲の人全員の成功を喜ぶことです。小さな成功も大きな成功も、自社の成功も競合相手の成功もすべてです。誰が行ったかにかかわらず、首尾よくいった仕事は称賛し、他人の幸せを妬むという人間の根幹に備わった感情に決して身をゆだねないことです。人生はあまりにも短く、あなたもライバルも、瞬きする間にこの世から消え去り忘れられるのです。そしてその短い人生で、幸運が続くことは非常にまれなことなのですから。

社内の人間の仕事が成功したり、重要な貢献が認められたりしたときには、それを妬むのではなく、廊下でその人を呼び止め、成功の喜びを共に分かち合い、あなた自身の喜びにするチャンスと考えましょう。こういった機会は頻繁にあることではなく、しかもその喜びはあっけなく終わってしまうものですから。

ライバルが素晴らしい企画を出したときは機会を見つけて、その偉業を心から称賛し、喜びましょう。このような態度が植えつける心の記憶は、意識下に入ると新たな素晴らしいアイデアとなって現れます。それに、他人に訪れた幸運を妬みながら、嫌な気分で自宅にこもっているよりもはるかに健康的です。

**問題22：年齢とともに会社での地位が上がるにつれ、些細な健康問題が浮上し、徐々に深刻さを増している。**

解決策：この問題には極めて具体的で申し分のない解決法があります。会社中の部屋から部屋を回り、各部署をいつもと違う視点で見て回りましょう。社員の健康に悪影響を及ぼしかねない箇所を探していくのです。照明は十分に明るいですか。椅子と机の使い心地や身体への影響は十分考慮されていますか。火事や職場の安全に対する備えは万全ですか。関係機関が特に口うるさく指導する場所にだけ、注意を喚起する標識等をつけて満足していませんか。経営陣や社員は働きすぎていませんか。強制的な残業であれ、自主的であれ残業しすぎていないか十分に気をつけていますか。このように他人を気遣うことによる心の記憶は、意識下に入ると、あなた自身の健康を改善する働きをするのです。

もちろん、これも、一日にして成るものではありません。前述したように、ピアノやゴルフの上達と同じです。しっかりと練習した曲であれば、指がピアノのキーを覚え、見なくても勝手に動くようになります。健康を改善したければ、生活の一部として、自然に、会社の人たちが快適であるかどうかを気遣えるようになる必要があります。

**問題23：これまで有効だった市場戦略がうまくいかなくなってきた。**

**解決策：**ビジネスの世界に長くいる人であれば、お馴染みの話です。あなたは新しいアイデアと新しい商品をひっさげて市場に参入し、お金がどんどん転がり込んできます。大きな問題といえば、会社が飛躍的に成長する中、すべての注文にいかに対処し、新しい社員の訓練をどうやって行うかということだけ。最高の気分です。何をやってもうまくいきます。他の会社がなぜ成功できないのか不思議でなりません。

しかし、一、二年経ったある日、最重要顧客から業者の順位表を見せられます。あなたの会社の順位は二番目です。最上位の業者は名前も知らない会社です。あなたはその会社の店舗に偵察を送りこみ、商品を何でもいいから買い、ライバル社のやり方を調べます。戦略を立てたあなたは、会社の人間を集め、ペプシがシェアを拡大したときのコカ・コーラの対応について訓戒を垂れます。それから最善の策を尽くすため会社の重役を現場に送り込みます。重役たちは業界事情に通じており、やるべきことも理解しています。これで、またうまくいくはずだと誰もが信じて現場に乗り込んでいきます。

数日、数週間が過ぎ、長いぬかるんだ道を歩いているような初めての感覚を味わいます。これまでは確実にうまくやってきた重役たちが、一人、また一人と失敗していきます。

初めて、これまでのやり方との葛藤が生じます。状況は変わってしまい、何らかの理由でこれまでのように魔法が簡単に効かなくなったことを全員がわかり始めてきたのです。

こうなると、人はさまざまなものに責任を転嫁するものです。市場の競争は激しくなるばかり。参入時とは違い、この市場で大躍進をとげることは今や至難の業です。有能な幹部数人はもう会社を去ってしまった。最近では、海外の工場からの廉価品が大量に出回っている。もう何度、口にしたかわからないおなじみの言い訳です。

ここで自覚すべきなのは、今までの戦略が有効ではなくなった理由をまだはっきりさせていない、という点です。これまでやってきたのは、すべて、戦略が効かなくなった状況の分析です。これまでのやり方を脅かしている要因が何なのかということは問題ではありません。むしろなぜその要因が今このときにあなたの事業を脅かすことになったのか、ということが問題なのです。

これもまた、過去に植えつけられた心の記憶が意識下に表れた結果です。ビジネス戦略自体の有効性が変わったのではありません。何年も有効な戦略もあれば、数ヶ月で効果がなくなることも、時には最初から全然うまく行かない場合もあるでしょう。戦略を変えることが賢明な策であることもあれば、そのままにしておくほうがいい場合もあります。変わったのは外的条件ではなく、自分自身の主観なのです。

実際に変化しているものが主観だということを見過ごしている限り、あなたの世界で戦略はうまくいったり、廃れたりをくり返すのです。

主観が変わった、つまり、これまでの戦略がもう駄目だと感じる理由となった心の記憶は、詐欺まがいの不正直な金儲けによって植えつけられたものです。くり返しになりますが、これは、使い物にならないとわかっている消火器を平気で売りつけるようなあからさまな詐欺的行為のことを言っているのではないのです。私たちの問題を生み出す心の記憶は常習的な些細な行為から成り立っているのです。たとえば顧客になってくれそうな相手から最初の注文を取りつけようと少しだけ話を誇張する、納品が遅れた言い訳に顧客に些細な嘘をつく、前回のプロジェクトに融資をしてくれた銀行に貸借対照表を提出する際に微調整する、などです。どんなに小さくとも道徳に反する行為はやめましょう。ほんの少しでも誠実さに傷をつける行為はやめましょう。そうすれば、これまでの戦略がまだ有効であることがわかるはずです。

**問題24：仕事のできにかかわらず、落ち込むことが増えてきたように感じる。軽い鬱や自信喪失の波が時折襲ってくるようになった。**

**解決策：**この現象にも、直接的で明快な解決策があります。部下への接し方を見直してください。あなたが部下に何らかのごまかしを勧めるような状況はありませんでしたか？　顧客、業者、社員、競合相手に対して嫌な態度や不誠実な態度をとっても上司は大目に見るはずだと社員に思わせるような行動方針（明示的にせよ暗黙にせよ）で仕事をしていませんか？

ダイヤモンド業界で、顧客や競合相手に対する不正行為を経営者が社員にそそのかすような会社があるのを知るたびに私は唖然としました。社員に顧客を欺く方法を教え込む会社や、監査用に嘘の報告書を作成する会社、宝石の重さをごまかすような会社もまれにありました。

アンディン社に数週間、プラスチックの気泡シートに包んだ宝石を届けてきた業者がいました。これでは梱包を解いて石を一つにまとめなければ正確な重さをチェックできません。その業者は、あらかじめ色と形を揃えたルビーを納入できると言ってきました。たとえば、舟形に並んだ五つのルビーでできたブレスレットを簡単につくれるようなセットです。通常、五つの宝石が全く同じ色調、全く同じ形であるかどうかの確認は、色彩に目の利く一流鑑定士でなければできない高度な作業です。色のわずかな陰影を見分ける視覚は、若いうちから少しずつ衰えていくため、四十歳を超えても色の識別能力を保てるような人はわずかで、熟練した鑑定士を探すのは至難の業でした。

そういうわけで、アンディン社側はその宝石のセットを喜んで受け入れることにしました。しかも、数の多い注文があるときには、その業者を優先するという好条件をつけたので、業者にとっても悪い話ではありません。ただ、最初は特に問題視していたわけではありませんが、プラスチックに梱包されてしまうと宝石を正確に測れないので、念のため、いくつかの宝石を無作為に選び、重さを測ってみました。

ごまかしは非常に巧妙でした。各セットの重さがすべて、全く同じ割合で実際よりも水増しされていたのです。割合はわずかでしたが、総収益が売上の一、二パーセントであるようなビジネスでは、わずかな水増しも大きな儲けになるのです。数千個の宝石を扱う場合にやり取りされる金額は高額で、しかも、迅速に決済されるため、一パーセントの水増しで収益の倍増も夢ではありません。そのため、その業者は数セットの重さを大幅に水増しする賭けに出るかわりに、水増しを数千セットに分散させる策に出たのです。

私たちは、不正に気づいた後もそのことには言及せず、不正行為が続くかどうかをみていました。不正はその後も続きました。私たちは黙って水増しされた重量の記録を正確につけ、気泡シートに梱包されたままの数百個のルビーを丁寧に保管しました。最終的に、当の業者を招いて、宝石の重量を測りなおし、納品書と突き合せました。その後はその業者への注文を徐々にですが減らして、最後はゼロにしました。

ここで重要なことは、部下に不正行為を促すことがいかに愚かなことかということです。不正を教え込んだ相手が、自分に対しては不正を働くことはないと心から信じられるとしたら、どれだけ認識が甘いのかということです。数年後、この業者では社員による窃盗事件が相次ぎ、数万ドルを失いました。オーナーの二人の兄弟は、結婚生活の破綻など個人的な問題にも苛まれ、年々目にみえて、元気をなくしていきました。

この種の不幸や鬱は、会社のために部下に取引で不正行為を行うよう促したことによって植えつけられた心の記憶の直接の結果です。逆に、会社の社員全員の公正な仕事をしっかりサポートすれば、仕事に自信や喜びが生まれるのです。

**問題25：社員や経営陣、顧客や業者など周囲の人が、何を言っても、たとえ本当のことを言っても、信用してくれない。**

**解決策：**会社で周囲の人に些細な嘘もついた経験がないという人はほとんどいないでしょう。時には嘘がばれてきまりの悪い思いをすることもありますが、ひどい嘘でなければ、それほど問題になることはありません。しかし、ここでお話するのは別の問題です。嘘偽りのない本当のことだけを話しているのに、誰も信用してくれないのです。どれほど苛立たしいでしょう。しかも、自分を正当化すればするほど、相手からは疑わしく思われるのです。

ここで自覚すべきなのは、あなたの現在の誠実さが、相手側の現在の印象を形づくったわけではない、ということです。心の記憶の法則の一つに、**心の記憶の内容はその結果と一致する**というものがあります。良い心の記憶（意識的に誠実でいることによる記憶）から悪い結果（嘘をついていると思われる）が生じることは決してありません。人に信用されないのは、過去の不誠実な行為が原因です。それは、些細な行為だったかもしれませんが、心の記憶を植えつけたのです。

ですから、解決策としては、厳密な意味で正直になることです。嘘をつくという行為は、ある物事に対する自分の印象とは多少なりとも異なる印象を相手に与えることを含んでいます。したがって、厳密な意味で正直になるとは、口にした言葉と他人に与える印象が、自分の印象と一致しなければならないということです。これは一般的な「正直」の定義よりはるかに厳格です。しかし、時間をかけて正直さを心がけていくことで、会社や業界で信頼を勝ち取ることができます。正直になると気分もいい上に実益もあるのです。

**問題26：グループプロジェクト、目標達成のための提携、会社の合併などの協力体制がどれもうまく機能しない。**

**解決策：**ここでも、解決策は普通に考えられているものとは少し違います。意外でしょうが、関係者を集めてさらなる協力を呼びかけることは問題解決とはあまり関係ありません。解決策は、むしろ、自分自身が本当に正直であるよう気をつけることです。物事を説明する際に、自分の主観と**全く同じ印象を相手に伝える**ように気をつけてください。

つまり、話を聞いた相手が常に、特定の物事や出来事に対してあなたと全く同じように理解するように心がける必要があります。

「真実は両足で、嘘は片足で立っている」という格言があります。自分の内面に徹底して正直であること、そして何よりもそれを自覚することによって、心の平穏が得られ、潜在意識に強い記憶が植えつけられます。その記憶が、後に他の人と協力して仕事を行う上での強い団結力と成功という主観として意識下に入るのです。

**問題27：この業界では、騙しあいが多々見られる。**

**解決策：**ありとあらゆる業界の人が、同じような不満を口にします。皆さんもお聞きになったことがあるでしょう。「司法業界にはうんざりだ。この仕事をやっていて出会うのは、悪徳弁護士ばかり。うちの法律事務所も同じだ」「音楽業界の人間ときたら金を巻き上げることしか考えていない」「宝石業界は詐欺師の巣窟だ」などです。

こんな世界を抜け出したいのであれば、ここでも、仕事上の取引において徹底して正直になることです。そうすれば、あなたを騙そうとする人に会う機会が、非常にゆっくりとですが減っていきます。

なぜなら、誰かを騙そうとしている人に出会うという経験は、過去に自分に対し完全には正直でなかったことにより植えつけられた心の記憶の結果だからです。

**問題28：上司に侮辱的なことをよく言われる。**

**解決策：**この問題は、心に湧いた怒りをうまく管理するよう気をつけることで解消できます。

まさに、上司に侮辱的な言葉を投げつけられたときなどがその良い例です。チベットの仏経典を真剣に学んでいると、深く心に響く教えがあります。それは、**悪い経験に対する自然な反応が心に植えつける記憶が結実すると、全く同じ悪い経験として繰り返し現れるということです**。つまり、侮辱した上司に対して怒ることは、将来、その上司が自分をまた侮辱するという経験を呼ぶ心の記憶を植えつけることなのです。

こうした争いからは一方的に身を退けばいいのです。世界では「やられたらやりかえす」の論理で個人や集団、国家が暴力の連鎖を断ち切ることを拒み、些細な火種が大問題に発展しています。しかし、本書での考え方は違います。たとえ相手が停戦に同意していなくても、こちら側は暴力から手を引くのです。一回、二回、たとえ百回でも、侮辱に侮辱で反応することを拒んでください（「誰かがあなたの右の頬を打つなら、左の頬をも向けなさい」）。そうするうちに心の記憶が消えていき、侮辱的な言葉は聞かれなくなるでしょう。そのとき、暴力の連鎖は断ち切られるのです。

私はよく「職場の不快な人を消す本当に効果的なやり方は、銃を向けるのではなく、暴力の悪循環を断つことだ」と冗談めかして友人に言います。失礼な言動をとる人に対し、失礼な態度で対応することは決してせずに、気長に親切に対応していれば、ゆっくりですが、確実に、失礼な人々はあなたの人生から消えていきます。つまり、突然、別の都市に転勤したり、早期退職したり、他社から引き抜かれたりして消えるのです。実際のところ数年間、アンディン社でこの原則を実行した結果、私が管理していた部署は、日がな一日、一緒に仕事をしても実に楽しい仲間ばかりになりました。すると、仕事に行くのが本当に楽しみになり、当然ながら業績も上がりました。才能ある人々が一致団結して働いていれば、会社が本来持つ力を発揮するのを妨げる問題の半分は解消していると言えるでしょう。

**問題29：社会人になって容姿がすっかり衰えてしまった。**

**解決策：**これをビジネス上の問題として取り上げるのはおかしいと思われるかもしれませんが、ある程度長い期間、会社に身を置いてきた人なら、正しいかどうかは別として、容姿が地位や給与に少なからず影響することを認めざるをえないでしょう。

大企業に長く勤務している人であれば、企業のライフスタイル全体が、年月とともに人の外観に多大な悪影響を与えることを実感しているでしょう。大学院を終えたばかりの人は、概して聡明そうで魅力的ですが、厳しい社会人としての生活を数年経験すると、白髪や肥満などが表れはじめます。これは、残業による夜更かし、出張続きの生活、業績の良し悪しで起こる日々の感情の起伏、そういった生活パターンからくるストレスのせいだと考えがちです。仕事が少し落ち着けば容姿も元に戻るだろう、などと考えていますが、実際はそんなに甘いものではありません。

ここでの解決策は意外なものかもしれませんが、効果はてきめんです。それは、どんなに些細なものであろうと、他人に対する怒りがないか、自分の心の中をじっくり、くまなく観察することです。チベットの仏経典によれば、この解決策を真剣に実行しようとすれば、怒りから少し距離をおき、怒りが湧き上がる原因すら起こらないように心がける必要が生じてきます。ちなみに怒りが湧き上がる原因とは、その直前に引き起こされる心の動揺です。したがって、怒りを回避する達人になりたいのであれば、何事にも動じない達人になる必要があります。重要な顧客の注文に些細な問題があったときや、大切な会議へ向かう道が予想外に渋滞しているなど、何らかの問題があったときに動揺したり、気持ちが不安定になるといった前兆を避けることで、怒りを回避するのです。長い期間にわたり、常に怒りを回避していくと、心にある記憶が植えつけられます。その記憶は、面白いことに、他人にあなたの容姿が非常に魅力的に映るという結果を導くのです。社会人として年月を重ねても、あなたは老けて見えません。高価な化粧品、スポーツジム、整形手術などに大金をつぎ込むよりもずっと簡単で安上がりの方法ではないでしょうか。

**問題30：どれだけうまく仕事をこなしても、いつも周囲から批判される**

**解決策：**この問題の解決策は、自分の言動が他人にどういう影響を及ぼすのかについてできるだけ敏感になることです。つまり、自身が言動を起こす際に、それが同僚にどういう影響をもたらすかを注意深く考えるのです。およそ千六百年前に書かれた『阿毘達磨倶舎論《あびだつまくしゃろん》』という仏典があります。それによれば、あらゆる善行は、自分自身が誇りに思えるように気をつけて行動する、または他の人から見て好ましいと感じるように気をつけて行動する、この二つのいずれかの基本的性質を持っているということです。言い換えると、自分の行為が自分自身と自分の周囲の人たちに健全で前向きな影響を与えるよう常に心がけていれば、心には必ずといっていいほど良い記憶が植えつけられていきます。

ここで一言いわせていただきたいのですが、頭も切れて、精力的で、機知に富み、自信過剰気味の若いアメリカ人の経営者には、変化についてくることができない人たちをいつも馬鹿にしているような人が多く見受けられます。こうした人が成功しているのは、過去に得た良いエネルギーのおかげです。

しかし、過去の心の記憶による過去のエネルギーは、日々の生活の中で呼吸とともに消費され消えていきます。現在の傲慢さや不遜な態度、自分の言動が周囲の人にどう影響するのかに対する無関心という種子は、やがて結実し、経歴を重ねるほどに自分を非難する人が増えていくという結果を導くでしょう。

くり返しになりますが、ここで述べているのは、他人の感情を軽視すれば、即ち他人から非難を受けることになるという話ではありません。無礼な行為が若い経営者の心に記憶を植えつけ潜在意識に入り、そこで力を蓄え、意識下に入ると他人に非難されるという経験として現れるという仕組みについてお話しているのです。逆に考えれば、いつも他人に非難されるという問題を抱えている人は、毎日、意識的に、自分の言動が周囲の人にどのような影響を及ぼしているかに、きめ細かく配慮することが大切です。

**問題31：プロジェクトを部下に任せても、完了したためしがない**

**解決策：**この問題の原因となる心の記憶を断つためには、社内の仕事のサポートに特別に気を配ることです。もし誰かがＭＩＳ（経営情報システム）を必要としているのであれば、システム所有に賛同し、部署の経費を使ってでも必要な援助が得られるよう立ち回るのです。プロジェクトをその週のうちに完了させるため、別の部署が手助けを必要としているなら、自分の部署から快く人を派遣することです。それも仕事ができない人ではなく、最も有能な精鋭を送りましょう。

報告書を仕上げるために、あなたからのデータ提供を頼りにしている人がいるのであれば自分の仕事時間を削ってでも特別に時間をとり、期待に応えてあげることです。

こうした態度によって植えつけられた心の記憶は非常に強いため、短期間のうちに、部下に任せた仕事はすべて予算内でスケジュールどおりに、そして予想を上回るほどの首尾で完了するようになるでしょう。

**問題32：プロジェクトを始めると、滑り出しは順調でも、その後うまくいかなくなる。**

**解決策：**多くのビジネス上の問題を取り上げてきましたが、この問題を生み出す心の記憶を言い当てることは難しいでしょう。しかし、言われてみれば、納得できる答えです。

古代チベットの教えに、「感謝の瞑想」と呼ばれている特別な瞑想があります。

五分から十分の間、誰にも邪魔されない社内の静かな一角に腰掛けます（そんな場所はめったにないでしょうが、どこかにあるはずです）。これまでの人生の良い出来事を思い出し、その実現を助けてくれた人々のことを考えます。たとえば、あなたが仕事で使っている技術は、誰かが苦心してあなたに教えてくれたものかもしれません。ずっと前に教えてもらった技術が、これほど後になっても役に立っています。このような贈り物をくれた人に感謝の手紙を送れば、きっと喜ばれるのではないでしょうか。

仕事に専念できるのは、家事を切り盛りしてくれる配偶者や親がいてくれるからではないですか。その人たちに最後に感謝を伝えたのはいつですか。クリーニング屋、歯科医、郵便配達人、食料品店の店員、銀行員、新聞配達人、こうした人たちが、あなたが会社で仕事ができるよう支えてくれています。「彼らは給料をもらっているだろう。朝早く起きて、ただ働きしているわけじゃないんだから」確かに、そうですね。

しかし、重要なことが抜けています。確かに給料はもらっているかもしれませんが、あなたのやりたいことのために、彼らは人生の貴重な時間、健康でいられる短い年月の大切なひと時を費やしているのです。自分がどれだけ周囲の人たちに支えられているか、他人の親切がなければ実行できないことがどれだけあるか考えてみてください。こうしたことに感謝しないことは、近代の西欧的思考の大きな弱点なのです。

他人への感謝の度合いと人生の幸福度にも直接的な相関性があります。真に幸福な人というのは、自分の幸せや満足が他人のおかげであることを痛感しているものです（本当に幸福な人であれば、相手が給料をもらっているかどうかなど問題にしないものです）。つまり真に幸福な人は、自分の喜びに結びつく小さな親切一つひとつに心から感謝しています。逆に、不幸な人というのは、自分が他人にどれだけ与えられ、それが有償であれ無償であれ自分の幸せのためにどれだけの犠牲が払われているかを考えようとせず、自分をさらに不幸にしているものです。ですから、快調に滑り出したプロジェクトを引き続き強力に推進するためには、そのために必要な正しい心の記憶を植えつけるよう気をつけなければなりません。

つまり、時間をかけ、心を込めて、支えてくれる人たち全員に対し誠実な感謝の気持ちを表すのです。必要なのは具体的な行動だけではありません。たしかに行動は感謝を雄弁に伝えてくれますが、いちばん大切なのは、常に感謝の気持ちを持ち続けることです。朝食を見て、この食事をテーブルに並べるために、貴重な時間をささげてくれた大勢の人に心から感謝するのです。近代世界ではこうした考え方はすっかり影を潜めています。しかし、やってみると本当に気分がいいものです。是非お試しを！

**問題33：ゴミゴミした街への出張や赴任を命じられる、通勤路の大気汚染が激しい、有機物質を使う製造現場に派遣されるなど、仕事で不快な環境におかれることが多い。**

**解決策：**この一見難しい問題に対して、さまざまな仏経典が一致して、思いも寄らないような答えを提示しています。それは、会社に行き、部署を見てまわり、あらゆるセクシャルハラスメントやわいせつ罪に該当する行為がないかどうかを確認し、根絶することです。アンディン社の職場環境のもっとも素晴らしい点は、多くの職場に見られる女性へのさまざまな嫌がらせがまったくといっていいほどなかったことです。会社のトップから社員まで、すべての女性は会社への貢献を認められ、昇給、昇進、高いポストにつくこともすべて業績次第で可能でした。また、身体接触、不快な視線、ひやかし、性的発言など女性に対する品位のない態度をとる上司は一人たりともいませんでした。

下品な言動がまったくないことは注目に値することですし爽快なことです。男性の仲間うちでの性的な冗談も、汚い言葉遣いも、既婚者に不倫を奨励するような社風もありません。

外部環境の汚さが、言動や思考の汚さによって生み出されるという考え方はあまりにも単純だと感じるかもしれません。たしかに西欧的な世界観からはあまりにもかけ離れており幼稚にすら感じられます。しかし、考えてみてください。あらゆる出来事には原因があります。汚染されている場所がある一方で、そうではない場所があることには理由があるのです。「もちろん理由はある。車や煙突が多い場所もあれば、公害を管理する法律が緩い場所だってあるだろう」と心の中で思っていませんか。

しかし、チベット古来の教えによると、「状況説明」と「理由」は完全に別問題です。「この場所は汚染源が多いために汚染が激しい」これは、汚染が生み出された「状況説明」でしかありません。そのとき、その場所に汚染源が存在している「理由」には一切触れていないのです。

煙突が汚染源であることは百も承知ですが、それは問題ではありません。本当の問題は「なぜ別の場所じゃなく、その場所に煙突があるのか？」という子供のような素朴な疑問なのです。

「くだらない。そういう風になっているのだから仕方がないじゃないか」そんな読者の心の声がまた聞こえてきます。しかし、あらゆることに原因があると考えるのが科学的思考ではないのですか。すべての事象には論理的説明が可能だと考えるのが西欧的思考ではありませんか。汚染の原因が煙突なのはあきらかです。しかし、そもそも煙突はなぜそこに存在しているのでしょうか。この原因もはっきりさせるべきではないでしょうか。そこに煙突が存在していること自体も一つの事象です。そして、すべての事象には引き金となる原因があるはずなのです。

煙突がそこにあるのは、心の記憶が潜在意識から意識下に入ったことで、あなたがその事象を経験させられているからなのです。つまり、汚染を生み出したのは自分自身なのです。汚染を引き起こした行為とは過去に行われた行為で、内容が結果と類似している行為です。数千年前に東洋の卓越した思想家たちが編み出した智慧によれば、性的ないやがらせこそが、汚く悪臭のする環境の原因なのです。

信じようと信じまいとそれは構いません。ただ試してみてください。会社から下品な言動を一掃するのです。そういう言動は会社の士気にも悪影響を及ぼすものですから。あとは、会社が物理的に居心地のいい場所になるかどうかを見守るだけです。百聞は一見に如かず。

**問題34：自分の周囲の人間が当てにならない。仕事を与えても、きちんとやるかどうか確認が持てない。三人の部下にそれぞれ一つずつ業務を与え、最後までやるように命じても、細かい失敗をいちいち尻拭いをさせられ、疲れ果てるばかりで能率が悪い。**

**解決策：**信頼できる社員が周囲にいるという主観（すなわち現実）を確実に得るために必要な行動は、配偶者や家族と揺るぎない信頼関係を保つことです。あまり現代的ではない考え方ですが、森羅万象や心の記憶を統《す》べる法則によれば、私生活であれビジネスであれ、信頼を得るためにできることで最も重要な方法は自身が信頼に足る態度を保つことなのです。

私のようなベトナム戦争世代は、戦争や他人を束縛する結婚など、前世代が慣行してきた制度に対して反抗してきたものです。私の母は、離婚などほとんどなかった時代に離婚し、近所の人から後ろ指さされ、シングルマザーとして生活にも苦労したという点で大きな代償を払いました。

しかし、一時の気まぐれで誰かと結婚し、簡単に離婚することは非常に悪い心の記憶を植えつけます。特に子供がいる場合は、最も傷つくのは子供ですから、なおさらです。植えつけられた心の記憶は、身の回りの世界に対する主観に大きく影響します。通りを歩きながら、後ろから来た人のことなど一切気にせず紙コップを捨てる人がいるという単純な事実に象徴されるような、いわゆる社会秩序の乱れは、チベットの仏経典によれば、人々が互いの信頼関係を保つことができないことに起因しています。ですから、信頼できる部下が欲しければ、配偶者や子供に信頼される人間になることです。

**問題35：経済的に自立できず、自分の判断に基づいて行動できない。人に相談せずに、自分の収入に関して主体的に決定を下すことができない。**

**解決策：**この問題の解決策は、他人の財産や空間を非常に厳密な意味で尊重することです。会社では、明らかな同意を得る前に、他の部署の人や物を勝手に使わないよう気をつけなければなりません。また、あなたの部署の人や物を誰かが必要としているのであれば、使ってもらいましょう。言い換えると、共通の目標を達成するために、他の責任者と人や物を共有するのです。これは、およそ千三百年前に書かれた『入菩薩行論《にゅうぼさつぎょうろん》』で説かれている「一体」という概念です。「自分の体」あるいは「自分自身」という概念は、たいていは皮膚を境界として考えられます。二人で手を繋いでも、自分の指先部分で「自分」は終わり、もう一人の指が始まるところからは「相手」です。

しかし、母と子の関係では「自分」の定義は当然変わってきます。「自分」の境界は子供の周囲にまで拡大します。子供が負った傷は母の傷でもあり、母親は何があっても子供を守ろうとします。また、新車を買ったばかりで給料の大半が車のローンで消えていくような場合も「自分」の定義が拡大します。ニューヨークでは、十代の少年たちが通りに停められた車のドアをチェックし、窓から後部座席をのぞきながら通りを歩く姿は日常茶飯事です。迷惑な行為だと思ってはいたものの、建物に入るときに守衛に注意を呼びかける程度で済んでいたのが、この頃では、少年たちが自分の新車に近づくなど言語道断、あわてて通りを渡って注意するか、うろたえて警察に通報するのです。

逆に「自分」が縮小することもあります。片方の腎臓に癌があるため摘出が必要だと告げられれば、多少の葛藤を経ても、腎臓と自分を切り離して考えるようになります。「自分自身」と腎臓を別々のものと考え始め、手術当日には「自分」から腎臓を取り除くことに対して完全に覚悟を決めるのです。

大企業での「自分の利害」というときの「自分」も拡大したり縮小することがあります。各部署の責任者が「自分」と言うとき、そこに他の部署を含んでいれば、その会社は健全であると言えます。自分の部署に利することは他の部署に利益となります。全体で一つの会社なのですから。自分を会社単位にまで拡大することは決して不可能ではありません。自分がたまたま、ある部署の責任者に任命されれば、「自分」はその部署全体にまで拡大します。

「自分」を一つの部署に拡大できるのであれば、「自分」を三つの部署に拡大することも無理なことではないでしょう。「自分」の定義はその時々で決定されます。何が「自分」に直接関係する懸念事項かによって限定されるのです。チベットに古来から伝わる智慧によれば、「自分」をいかに定義するかが、すべての私的、公的な問題の原因となります。これはただの崇高な考えなどではありませんので、勘違いしないでください。真面目で実用的な教えなのです。誰もが、経済的にも、組織的にも一人前になることを望んでいます。これを実現するためには、自分の持っているものを組織の中の人たちと分かち合うことを厳しく自分に課すことです。この考え方に慣れてください。無からは何も生まれません。あなたが主体性を得るという主観、すなわち現実は、会社の人に自分の持っているものを、喜んで意図的に、分け与えることによって植えつけられた心の記憶がもたらすのです。

**問題36：日々の取引で、顧客、業者、部下など周囲の人が自分を欺こうとすることが多い。**

解決策：この問題の解決策も意外なものです。ビジネス現場で相手の言うことが真実かどうか確信を持てない状況がどれだけ苛立たしいかはおわかりでしょう。いくつか例を挙げましょう。

顧客が期日までに支払うと請け合ったにもかかわらず、期日が近づいても支払う気配がない。しかも顧客はわかっていて支払いを先送りにしている。

最重要顧客からの大事な注文に必要な原料を期日までに届けると確約したにもかかわらず、業者にはその商品の在庫がないことが後で判明する。さらに悪質になると、少し高く買い取ると申し出たライバル社に同じ期日にその商品を届けていた。大きなプロジェクトの準備の一貫としてある、ある業務に携わっている社員が、その業務のために会議を欠席する。以前はうまくいっていたので、時折、簡単に進捗状況を確かめると、毎回、うまくいっていると報告する。しかし、実は彼らの担当業務は完了していない。それどころか、これまでずっと進展さえしていなかった。そのため、プロジェクトが始まる当日になって、すべての業務を遅らせる必要があることが判明した。

こうした人々の欺きを食い止めるには、二つの行動が必要です。一つ目は、自分の高慢さや自惚れに敏感になることです。ビジネスは、浮き沈みが早く、残酷なものです。急上昇する星は、落ちるときは急降下します。ビジネス界はたしかに現代社会で最も知性的で才能あふれる人が集まる世界ですが、高慢さを管理できないという盲点があるようです。運の悪い日が一日でもあれば、副部長から「元副部長の平社員」に格下げとなる可能性のある世界では、自惚れや高慢さなど余計なものでしかないのです。

高慢であることの一番の問題は、周囲の人々が不快になることよりも、自分自身の成長を阻害されることにあるのではないでしょうか。チベットのヤク飼いたちの諺に「夏草はつねに低い草地から成長し始め、雪に覆われた山頂のふもとまで登ってくる」と言うものがあります。つまり、高慢でない謙虚な人は、会社での地位にかかわらず、相手の話に耳を傾け、そこから学ぶことで、成功、つまり、より多くの草地（収益）を得ることができるのです。

どんな人の言葉に対しても真摯に耳を傾ければ、何かしらを学べる可能性は常にあります。それは部下の馬鹿馬鹿しい提案をことごとく受け入れなければならないという意味ではありません。そこは正しく判断してください。しかし、部下の思考の中でまだ具体化されていない考えから学べることは少なくありません。常に感度を高く保ち、自分の部署を歩きまわって聞いた話を整理していくのです。部下の示した方向性や解決の糸口を、あなた自身の思考の中で繋ぎ合わせることで、包括的な戦略が得られるはずです。

次に取り組まなければならない二つ目の行動は、他人の称賛を求める習慣から抜け出すことです。人は、私生活でもビジネスでも、感謝や称賛を得るために何かをするのではなく、良いことだからする、正しいことだからする、という地点まで成長しなければなりません。「よい上司は称賛を必要としない」と言います。

母親が赤ん坊の世話をするのは、母親こそがそのときその仕事をすべきだからです。そして母親は、世話をする相手からの感謝や称賛の言葉を期待せずに生きることを学んでいくのです。

企業の上に立つ本当に有能な人は、いかにして人に称賛を与えることができるかを常に探しているものです。単なる企業戦略、社員への激励策としてではなく、周囲の状況に本当に感謝していれば、さらに素晴らしいことです。つまり、会社を成功に導くために重要な役割を担ってきた人々だけでなく、機械技師や警備員など一見、限定的な役割しか果たさなかった人々に対しても、一人ひとりの貢献を敏感に察知し、それに対し心から感謝し報いるのです。人からの感謝や褒め言葉を期待せず、機会を見つけて周囲の人に感謝や褒め言葉を伝えましょう。そうすれば、突然、身の回りの顧客、業者、部下など、どんな人もあなたを欺かなくなっているのに気がつくでしょう。くり返しになりますが、これは周囲の人の貢献を誠実に察知しようとする態度が植えつけた心の記憶の結果なのです。

最後に強調しておきたいことは、称賛すべき人や感謝すべき人がいない場合は、感謝の言葉や褒め言葉を無理に取り繕って偽善的になる必要はありません。ただ、どんな規模の会社であれ、黙々と献身的な仕事をしてくれている中核社員がいるものです。彼らの働きがなければ業務が立ち行かなくなるのですが、それが当たり前になってしまうと、彼らがどれだけ尽力してくれているか、わからなくなってしまうことがあります。ビジネスでは、私生活と同じく、長く一緒にいる近い存在ほど、感謝や称賛を忘れがちです。家族に花束やチョコレートを最後に買って帰ったのがいつだったか思い出せますか。

**問題37：自分が言ったことを誰も尊重してくれない。どんな提案をしても、無視されるか、馬鹿げていると一蹴される。**

**解決策：**大企業の重役会議に出席した経験のある人なら、この問題の辛さを理解できるでしょう。あまりにもひどい状況になると、気がおかしくなるのではと本気で心配になります。

ある月曜日、六時間に及ぶ重役会議がありました（会議が昼休み中も継続するので、上司に「会議が終わったら、あのレストランで少し長めに昼休みを取るといい。支払いは僕がもつから」と言われましたが、六時間の重役会議の間に部署で大問題が発生して、結局、それどころではなくなります。まあ、これは、ここでは問題ではありません）。上司が現四半期の経費削減策について提案を求めました（さて、ここからは私が実際に経験したやりとりです）。上司に最近気に入られている人物がこう言いました。「古い裏紙をメモ用紙として再利用しましょう。コピー機から新しい紙を取ってくる代わりに、裏紙をメモに使うことを奨励するのです。裏紙をただ箱に入れて取っておくだけでなく、使ってもらいましょう。

上司は部屋を見回し、誰も異議がないことを確認します。

大半の人は、誰かが会社中を裏紙を配ってまわっても、たいした節約にならないだろう、と内心考えています。「いい考えだ、他には？」上司が尋ねます。私は手を挙げて答えます。「外出する人の靴から落ちるダイヤモンドの欠片を回収するために、エレベーターにマットを敷くのはいかがでしょうか。毎日、エレベーターに、かなりの数のダイヤモンドの欠片が落ちているのを見かけますが、清掃業者が夜に掃除機をかけて、捨ててしまっているのです。」

アンディン社は常時、数千個のダイヤモンドの入った包みを取り扱っています。中には本当に小さな石があり、大きなくしゃみをしたり、椅子に深く腰掛けたはずみに電話のコードが当たったり、机に鉛筆を落としたりするだけで、相当な数のダイヤモンドが床に落ちてしまいます。落ちたダイヤモンドは、跳ねたり、すべったり、コロコロ転がったりして、部屋を横切り、思いもよらない場所に入ってしまいます。

小さな欠片がたくさん落ちたときは、ゆっくりと立ち上がり（膝の上に幾つか落ちているかもしれませんから）、小さなホウキのある部屋の隅までつま先立ちで歩きます。これは、つま先に乗った石が靴の中に入らないようにするためです。その後、セキュリティードアを出て、トイレやエレベーターに入るのですが、なぜかエレベーターでたくさんのダイヤモンドが落ちるのです。それで、私はマットを敷く提案をしたのでした。ダイヤモンドの欠片を落とした人は、次に、床に四つんばいになります。ダイヤモンドを落としたときは誰もがそうするので、その姿勢を不審に思う人はいません。そして丁寧に掃き掃除をするか、ダイヤモンドのきらめきが見える角度で床にはいつくばって、数メートル先まで目を凝らすのです。

ダイヤモンドは最も硬いだけでなく、天然石の中で屈折率も最高で、その表面から発する光の量も最大です。頭上にある電気からの光がうまく反射すれば、ダイヤモンドは独特のきらめきを発します。ダイヤモンド商は誰でも、このきらめきに敏感です。

絨毯敷きの廊下の隅で、キラリと光ったのに気づき、腰をかがめ驚くほど小さなダイヤモンドを拾うこともあります。これはもはや反射神経や本能の領域です。

これで思い出したのですが、ニューヨークの四十五番街と六番街（別名アベニュー・オブ・アメリカス）の交差点にある国際ペーパービルディングの前の歩道には、ちょっと特殊な処理がされています。セメントにキラキラ光る粉末が混ぜてあるのです。私は帰り道にここを通るたびに「床の上のきらめく石に対する本能」が目覚め、迷子のダイヤを拾うために無意識に腰をかがめている自分に気づき、いつもうんざりしていました。とはいえ、光の反射角度によっては、きらめきは見えないので、ダイヤモンドを常に発見できるわけではありません。ですから、部屋中を隅から隅まで丁寧に掃いて、隅に集め、その上にしゃがみこみ、誰かの髪の毛やふけ（小さなダイヤモンドに少し似ています）、フライドポテトのかけら、大きなクリップやホッチキスの芯の中から三週間前に発見できなかったダイヤモンドなどを一つひとつ調べなければなりません。落としたダイヤモンドをすべて見つけることは不可能です。おまけに、いくつかは必ずエレベーターに落ちるのです。

上司は椅子をゆらしながら（彼だけがなぜか揺り椅子に座っていました）、不満そうに言いました。「そんなくだらない提案は聞いたことがないよ」。これを聞いて、私は、重役会議の間中、テーブルの端で目立たないように存在感を消すしかありませんでした。

最近の上司の一番のお気に入りの女性社員が甘えた声で言いました。「私にいい考えがあります。クリスマスになると業者や顧客に配る、あのアンディンと書かれたチョコレートですが、あれはかなり厚さがありますから、届いたら包装紙をとり、数ミリ分カットしてはどうでしょう？　そして、カット分を新しいチョコレートに作り変えるのです」。上司は、勝ち誇ったような顔で椅子にもたれ、彼女の顔をじっと見ました。他の誰もが彼女が冗談を言っているのか、本気なのか（本気でした）確信が持てず、上司が口を開くのをただ見守っていました（上司が「くだらない」と言えば、私たちはその言葉にうなずいたでしょうし、「素晴らしい」と言っても、やはり、嬉しそうにうなずいたでしょう）。

この話の結末はおわかりですか？　一週間後、用務員が、表面に細かい繊維のある黒いゴムマットをエレベーターに敷いていました。私は仕事を終え、疲れきって負け犬のように首をうなだれ、エレベーターに乗り込みました。本能的にダイヤモンドを探そうと床を見て、驚きました。「何をしているんだ？」と尋ねと「エレベーターに新しいマットを敷いているんですよ、とてもいい考えじゃないですか。靴底に挟まったダイヤモンドの欠片が毎日ここに落ちているでしょう？　清掃業者が毎晩、掃除機で吸って捨ててしまう代わりに、このマットでダイヤモンドを回収して、毎晩、工場の金のクズと一緒に集めて、リサイクルしてダイヤモンド部門に戻すんです」「へえ、いい考えだね。誰の案だい？」と私が聞くと「あなたの上司ですよ。彼は本当に頭が切れますよね」

この非常に苛立たしい経験は、ある種の心の記憶が引き金となっています。それは、無駄話によって植えつけられた記憶です。数千年前に書かれたインドやチベットの仏経典によれば、無駄話とは「自ら進んで、嬉々として、性、犯罪、戦争、政治について無益な話をすること」です。

私は「世界各地で展開しているプロジェクト全部を管理する時間をどうやって捻出しているのか？」とよく聞かれますが、意識的に無駄話をしないようにすることだと答えています。新聞を見ながら、コーヒーを飲みながら、それほど知りもしない世界情勢についての意見や他人の噂話に時間を費やしても、何の益もなく、何の影響力もありません。テレビや新聞、雑誌のニュース、テレビやラジオの面白い話題、そして他人の噂話は、ただ自分の話を自分が聞きたいがための話です。新聞や雑誌のニュースが自分にかかわりが深いものかを試すには三日待つことです。新聞を隅々までつぶさに読み（飛行機が遅れたりして、新聞を隅々まで目を通す時間ができたときに）、三日後にまだ憶えている情報があるかどうか書き出してみてください。読んだ記憶のある記事はせいぜい一つか二つくらいで、内容はほとんど覚えていないのではないでしょうか。では、そもそもなぜ新聞を読むのでしょうか。人間の頭脳はすばらしい力を持っていますが、その力は無限ではありません。コンピュータと同じく、頭に入る情報量には限りがあるのです。

仏教は「沈黙」を重視しています。そして、そこには確かな理由があります。後ほど詳しく説明しますが、仏教徒は数日から数週間どこかに籠もり、その間ずっと何も話さない「静修」と呼ばれる修行をします。西欧人の大半は、例外的な状況（喉頭炎や病気で、何日も一人で自宅にいるなど）を除いて、成人してから一日もしくは二日以上誰とも話さなかったという経験をしたことがありません。実際に静修に入るとわかるのですが、会話のほとんどは必ずしも必要なものではなく、心を乱すものなのです。少しの間、一人きりで黙想することで、現在の事業状況に関して重要な洞察力が得ることが少なからずあります。しかし、これについては後ほど詳しく述べます。ここでは、よい提案をしているのに無視されるという経験の引き金となる心の記憶は、意味のない会話ばかりしていることだと述べるに留めておきましょう。もし、この問題が度々出てくるようなら、軽率なおしゃべりにふけることがないように厳しく自分を律するよう心がけましょう。

**問題38：自信喪失に悩まされることがある。かつては自信にあふれていたのに、現在は正反対の状態にある。**

**解決策：**この問題も、無駄話をやめることで解決できます。ただこの場合、先ほどお話したような会話だけでなく、別の種類の話も含まれます。たとえば、ある事業家が壮大な計画を立て、発表するものの、その実現に向けた努力を最後まで遂行しないというのは、ビジネスの世界に蔓延した典型的な意味のない話です。こうした話は、翌年度の企画会議で特によく聞かれます。口先だけの計画と決意表明が何時間も続き、聞いている側は誰も実現を信じておらず、実際に、遂行されないという状況です。ここで述べているのは、有能な起業家のわくわくするような大きな展望とは違います。視野は広い一方で、不可能を可能にするための単調で辛い仕事をいかにこなすかを知っている稀有な人物からあふれでる熱い創造性のことではないのです。今お話しているのは、くり返される中途半端な計画、資金や人々の関心を浪費するだけ無駄な会話のことです。

今後、自信に満ち溢れた自分になるためには、本当にやり遂げる意志があることだけを話すようにすることです。実際はやる気のない事柄について話すために、人生の貴重な時間を無駄にしてはいけません。夢の多くを素晴らしい現実として生み出すためには、夢と展望、幻想と希望の間の絶妙なバランス感覚とその違いを把握することが必要です。

**問題39：必要な休息を得ることができない。余暇をどう過ごしていいか、全くわからない。なかなかリラックスすることができず、休暇も心から楽しむことができない。**

**解決策：**リラックスして、仕事を忘れ、余暇を心から楽しむという能力も、正しい心の記憶を植えつける方法を知ることで得られます。この能力は、自然に身につくものでも、生まれつき備わっているものでもなく、一部の人だけにたまたま与えられた幸運な能力でもありません。

この問題を解決するために必要な心の記憶もまた、有意義で有益な話だけをするように注意することで植えつけることができます。ゴシップ、くだらない考え、実際に実行する気のない計画など無意味な話や無駄な話はしないことです。一貫して流れているテーマは目的意識です。

つまり、話す理由や、目的、実行すべき行動があるときにだけ話すのです。有言実行はあなたに満足感や充足感をもたらします。もし、普段から話す意義のあるときだけ話をする人であれば、過去の無駄話による心の記憶はないと確実に言えますが、そうでなければ過去の些細な心の記憶が潜在意識にしばらくとどまっているうちに力を蓄え、休息を楽しめないという経験に至ります。

もし、休息を楽しめないのであれば、この心の記憶の存在を自覚してください。決して以前のようにはならないと注意することで、心の記憶の力を抑えることができます。つまり無駄話や意味のない話は一言たりともしないと決意するのです。人によって心の記憶の総体が違うため、無駄話をしても困った状況に陥らない人もいますが、あなたは違うのです。もしこの問題に苦しんでいるのであれば、他の誰よりも注意して、この種の心の記憶のほんの一端であっても避けるようにしなければなりません。

**問題40：何をするにせよタイミングが悪い。大きな市場に参入するが、その直後に相場が急落する。ブームが終わると見込んで市場から手を引いたが、ブームはその後も長い間続く。新製品を出すたびに、同じ時期に競合他社の類似商品が発売され、いつも他社製品に軍配が上がる。大手業者が値上げをして数日後に、その業者に発注してしまう。**

解決策：ここでも、実行する気などさらさらない計画に対し、資金や人の注意を向けさせてしまうような無駄話が問題です。本気でやろうと思うことを話すよう十分注意し、遂行する意志のないものはゆめゆめ口にしないようにしましょう。

**問題41：人に何かを頼んでも、頼みを聞いてもらえない**

解決策：誰もあなたのいうことを尊重してくれないという問題37の別見解といえます。ですからこの問題も、取るに足らないことばかりを話すことによって植え付けられた心の記憶が原因です。もしこの問題で苦しんでいるのであれば、周囲の人にとって益になること、重要なことだけを話すよう、口を開く前から十分注意して、正しい心の記憶を植えつけるようにしなければなりません。

**問題42：会社内で対立が頻繁に見られる。**

**解決策：**どんなに些細な個人間の対立でも、会社事業全体の成功に大きな損害を与えることがあります。社員が互いにサポートしあっている部署は、自ずと事業のほとんどがうまく運びます。一方、内部分裂し、口論や対立が絶えない部署は、収益性も低い上に、社員の心身を疲弊させます。いい職場では、懸命に働くことで、人々は強くなり、互いの絆が生まれます。辛らつな言葉が飛び交う職場では、部署全体そして部署内の社員一人ひとりのエネルギーが枯渇していきます。アンディン社で、私は、昼休み時間はほぼ毎日、不満を持っている社員たちと昼食をとり、互いにうまくやっていけるように取り計らいました。部署内の平和を保つために多額の給与を受け取っているのではないかと感じることが多々ありました。

しかし、部署内の平和を保つことができれば、自動的に生産性もあがってくるのです。問題6と同じように、社内の対立は（あなたが当事者であろうと、なかろうと）、あなたが他の人の対立を深めてしまうようなことを、悪意を持って、あるいは噂話として口にしたことにより植えつけられた心の記憶に由来します。対立の当事者は友人同士、ライバル同士、あるいは、お互いに良く知らない間柄かもしれません。しかし、あなたの話を聞く前よりも二人の溝が少しだけ深まったのです。

この心の記憶への対処としては、どのような方法でも、常に時間と場所を見つけて、対立当事者同士の距離を縮めるように少しずつでも良いので努力をしてください。こうした小さな関係修復の機会を度々持つことで、社内のどんな人に対する悪意も消えていくという効果が得られます。あなたをいつも面倒なことに巻き込む重役が困った立場にあると知ると、たとえその問題が会社全体に波及してしまうようなものであっても、あなたは後ろめたい喜びを感じてしまうことがあります。この心の記憶は潜在意識下に降りて、そこで漂いながら力を蓄え、意識下に浮上すると、周囲の人の対立状況として現れます。そして、お互いに対立している人たちや、あなたと対立している人に問題が生じると、また喜びを感じてしまいます。それが新たな心の記憶を植えつけ、周囲の人々のさらなる対立を生み出します。おわかりですね。概して、心に植えつけられた悪い記憶は、皮肉なことに最初にその悪い記憶を植え付ける原因となった苦い経験を再度引き起こしてしまうのです。これはまさに悪循環です。

**問題43：この会社や社会環境では、正直が美徳とみなされていない。「正直者は馬鹿を見る」という風潮の中、お人好しは損ばかりしている。**

**解決策：**この問題は、ビジネス上の問題の中でもとくに深刻な問題です。自分のビジネスの領域や業界のいわゆる「世界観」の純粋さの問題です。市場全体や業界全体では、正直であることが何よりも重視されているのは事実ですし、ベテランの実業家であれば、誠実さや公正さを重視する業界で働けることが、いかに士気を高揚させるかをわかっているでしょう。一方、誠実さを愚かだとみなす偏狭な業界で働くことは、それ自体が、自分の品位を落とすような経験です。

この違いを感じない人は相当心が荒廃している人です。もしこの状況に陥ってしまったならば、外的な方法では、周囲の腐敗した状況を回避することはできないことを認識してください。つまり、外部の状況を変えても、不道徳な人々から逃れることは恐らくできないのです。なぜならば、こうした人々の存在の源は、自分自身の心の記憶だからです。私は過去数十年の間にそれこそ何百人もの人をさまざまな役職で雇ってきました。その中で、突然辞職した人はほんの二人か三人でした。

辞職を告げられるときの会話はたいていこんな感じです。

「会社を辞めることにしました」

「なんだって？　どうしたんだ？　何かあったのか？」

「言っても無駄ですが、AさんとBさん（たいていは、当人よりも少しだけ役職の高い同じ部署の人間）にイライラするんです。あんな仕事ができない人たちと一緒に働くのは無理です。他の会社の知的な上司の下であれば、もっといい仕事ができると思います。実は、他の会社の面接を既に受けて採用も決まっているので、二週間後に退職します」

「わかったよ。もう言っても無駄なようだね。ただ連絡はとり続けよう。次の職場の様子を聞かせてくれ」

ちなみに、ダイヤモンド業界では、ありがたいことに、辞職する人は二週間前の通知を義務づけられています。私は、不満を持っている社員をその場に座らせて、電話を三本かけます。まず警備室に電話して警備員を呼びます。警備員は辞職する人が自分の机を片づける間、その横で待機します（不満を抱えて働いている間に引き出しに宝石を隠していることがあります)。もう一本は、人事部への電話です。IDカードを無効にして貴重品保管室への立ち入りができないようにします。最後は経理部に電話し、最後の二週間分の給与の小切手をあらかじめ切ってもらいます。小さなダイヤモンドを二つ、三つでも持って出られることを考えれば安いものです。

そして三週間後、辞職した人に連絡し、新しい職場について尋ねます。ライバル社の様子を聞けるのですから損はありません。たいていは新しい状況に満足して、くつろいだ様子です。半年後にまた連絡して、様子を聞かせてくれと言って電話を切ります。そして半年後の連絡では、ほぼ間違いなく辞職前に口にしていた不満とまったく同じ不満を耳にすることになります。

このように、身の回りに嫌な人がいるという経験をもたらす心の記憶は、外部の状況をいくら操作しても変わるものではありません。チベットでは「部屋に十人いれば、三人はとても好きな人、三人はとても嫌いな人、四人は好きでも嫌いでもない人」と言います。別の十人部屋に入っても、同じことです。三、四部屋から好きな人だけを十人引き抜いて、別の部屋に入ってもらっても、その部屋で好きな三人と嫌いな三人が出てきます。

これは外的な現実の働きではありません。実際にそんな働きはないのです。これは、心の記憶の問題です。業界の外に目を向けて、もっと誠実な業界を探そうとしても無駄です。自分の心の記憶を変えるために、厳密な意味での誠実さを厳しく自分に課しましょう。あとは、のんびりと自分のいる業界が変わる様子を楽しむだけです。悪い状況から逃げても決して状況は変わりません。新しい心の記憶が変化をつくり上げるのです。

**問題44：自分のビジネスの才が消えかかっている気がする。問題を解決するのがどんどん困難になり、変化についていくことができない。複雑な問題に取り組むと、以前ほど頭がうまく回らないように感じる。**

**解決策：**ここまでは、職場環境や一日を通して接触する人々に関する心の記憶について、さまざまな話をしてきました。しかし自分自身の心や知性はどうでしょうか。チベットの仏経典は、物事を明晰に考えるというまさにその能力もまた、過去に植えつけた心の記憶がもたらす主観であると述べています。さらに「善行が良いことを導く」という教えに背を向けた生き方を続ければ、言いかえれば、この深遠な真実の存在をかたくなに認めようとしないのであれば、その人の知性そのものが悪影響を被る、と述べています。幸運にもチベットのラマ僧と生活を共にする経験をした人であれば、一般的な諸問題に対する彼らの驚くべき洞察を物語る多くの逸話をお持ちのはずです。私の友人は、チベットから亡命してきたばかりの高齢のラマ僧と一緒に、インドを車で旅しました。そのラマ僧は、ヒマラヤの奥地で長い間暮らしてきたため、車に乗るのがほぼ初めてという方でした。途中で車が故障したので、友人は車を降り、エンジンを調べるためボンネットを開けました。ラマ僧も外に出ました。仏教典は、初めてのことに出会ったときには、その対処方法を観察し、学ぶべきだと説いています。そうすれば、どこかで別の人を助けるときに役立つかもしれませんから。ラマ僧はこれまで見たこともなかった車のエンジンを前に身を乗り出し、知っているわずかな英単語を使って部品のいくつかの働きについて尋ねました。そして交流発電機（オルタネーター）を指差すと「ここを修理すべきだ」と言ったのです。ラマ僧の言うとおりでした。このラマ僧の頭脳は、いくつかの部品の働きを理解しただけで、すべての部品の働きを推測する超高速コンピュータのようなものではないでしょうか。最新技術の燃焼エンジンをじっと見つめ、その内側の働きを想像することで、エンジンを頭の中で再現し、ゆるぎない論理によって、どの部品が故障しているのかという結論を導き出したのです。普通の人の思考力とは比べ物にならないほど速く明瞭に、問題を解決するラマ僧の高い思考能力は、遺伝や食べ物とは関係なく、訓練の賜物でもありません。この種の心の主観を最も強く植えつける方法は、極めて単純です。心の記憶がもたらす主観なのです。これもやはり過去に植えつけられた心の記憶がもたらす主観なのです。自分の身の回りの世界をつくり出しているかを理解し、その理解に従って、自分の誠実な生き方を貫くことです。

**問題45：自分の人生には、正義の原則が当てはまらない。同僚やライバルに不当な扱いを受け、上司や裁判所などに援助や保護を求めても、決して望んだものは得られない。**

**解決策：**権威ある人から当然与えられるべき援助や保護が与えられないのは、物事の道理を根底から揺さぶられるような経験です。危害を被り正当な救済策を求めた結果、正義を拒絶されることほど忌々しい状況はないでしょう。この主観、つまり、この現実には、固有の原因がありま す。それは、物事の道理をあなた自身が受け入れなかったことです。特に心の記憶の第一の法則を否定することによって、物事の成り立ちを受け入れなかったことが原因です。第一の法則とは、「意識的に、意図的に、他人を傷つけるような悪行によって植えつけられた心の記憶は悪い結果しか生み出さない」というものです。つまり悪行は、あなたの身の回りの世界やあなた自身に悪い経験しかもたらさないのです。この法則を信用せずに行動すること、つまり、良い見返りを求めて何らかの悪事を故意に働くことは、この原則を侮辱することです。

たとえば、取引を完了させるために些細な嘘をつく、儲けを少しでも増やそうとして税金をごまかす、製品の値段を下げるために正当な関税を支払わない手段を考える、などです。**問題なのは内容です。ビジネスや人生の成功という良い結果は、悪い要因（人を傷つけたり、欺いたりすること）からは決して生じないということを理解することが重要です。**

違う言い方をすれば、悪い心の記憶から望ましい主観を得ることは絶対に不可能なのです。物事の道理を明示的にせよ、暗黙的にせよ、否定するたびに、あるいは否定するような考えを持つだけでも、心の記憶によって、自分の世界の秩序が逆転する現象を経験させられます。つまり、いくら自分が「正義」だと思っていても、裁判所や上司はあなたに不利な裁決を下すのです。

解決策はひどく単純です。本書に書かれた考え方、つまり「この世界は自分の誠実さ、あるいは不誠実さが生み出したものである」という概念全体を、時間と努力を重ねることで理解するのです。世界はどこから生まれたのか、悪い事柄は何に由来するのかについて考えようとしないのは、西欧文化に特有の無関心です。この有害な無関心を克服しましょう。基本的に全く同じ行動をとっても、成功する実業家もいれば、失敗する人もいるのはなぜでしょう。悪い事象は悪い行動に由来します。その経緯と理由を確実に理解すれば、あとはのんびりと待ちながら、物事がうまく行くのを楽しめばいいのです。

**問題46：ビジネスの世界で経歴を重ねるにつれ、憂慮すべきほどはっきりと自分の誠実さが失われつつあることに気づきはじめている。**

解決策：この項の最後の問題は、ビジネスにおける誠実さそのものに関するものです。ここでの解決策も意外なものでしょう。**誠実さが失われているという主観は、過去に誠実さを重んじなかったことが原因です**。簡単に言うと、あなたは、長い間、誠実さとビジネスには何の関係もないという言外の意見を持っていたために、今、誠実さを失うという事態に陥っているのです。ここで特に厄介なのは、あなたを大成功に導きうる隠された潜在性が、ここでは逆に作用していることです。というのも、物事の成り立ちに関する誤解によって植えつけられる心の記憶が、最も克服しがたいものであり、**心の記憶を克服することは、心の記憶を理解することで成し遂げられるからです**。どうすればビジネスや人生において成功を得られるのかを理解できなければ、心の記憶についても理解できないままです。解説策は、本書に提示された考え方に対して自然に生まれる反発心を克服するよう努力を重ねることです。

考えてみれば、成功が何に由来するかに関する考えや信念の多くは、非常に若い頃に植えつけられたものです。人生についての定義の多くは、小学校低学年の頃に教師から教えられるものですが、きっとその教師に今、会って話をしたら、彼らの考え方はこっけいに思えることでしょう

本当に成功したいのであれば、あなたの人生で数十年間認めてきた思考や行動を克服することを学ばなければなりません。これまでのやり方では、逆効果か、せいぜい、たまによい結果が出たり、出なかったりするだけです。**時代や場所にかかわらず、真の成功者や実力者と**

**は、自分がその中で育った価値観を一つひとつ洗いなおすことを学んできた人たちです。**

人生やビジネスにおける成功を、国家的または文化的な偏見や根拠のない先入観の手にゆだねてはいけません。自国の文化で、善悪や正否、成功や不成功がどのように定義されていようとも、その定義は、あなたが生きている間にも変化します。

私は米国の南西部で育ちましたが、私の少年時代にもっとも凶悪な犯罪の一つに「ナンバーズ」がありました。私は「ナンバーズ」が何を指すかわからなかったので、母に尋ねました。するとと母は、私が住む町の南部の鉄道付近で、悪い人間だけが行うことだと答えました。麻薬を打ち、バーで酔っ払い、ナンバーズをするのです。暗い部屋に人々が集まり、ある男性にお金を支払い、ひとつの数が書かれた紙をもらいます。大勢の人から多額の金が集まると、その男性は目を閉じて数を一つ引きます。その数をもっている者は、取り仕切った男性が手数料を差し引いた後に、残りのお金を全額もらえるのです。これを現代では「宝くじ」と呼びます。宝くじは政府が発行していますが、過去に同じ行為をしていた人は刑務所行きでした。現在、宝くじは公共の利益のために行われていますが、やっていることは今も昔も全く同じです。ただ、現代の宝くじは道徳的なだけです。

一九二〇年代の米国では、アルコールの所有や摂取は連邦犯罪でした。現在は合法ですし、洗練されたイメージすらあります。アメリカ建国の父たちは優れた人物ばかりでしたが、黒人を奴隷として所有し、数十年間、奴隷が動物か人間かという議論をしてきました。ニューヨークでは、現在、ペットを不当に扱うことは犯罪です。ペットには感情があると考えられているからでしょう。一方で、同じような動物が食肉として処理されています。おそらく、その動物たちには感情はないと考えられているのでしょう。私はここでギャンブル、人種差別、肉食の是非ついて話がしたいわけではありません。文化的な信念について話したかっただけです。教えてくれたのが、小学校の教師だろうと、親だろうと、教会やお寺の人だろうと、自分がその中で育った価値観を全面的に信頼することはできない、ということです。あなたが「故郷」と呼ぶ小さな場所で、あるときに流行しているから、合法だから、受け入れられているからという理由で、全面的に信じるのはやめましょう。他の人々が正しい事業の方法だと思って実践しているからといって、それに追随してはいけません。

アンディン社のオーナー、オファーにはいつも驚かされました。彼は数ヶ月ごとに重役会議を開き、嬉しそうに一冊の本を振りかざしながら、こう言っていたものです。

「これだよ。ダラスへの出張で空港の本屋でこの本を見つけたんだ。これこそが我が社のあらゆる問題点への答えだ」

彼が持っていたのは、最新ベストセラーのビジネスのハウツー本でした。

「オファー、この本の著者が誰か知っているかい？」

「もちろん知ってるとも。国中で自己啓発論を説いて回っている人だ」

「では彼の年収を知っているか？」

「知らないよ。でも、ここの記述からすると、どうも八、九万ドルってとこだろうか」

「で、君の年収は？」

「数百万ドルだな」

「じゃあ、なぜ君の年収の端数くらいの稼ぎしかない奴のくだらない本を読んでいるんだい？

それに、去年、君がはまっていたビジネス本とは全く逆のことをしろって言っているじゃないか？」

仕事で忙しすぎて、どうすれば仕事が本当にうまくいくかを理解するために割く時間はほとんどないかもしれません。しかし、そもそも**なぜ成功が得られたり、得られなかったりするのかに関して基本的な原則さえ理解できれば、結局のところは何年分もの節約になるのです。**

人生においてもビジネスにおいても、成功とは結果であり、結果には必ず原因があります。同じ原因をくり返せば、同じ結果が得られます。ビジネスでいつも同じ結果を得られないのであれば、原因がわかっていないということになります。もし何が原因かわからないまま、常に望ましい結果をもたらすとは限らないことを続けているのであれば、それは怠惰以外の何ものでもありません。この状態で、成功が得られなくても何ら驚くべきことではありません。古くから伝わる仏経典は、異口同音に人の心の潜在能力について認めています。その潜在性はまさに限りがないのです。本書を何度も読んでください。特に「相関」についての記述や、特定のビジネスでの問題に対する解決策について、くり返し読んでください。どの問題にどの解決策をあてはめるかを覚えることはそれほど重要ではありません。本を開いて、ざっと目を通すことはいつでもできるのですから。

重要なのは、**ビジネスの成功や失敗という現実そのものが、どのように心の記憶によってもたらされるかについて理解を深めることです。**つまり、日々の善行や悪行に影響を受けるかということを常にはっきりと自覚することです。

そうすれば、将来設計が容易になり、望ましい未来を手に入れることにつながるはずです。

# 第八章　真実の誓願

誠実な道が栄えるために

真理の恵みによって、勝利を得た者たち
その息子たちや娘たちは、決して敗北することなく、
真理の力によって、
潜在性と私たちが経験する現実は全く矛盾なく相通じ合い、
森羅万象と真実の本質的な力によって、
すべては主観の定めるところとなり
そして私たちが心の底から強く願うならば、
真実が持つ力によって
すべてが願ったとおりに実現せんことを

この詩節はチベット人が「真実の誓願」と呼ぶものを表したものです。「真実の誓願」とは、私の行っ

**たことが正しいければ、願ったとおりに実現しますように**という祈りです。

単刀直入に言ってしまえば、ビジネスの世界では、どれだけ善良で誠実な人であっても、失敗してすべてを失うこともあります。他方で、どれだけ自己中心的で強欲で人の道に外れた人であっても、大金を手に入れることがあります。こうした現象は、これまで述べてきた内容にどのように当てはまるのでしょうか。

聖書の言葉で言えば「なぜ、悪者の道は栄えるのか?」となります。では、なぜ誠実な人の道は栄えないのでしょうか。

非常に単純な説明で、この疑問に答えることができます。まず、基本原則をみていきましょう。

### (1)　原因は結果に先行する

あまりにも当たり前すぎて、つい見過ごしがちですが、経済的な成功は、過去の寛大さによって植えつけられた心の記憶に端を発しています。すなわち、現在の成功は、過去に寛大さを持ち続けた結果なのです。

しかし、今、成功を享受しているからといって、その人が現在も寛大であるとは限りません。台所のテーブルにアップルパイが置いてあるからといって、台所の床下にリンゴの木が生え始めているわけではないのです。アップルパイは、すでに育った木の結果です。そして、生育中のリンゴの木に実がなるのはこれからなのです。

ですから、成功している実業家が過去の寛大さにより植えつけられた心の記憶の結実を享受しながら同時に、現在、強欲であったり、ケチであったりすることで、将来の経済的な大惨事を招く心の記憶を植えつけつつあるということも十分ありえるのです。

## (2) 小さな原因から大きな結果が生じる

些細でも、深い思いやりにあふれた善行や、ささやかでも本当に困っている人への贈りものなどは、ひときわ強い影響力を持っており、大きな結果を生み出します。さらに、心の記憶は潜在意識下に留まっている間に、飛躍的な勢いで力を蓄えます。現在、莫大な富を享受している人は、本当に困っている人に対して小さな親切を施したのかもしれません。何も難しいことではないのです。

## (3) 成長には時間がかかる

心の記憶は、植物と本当によく似ています。たとえば、月曜に花の種を植えて、翌朝から今か今かと開花を待ちわび、夜になっても花が咲かないからといって怒ったり、がっかりする人はいないはずです。

本書の内容はできるだけ現代の視点に立ったものにしようと努めていますが、教えの本意は決して曲げないよう徹底しています。

お断りしておきますが、この教えにはファーストフード全盛の時代には流行らない考え方が含まれています。心の記憶を植えつけ定着させるには、時間と忍耐力が必要なのです。

実際、これまで多くの人にこの教えを伝えてきましたが、結果を得ずに途中で断念する人が少なからず出てきました。本書の教えは数ヶ月は継続して実行しなければ、具体的な成果は期待できないものなのです。

人々が断念する理由は、教えを長期間にわたり実行できなかった、あるいは、教えを正しく実行しなかった（こういう人は、一旦じっくり考え直してみるまでは、自分が正しく実行していると信じ込んでいることが多いのです）、この二つのいずれかでした。心の記憶は一回指を鳴らすごとに六十五回植えつけられています。

つまり一秒間に六十五回です。周りの人々や出来事にイライラしたり不平不満を口にしながら一日の大半を過ごしておいて、思い出したようにたまに高潔な気持ちになったとしても、実質的な成果を得られるはずはありません。

チベットの初期の仏教徒の中に、カダンパ派と呼ばれる人々がいます。カダンパ派の信者は牧夫、大工、農夫など非常に素朴な人々でした。彼らは単純ですが、優れた方法を用いて、教えを自分のものにするためには時間と忍耐力が必要だという考え方を極めて自然に取り入れていました。白石と黒石が半々に入った小さな袋を持ち歩くのです。そして、誰かに対して良い考えを抱いたり、良い言動をとるたびに、袋から白石を取り出し左ポケットに入れ、誰かに対し悪い考えを抱いたり、悪い言動をとるたびに、袋から黒石を取り出し右ポケットに入れるのです。

夜寝る前に、ポケットから石をすべて取り出し、黒石と白石を数えます。結果は一目瞭然でした。黒石が白石よりもずっと多いのです。誰がやっても結果はおそらく同じです。これは、人は誰しも悪人であるとか、常に自分に罪悪感や嫌悪感を持つべきだということではなく、広い宇宙の片隅にあるこの地球では、人間の心というものは基本的にそうなっているというだけです。

ただし、私たちの心には驚くべき学習能力という非常に大きな素質があり、わずかな訓練でたいていのことは学習できます。要はやる気があるかどうかなのです。

## (4) 記録のすすめ

マンハッタンにあるアンディン社ビルでは、ダイヤモンド部門のオフィスは四階にありました。一方、宝石加工施設は広く、地下から二階までを占めていました（後に大部分は海外に移転しました）。とはいえ、数千の可動部品を要する自動車工場などとは全く違い、宝石加工に必要なのは、基本的に、土台と宝石の二つの部分だけです。

ただ、ダイヤモンドの指輪は、店頭に並ぶまでに驚くほど多くの工程を経由しなければなりません。まず、製品化計画から始まり、新規デザインを開発し、デザイナーのために素描を作成します。デザイナーはその素描を原寸大デザイン画に起こし、上司に提示し、多少の修正を加えて、仕様担当者に提出します。

仕様担当者はデザイン画を工学的視点からチェックします。軸の強度は、通常の使用に耐えうるか（以前、ある顧客が完全につぶれた指輪を不良品だと返品してきたことがあります。理由を問いただすと、トイレ掃除中に指輪を便座の下に激しく挟んだことを認めました。それでも交換はしましたが）、宝石が落ちないように留める金属は十分か、円滑な量産が可能か、適度な輝きが得られるように、側面と底部からの光を十分取り込めるデザインになっているか、他にもさまざまな注意点があります。

次に、原価計算係がその製品の採算性を判断します。顧客は価格に見合った価値を得られるか。ダイヤモンドは原寸大に、あるいはそれ以上に見えるか。市場に出回っている同じ価格帯の商品に負けていないか。外観を変えず、品質に支障をきたさない程度に、もう少し金を減らすことはできないか。量産し、在庫品を抱えるリスクはどの程度か。

そして、一、二点、実際に試作して検査します。金の成形には、数千年前のエジプトの金細工職人の時代から変わらない「ロストワックス製法」が今も使われています。この製法では、まず図取りをし、非常に滑らかで頑丈な（ワックス）を用いて、原型をつくることから始めます。

この原型を、小さな角型に入れた液状のゴムの中に埋め込み、ゴムが固まるのを待ちます。非常に精巧な外科用メスで、ゴム型をハンバーガー用のパンのように水平に切り、慎重に原型を取り出します。次に、ゴム型の一方の表面から、ワックス原型を取り出した指輪状の空洞まで（液状の金属の通り道）を掘ります。これが原型のコピーをとるためのゴム型です。原型のコピーは、単に「ワックス型」と呼ばれます。

このゴム型を上下あわせて強力な輪ゴムで固定し、ワックスインジェクタと呼ばれる機械に取り付けます。インジェクタの口を湯道に差し込み、溶解したワックスを加圧下で流し込みます。ワックスは湯道を通り、指輪状の空洞に注入されます。ワックスが冷えたら輪ゴムを外し、ゴム型からワックス型を丁寧に外します。ここでワックス型にひっかき傷や穴などがあれば、細かいブラシで滑らかに整えます。後に金の状態で仕上げるよりも、ワックス型の段階で滑らかにしておくほうがずっと手間が省けるのです。

次に、ワックス型を数個まとめて同じワックス製の棒に取り付けます。ゴム型の湯道にワックスが入りこんだ部分を枝のように棒に連結し、まるでクリスマスツリーのようなワックスの木をつくります（この枝を湯口《ゆぐち》と呼びます）。そして、ツリー全体を下向きにし、棒の土台部分を水面に出すようにして石膏の入ったタンクに浸します。

石膏が固まると、特殊なオーブンで加熱し、ワックスツリーを溶かし出します。これにより、多数の指輪型とそれにつながる湯道がネットワーク状に空洞になった石膏型が残ります。ここで鋳物職人が、指輪に必要な色合いと硬度になるよう合金用金属を混ぜ合わせ、それを純金または純銀の小さな塊が詰まった布バックに流し込みます。

合金の難しいところは、製品の色と強度に合わせた配合だけではありません。さらに重要なのは、合金率を少しの誤差もなく、ちょうど十四または十八カラットにすることで、これは宝石会社にとっては、収益に関わる重要な工程です。主要産業の人件費はどの国でも基本的に同じですし、金価値は相場で決められています。そして、同じように消費税などの税金を支払っているはずです。

ですから、収益を左右する唯一の問題は、指輪の合金率をどれだけ厳密に調整できるかにかかっています。十四カラットの場合、法律で定められた十四／二十四の金を使っていることを示さなければ、市場での信頼を失うことになります。

一方で、わずかであっても十四／二十四を超えることは、相当分の利益を失うことになるため、極力、回避しなければなりません。現在は、数十万ドルもする非常に精巧な分光器を使えば、合金率を百分の一パーセントまで正確に解析することができます。

あるとき、アンディン社で、あるタイ人業者の製品の合金率が十分であるかどうかを調べるために分光器を使ったところ、合金率が高すぎることが判明しました。この結果を提示すると、業者は自分がどれだけ損をしていたかに愕然としていました。取引では業者にも利益をあげてもらわないと困ります。そうでなければ、業者側は価格を引き上げ、彼らの能率の悪さのせいで、自社の製品が市場での競争力を失う羽目にもなりかねないからです。

できあがった合金を液体になるまで溶かし、加圧下で石膏の湯道に注入します。金が冷えてから石膏を割れば、金のクリスマスツリーが残ります。飾りの代わりに指輪が付いているツリーです。ここで宝石職人が、鋳造が終わった金をカットし、やすりをかけます。

宝石職人は、指でもすっぱりと真っ二つに切ってしまうような重い板金用はさみか空気圧式の切断器を使い、金のツリーの枝から指輪をカットします。カットの目安はいたって単純で、無駄な出っ張りもえぐれもないように、製品になるべく近い形にすることです。

このカットした状態を「鋳物」と呼び、一晩、回転ドラムに浸します。

石膏の中で金のツリーを冷ます段階で、ツリーの外層は酸化し、木の皮のようにたいへん汚くなります。したがって、この時点の鋳物は、通常店頭で見るようなキラキラした指輪ではなく、焦げついたような光沢のない無残な状態であるため、外層を数ミクロン剥がさなければなりません。そのため、強酸とヒ素に浸すか、回転ドラムに入れるのです。

回転ドラムは小さな円筒状で、中にはどろどろの液体に混ぜた特殊な金属製またはプラスチック製のビーズが詰められています。その中に、ツリーから切り取った鋳物を入れて、一晩回し続けます。納期が近くなると、納品までの期間は時間単位で管理されるので、夜中に監督なしで実施できる工程はどんなものであっても非常に有難いものなのです。

処理を終え、鈍い光を放つ鋳物は、セッターと呼ばれる宝石を土台に取り付ける職人に託されます。

セッターは、自分たちだけで仕事をすることが多く、一般には馴染みの薄い職です。たいていは大柄で気さくな人々で、一本足か二本足の小さな椅子に座って仕事をします（そのため、いつも背筋がぴんと伸びています）。彼らの前には木製のつまみが付いた机が置かれ、その上にはさまざまな口径のドリルホルダーがずらりと並んでいます。

セッターはダイヤモンド部門からダイヤモンドの小さな包みを受け取ると、それを小さなコップに移します。そしてドリルで、鋳物の金の指輪に宝石を留める小さな窪みを掘ります。

このとき、穴を開けることもあれば、デザイン段階からつくり付けることになっていた突起に刻み目を入れることもあります。次に、小さな円錐状の蝋を取り出し、ダイヤモンドの頂点を円錐の頂点にあわせます。杖の上でリンゴのバランスをとるような感じです。彼らは心臓外科医のような特殊なゴーグルをかけており、そのゴーグル越しによく見ながら、手際よく円錐を反転させ、ダイヤモンドを窪みに挿入するのです。あらゆる工程の中で、セッターの熟練度が最も重要とされます。

それから、小さな缶切のような道具で、ダイヤモンドの上に金をかぶせていきます。この作業には相当の腕力が必要なので、多くのセッターは上半身だけ見るとゴリラのようです。しかし力だけでなく繊細さも必要です。というのも、特にこの工程で、宝石が傷ついたり、壊れてしまいがちだからです。宝石に損害を与えれば、代金の一部をセッターが弁償しなければなりません。宝石の中には傷つきやすいものがあります。たとえば、エメラルドは特に割れやすく、加工されるエメラルドの四分の一がこの段階で傷物になるのですが、高額の報酬と引き換えに、そのような脆弱な宝石を専門で扱うセッターもいます。

セッターの次は、研磨職人に指輪が託されます。研磨職人は金を磨いて光沢を与え、セッターが不注意でつけてしまった傷などを滑らかにします。その後、指輪を沸騰した超音波プールに浸し、研磨機から出たほこりを取り除くと同時に、数千回の衝撃を与えます。これは、片時もじっとしていない十代の若者が購入後数ヶ月間使用した場合を想定した耐久テストです。ここで宝石が外れなければ、その指輪は人の手にわたる準備がほぼ完了していることになります。

このようにダイヤモンドの指輪をつくる工程は想像以上に多いのですが、結局のところ、二つの部品を繋ぎ合わせるだけの作業であるのも事実です。

しかし、驚くべきことに、一般的な加工所では、製造される指輪の三割が、品質に何らかの問題が生じ、工程を逆戻りします。指輪一点の利益はせいぜい数ドルですから、工程をやり直せば当然、収益よりもコストが高くなります。いうなれば、お客様に無料で指輪を提供しているわけです。

ある重役会議で、私は十二人の取締役とオーナーとともにテーブルを囲んでいました。テーブルの上には、トパーズ、ルビー、トルマリン、ダイヤモンド、真珠、アメジストなどさまざまな色合いで美しくきらめく指輪が数百個積まれています。そこにある指輪はどれも表面に小さな傷があるために顧客に納品できないものです。その美しい造形、そして製造に費やした労力を考えると忍びないのですが、高温の酸で処理して、金と宝石をばらばらにしなければなりません（酸を除去した金は再利用されます）。

数時間の激しい議論の後（誰も自分の部署の責任だと認めようとしないので）、その傷の原因に思い当たるふしがあることに気がつきました。そういえば、問題の部署の中に、同僚の前で指輪の質が悪いことを叱責すると、指輪の上に新たな傷をつけてでも責任を回避しようとする扱いにくい社員が数名いたのです。アンディン社では、この問題を「集計」という方法で解決しました。

その部署の人望の厚いリーダー（あまり人望のない中間管理職ではなく、部下に大きな影響力を持つ社員）を呼び出し、部署内で、ある種の傷がついた指輪の数を集計すると申し渡します。傷の数を記録するだけで、非難や叱責、罰則もありません。ただ、毎週、傷が付いた指輪の数を集計して、知らせてくれればよいのです。

結果はどうなったでしょうか。記録が始まると、数日で傷をつける行為はやみました。誰かが嫌な気持ちになることもありません。罪悪感は新たな問題を生みがちですから、誰を責めることもないこの結果が望ましいのです。では、このことと心の記憶はどのように関連するのでしょうか。

教えについてはもう十分理解されているでしょう。

森羅万象には何にでもなれるという隠された潜在性があり、過去に植えつけた心の記憶がこの潜在性に働きかけ、すべての主観を決定します。自分自身の思考に対する主観さえも例外ではありません。しかし、この教えを実践に移せる状態にあることと、教えによってビジネスの成功を得ることは全く別問題です。この橋渡しとして最適なのが、自分を責めることなく、ただやっていることを継続して記録するという方法です。

チベット語で、この記録の方法を「*tundruk*」と呼びます。これは「一日六回」という意味なので、この記録の方法を「六回録」と呼びましょう。この方法を実行すれば、確実に成果を得ることができます。実行しなければ成果は得られません。ここは本書でも特に重要な部分なので、本当に成功したいのであれば、この方法をきちんと把握してください。

まず、ポケットに入るサイズの手帳を買ってください。そして、前章にある四十六のビジネス上の問題点を読み返し、自分に特にあてはまる問題を三つ選びます。この三つがご自分にとって専念すべき重要な問題点です。いずれかの問題が解決したり、ある程度改善したりすれば、四番目の問題から順に入れ替えていきます。

手帳の二、三ページを六マスに区切ります。一マスの大きさは、五、六文が書ければ十分です。各マスに一から六の数字を振ります。一から三のマスに三つの問題の解決策を一つずつ記入し、四から六のマスに、もう一つずつ解決策を書き込みます。一から三のマスは昼休みまでに、四から六のマスは午後にそれぞれ使用します。

朝、出勤前に、一マス目の解決策をチェックします。たとえば、あなたが36番目の問題（会社内外の人から欺かれることが多い）を抱えているとします。解決策は、傲慢さや称賛を得ようとする不健全な欲求を捨て、周囲の人の話に耳を傾け、その話から何かを学び、前向きな意見を述べ、周囲の人に称賛や感謝を伝えるようにする、というものでした。

まず、一マス目の左側に、小さく「＋」と書き、その横に、前日の自分の思考や言動で、解決策に最も近かったことを書きます。部下がいつもやってくれていることに感謝の気持ちを抱き、ちょっとした言葉で感謝を示した、などです。長々と書いていては記録だけで疲れてしまい、長続きしません。正直に自分をざっと顧みて、簡潔に書き込むのです。

漠然とした一般論はここでは意味がありません。「職場で部下に親切にしている」というような書き込みは必要ないのです。必要なのは「火曜の三時十五分、部署全員の前で、スーザンがこの半年間、いつも黙々と在庫管理をしてくれていたことに感謝した」などの書き込みです。意識して小さな成功を記録していくことで、心に非常に強く好ましい記憶が植えつけられ、自分でも気づかないうちに、ゆっくりと確実に問題が確実に解決に向かっていることがわかるでしょう。

「＋」の下に「－」と書き、前日にこの問題の解決策で実行できなかったことを探して書き込みます。たとえば「二時半、買付方針に関するマークの提案を聴こうとしなかった」などと具体的に書き込みます。具体的に書かなければ「六回録」の効果は発揮されません。心の記憶は潜在意識で留まっている間に成長します。重大な結果を導くのは、些細な心の記憶なのですから、具体的に特定しておかなければなりません。

最後に、「二」の下には「やるべきこと」を書きます。これは行動計画なので、簡単でも自分自身を変えるうえで象徴となるような、行動を書きます。「ロバートの過去の提案のうち良かったもの二つについて考える」「今日中に宝石部門の少なくとも誰か一人に感謝を伝える」など簡単なものでいいのです。行動計画を立てる際は謙虚に、そして、思いやりのある内容だけを簡潔に書くようにしましょう。忙しい中、長々と書いていては疲れ果ててしまいます。

特に重要なのは、記録をつけるそもそもの理由を常に忘れないようにすることです。間違ったことをしている自分を責めることが目的ではありません。チベット語には「罪悪感」を指す言葉がありません。最も近い言葉は「物事を以前とは違う方法で行う決意をするための知的な後悔」です。これは願望を現実のものにして、収益を上げ、有意義なビジネスや人生を実現するための冷静かつ計算高い行為です。他の人への親切で善良な態度によって実現するのですから、何も問題はありません。

あなたは、今、心という庭を手入れしているのです。どの心の記憶（種子）がどのように実を結ぶかを観察しながら、植えつけたい種子を選び、その種子を播き続けているのです。あとは、のんびりと待ち、素晴らしい成功という果実が実るのを楽しむだけです。

日中は、二時間おきに手帳に書き込みます。自分の席で静かに書き込んでもいいですし（他の人はあなたが多忙なスケジュールをチェックしているとしか思いません）、周りに人が大勢いるときや、電話がひっきりなしにかかってくるようなときは、休憩所など静かな場所に行って書き込むのもいいでしょう。私は、重役会議の最中に、トイレに行くと退出して、書き込みをしたことさえあります。

一日の間に、何回かに分けて書き込むことが重要です。これが「六回録」と呼ばれる所以です。つまり、心の中で重大な間違いを犯してしまう前に、数時間おきに自分を見直し、メンテナンスを欠かさないようにするのです。朝八時にまず書き込み、十時半のコーヒーブレイク中にもう一度書き込みます。昼休み中に一回、午後に一回、仕事の帰りに一回書き込み、六回目は夜遅くに。そして、最後に就寝前に一日の書き込みすべてを見直し、その日に行った特に良い行いと悪い行いを三つずつ書き出します。

ここで大事なのは、自分を責めたり、罪悪感を感じることが目的ではなく、一日の言動や思考をただ記録しているだけなのだと自覚することです。記録をつければ自然に行動も変わってきます。変われば、現実そのものが願ったとおりに変わっていきます。ある程度長期にわたり記録を続ければ、きっと、その成果に驚くことでしょう。

### (5)　自身の行為を理解すれば、心の記憶は飛躍的に強くなる

誠実な人であっても、ビジネス上の見返りをすぐには得られないのはなぜか、もうおわかりでしょう。どんなに些細なやり方でも、一日を通して、一定して善良でいなければならないのです。そして、その状態を一定期間にわたり継続する必要があります。

さらに、植えつけたものが成長するまで待たなければなりません。心の記憶という原因が、潜在性に働きかけた結果を得るまでには時間がかかるものなのです。

この待ち時間を大幅に短縮させる方法がいくつかあります。六回録をつけながら、一連の変化を十分に理解していれば、その効果は格段に向上します。つまり、時折立ち止まり、何が実際に起きているかをじっくり検討するのです。全く同じ業界や会社、部署で、その問題を抱えていない人もたくさんいる中で、あなただけが問題を抱えているのは、心の記憶により、他の人とは違う経験をあなたが

背負わされているからなのです。そこであなたは、その心の記憶が何かを見つけだし、正反対の記憶を植えつけることで問題を起こす原因となる記憶を抹消しようとしているのです。

心の記憶の効果を理解し、その効果に注目すれば、心の記憶の成長は大幅に加速し、その力も強くなります。逆に、どんなに誠実な人であってもビジネスで成功できていないことの理由はここにあります。道徳規範を厳格に遵守して仕事をしているだけでは十分ではないのです。

その行動が本能的であれ、法律による強制であれ、業界の慣行であれ、同僚の行動であれ、心の記憶の効果を説明できない人の勧告であれ関係ありません。

生き方やビジネスをどれだけ道徳的に律するとしても、その行為がどのような心の記憶を潜在意識に植えつけ、それが今後の事業家としての人生をいかに決定するのかを、はっきりと意識的に自覚することで突き動かされた行為でなければ成果は得られないのです。

## (6) 常に真実の誓願で締めくくる

ここで真実の誓願に戻ります。

「人生やビジネスで成功を得たければ、誠実に行動しなければならない」という教えを知っていることと、この教えに即した行動を日々実行することは全く別問題です。そして、この教えが実際に成果をあげるにはどうすればいいのかを明確に理解することは、さらに高次元の問題です。もう一つ上の段階として、新たな主観と新たな行動を手に入れた人にだけ可能な、教えの成果を直ちに得るための方法があります。

それが真実の誓願です。一日の終わり、会社から家に帰る途中などに六回録を取り出し、その日に記した善行を見直します。将来、全く新しい世界を経験するために、今現在は想像すらできないほどのビジネスと人生の成功を得るために、その行為の一つひとつがどれほど強力な心の記憶を植えつけたかを考えるのです。ほんの小さな善行であっても、完全な誠実さへ向かう道のりの一歩として、とらえましょう。

それでは、完全な誠実さとはどのようなものでしょうか。一日の仕事をふり返り、四六時中自分は本当に誠実だったと心から言えることです。他人に向けた言葉の一つひとつや行動だけでなく、心のうちに秘めた思考でさえも慎重に吟味したということです。周囲のすべての人に親切に正直に接し、自分に正直に生活しました。そして、振り返って「今日は一日中、完全に誠実に過ごせた日だった」と言える状態です。

ここまで到達するには、ある程度の訓練が必要ですが、こうした日が一日でもあれば、または、こうした日に近づけたならば、「真実の誓願」に進みましょう。真実の誓願の力を引き寄せることで、その日に植えつけたすべての心の記憶に新たな力を与えることになります。

真実の誓願とは次のようなものです。

**今日一日、他人に向けた言動、そして思考にさえも気を配り、出会ったすべての人に対して完全に正直に接したことが真実ならば、新たな力が生まれるでしょう。この新たな力によって、私と私の世界のすべての人が、真の幸福と成功の両方に到達できるでしょう。**

チベット人がこうした真実の誓願を唱えるときは、あたかも胸に太陽を抱いているように、金色の強い光線が心の中からあふれだす様子を想像します。光は周囲の人全員に向かいます。

今、帰宅途中でバスに乗っているとすれば、まず、バスの乗客、そしてそのとき、家路に向かっているすべての人、そして、その帰宅を待つ人々にまで向かうのです。あなた自身の成功を願うように、そうした人々一人ひとりが人生とビジネスで成功するよう祈りましょう。

ここまで読んできた、隠された潜在性と心の記憶に関する原則という教えがすべて真実であるならば、それを用いた人全員が同時に成功を得ることができるはずです。

皆で共有しても余りあるほどの成功を手にすることができるのです。

# 第二の目標　成功を楽しみ、心身を管理する

# 第九章　瞑想で始める一日

## 朝の瞑想

ここまでで『ダイヤモンドの知恵』の核心部分はご理解いただけたのではないかと思います。森羅万象に本来それ自体に備わった性質はありません。もし物事にそのような本質があるならば、誰もが全く同じ主観を持つはずですから。

では、物事に本質がないのであれば、森羅万象の性質はどこに由来するのでしょうか。それはあなた自身の主観に由来するとしか考えようがありません。そしてその主観は、良かれ悪しかれ他人に向けた言動や思考によって過去に植えつけた心の記憶という種子によって生じるのです。

こうしたことを念頭に置き、自分の一日の言動や思考を記録し続ければ、自分の未来を自分で切り開くことが可能になります。すなわち「運命を自分で変える」という、ビジネスの世界を含め、これまで誰もが到達したいと願ってきた境地にたどりついたわけです。つまり、あなたは成功法則を手に入れたということです。

ここからは、成功を得る方法から一歩進めて、成功を最大限に楽しむための方法について述べていきたいと思います。仏教の賢人は、成功すること、たとえば物質的な成功を得ることと、成功を楽しむことは全く別のことだと述べています。

この章からは、事業の成功を実現しながら、日々変わらぬ幸せを享受し続けるためのさまざまな方法をご紹介します。最初は「一日の準備を整えるための瞑想」です。

## 一日の準備を整えるための瞑想

チベットの賢人は、この方法を「penpa tang」と呼びます。これは「矢を射る」という意味に近い言葉ですが、具体的には、朝に瞑想する時間をとることで、一日の準備を整えることを意味します。新しい一日の思考を準備するために毎朝行う瞑想は、六回録と同様に、今後数年のうちに人生とビジネスにおける確実な成功を手に入れるという大仕事の達成に欠かせないものです。

瞑想の原型は、二千年以上前の仏陀の言葉を経典にした『金光明経』などにも述べられています、細かい作法は時代と共に変わってきましたが、一日の準備をどのように整えるかに関する基本的な方法は変わっていません。瞑想は、生涯かけて取り組むべき深遠な修行として、時代を超えて師から弟子に脈々と語り継がれてきたのです。それでは、毎朝の瞑想をどのように行うかについて、具体的にお話しましょう。

瞑想を深く追求する教えは、瞑想は前の晩から始めるべきだと説いています。まずは、前章で述べたようにベッドに入ってから過ぎた一日を見直し、自分の言動や思考でもっとも良いものを三つと悪いものを三つ思い出します。そして、特に善行についてしっかりと思いをめぐらせましょう。そして眠りに入る瞬間は、次の朝に目を覚ます瞬間について考えるようにします。

チベット仏教の指導者によれば、夢の世界に入る瞬間は、人生の終焉と来世の狭間の世界に色々な意味でよく似ていると言います。翌朝、目覚めて、伸びやあくびをして、目を開けたときに何を考えるかについて思いを馳せるのです。ご自身の経験からお気づきかもしれませんが、目覚めの数分間とその後の一時間位は、一日を爽快に始めるために極めて重要な時間です。そして、よい一日を始める最適な方法が、一日の準備を整える瞑想と内省なのです。

### 瞑想の仕方

チベット仏教の、またそれ以前の偉大な指導者たちが時代を超えて培ってきた基本的な瞑想方法がいくつかあります。それを理解し、実行すれば、一日わずか数分間の瞑想であっても、あなたにとって最も大切でかけがえのない習慣となるでしょう。まず、家の中で、瞑想する場所を探すことから始めましょう。

瞑想する場所は、物理的に隔離された場所であることが重要です。ベッドや布団の上での瞑想はお勧めしません。これまで何時間も眠っていた場所には、まだ眠気や夜の気配が漂っています。そこは、これまでずっと、静かな気持ちになって、そのまま眠りに落ちる場所として機能してきました。その場所で瞑想すれば、ほぼ確実に眠りの世界に入ってしまうでしょう。ですから、適切な場所を見つけることが重要です。

チベットの僧たちは、朝起きると、顔を水で洗い、鼻を思い切りかみます。朝の瞑想中に静かな呼吸ができるようにするためです。私がいた僧院では、毎朝、鼻をかむ音がオーケストラの演奏のように響き渡っていたものでした。そして、瞑想中に口の中が気持ち悪くないよう歯を磨きます。口の中の不快感は瞑想の大きな妨げとなるからです。次に、水分を取るために、お茶やジュース、コーヒーであればほんの少量を飲みながら、瞑想の場所を掃除します。

## 毎朝の瞑想を行う場所

毎朝の瞑想を行う場所は、家の中の特別な一角です。まず何よりも静かな場所でなければなりません。朝の瞑想時間が静かに過ごせるよう、家族にも協力してもらわなければなりません。私の知り合いの事業家は、地下室の隅を片づけて、瞑想場所としました。別の知り合いは、家が狭かったため、品の良い屏風を買って部屋を仕切り、場所を確保しました。また、家族と話し合って、朝七時から七時半まではリビングルームを瞑想場所として使用することを承諾してもらった人もいます。

いずれにせよ、瞑想の時間には静かな空間が必要だということを家族に理解してもらい、瞑想を妨害するものがないようにしておきましょう。

たとえば、部屋の電話線を抜いておく、近くでラジオやテレビを大音量で視聴しないよう家族にお願いする、道路に面した窓を閉めて外の騒音を遮断するなどです。生活状況を考慮して、できるだけ静かな時間と場所を選びます。朝の七時では家の内外の騒音が大きすぎるようであれば、もっと早くにしても構いません。よい瞑想をするためには必要なだけの十分な睡眠をとることが欠かせません。

## 瞑想場所は清潔でなければならない

瞑想場所を特別な聖なる空間だと感じることは、よい瞑想への近道です。したがって、瞑想場所は清潔でなければなりません。朝、そこに来たら、まず、床を掃く、埃を払う、整頓するなど掃除をします。すでにその場所がきれいであっても掃除は行います。体を曲げ伸ばしして準備運動になるからです。

チベットの賢人は、自分の事業や人生、心がきれいになっていくのを想像しながら掃除することを勧めています。いつも欠かさずに掃除していれば（そうしなければ瞑想の効果は得られません）、瞑想場所は掃除する必要もないほど清潔になるはずです。せいぜい埃が少しあったり、紙くずが落ちていたりする程度でしょう。

その状態になれば、さらに徹底して、床の上のどんなに小さなものも掃除するようにしましょう。これは、常時ほとんどメンテナンスがいらない地点にまで自分の事業と人生が到達したことを象徴する行為です。ただし、必要なメンテナンスがわずかであっても欠かさないこと、そして、それが何を象徴するかを考えながら行うことが大切です。

## 瞑想中を快適に過ごせるような椅子を探す

心の平安を導く清潔な空間が準備できたら、次は、瞑想中を快適に過ごせるような椅子を探しましょう。瞑想に入り込むと、空想や白昼夢に入ったような状態、あるいはお気に入りの音楽を聴いているような状態になります。

体を動かさず、リラックスして、ゆったりと椅子の背にもたれ、目を閉じるか、視線を空間に漂わせて、思考を自由にめぐらせます。椅子を探すということは、つまり、自分自身が心の奥深くに入っていく間の身体の「置き場所」を探すことです。

瞑想に入り、そして意識が身体に戻ってくるまで、ずっと快適な姿勢でいられるような身体の置き場所を探さなければなりません。

## 瞑想中の姿勢

古代チベット仏教の教えでは、瞑想中の姿勢は次のような点に留意するとよいとされています。最も重要なのは、背筋が伸びていることです。チベットでは、背筋を伸ばすことで神経系の働きが大きく改善し、瞑想中に集中しやすくなると言われています。また、適度な固さのある座布団などに座り、尾骨（お尻の背骨側の端）の下を枕で支えるようにすると背筋が伸びます。足は、椅子の上で組んでもいいですし、床に下ろして普通に座っても構いません。楽な座り方でいいのです。

手は、手の平を上にむけて、膝の上に軽く置き、全身の力を抜いてリラックスします。ゆっくりと深呼吸するとリラックスが深まります。

これはチベットで「ook joong-ngoop」と呼ばれており、『阿毘達磨倶舎論《あびだるまくしゃろん》』が書かれた千六百年以上前から行われている瞑想法です。瞑想中に心を内側に向け、雑念やさまざまな感覚を排除するために、吸う息と吐く息に意識を向けていきます。

## 呼吸法

本書の方法では、吐く息から始めて、吸う息に進みます。まず、鼻腔の上部に意識を向けます。このように想像してください。あなたは二つの洞穴の前に配置された見張り役で、洞穴を出入りする人を監視しています。息を吸い吐くときに、鼻腔の内側を通る空気の感覚を意識します。ひんやりとした乾いた空気が入り、湿った温かい空気が出て行きます。

配置された場所から離れてはいけません。鼻腔とそこに出入りする空気以外に意識を向かわせないことです。バタンと閉まるドアの音や大きな話し声で、ふいに気が逸れても、できるだけ早く呼吸に意識を戻しましょう。

チベット仏教ではこの呼吸を十回続けることになっています。ただし、何かに大きく気を取られてしまった場合や、呼吸の数がわからなくなった場合は、初めからやり直します。吐く息と吸う息で一呼吸です。

この数え方は（普通は、水泳などでも、吸って、一度止めて、吐いて一呼吸という数え方をしますが、それとは逆です）、心を内側に向け、思考に集中するのに向いていると言われています。十回数え終わらないうちに呼吸の数が何度もわからなくなるのは、集中できていない証拠です。集中力不足は業績に関わるすべての事柄に影響するため、そういう人は特に注意して毎朝の瞑想を行ってください。

気が散らなければ、目は閉じていても、開けていてもかまいません。長年の習慣から、目を閉じると眠気を感じるかもしれません。逆に、目を開けると、部屋の中にある物に目が行って、思考の流れが中断してしまうこともあるでしょう。

古代チベット仏経の経典によれば、目を開けておく場合は、何か特定のものに目を向けずに、前方の空間にただ視線を漂わせ、まるで白昼夢を見ている人のように何もないところに目を泳がせている状態がよいとされています。もちろん下を見て、まぶたを軽く閉じるのも良い方法です。

**瞑想の時間**

正しい姿勢になったところで、瞑想中をどう過ごすべきか、瞑想はどれくらいの時間行うべきか考えていきましょう。時間については、十五分から三十分行うのが妥当でしょう。毎朝行うことが重要です。一日も欠かさず行って初めて効果を得られます。

毎日確実に瞑想を行うためには、毎朝同じ時間に行うことが大切です。私は、毎朝、定刻にニュージャージー州の中央部からニューヨークまで通勤していました。片道数時間の通勤の後半でバスは直線の高速道路に入ります。そして、最後の数分間、リンカーントンネルからマンハッタンに入る付近で環状道路を通ります。私はバスの中でずっとウトウトしていますが、トンネルの前に差し掛かる同じ時間に目が覚め、ネクタイとコートを身につけるのが習慣でした。

帰り道は、慌しい一日の疲れと前の晩の睡眠不足から、毎日ちょうど六時十五分から高速道路を通る間、居眠りをしていました。これは十年間続き、私は休日や長期休暇中でも、きっかり六時十五分に眠たくなったものでした。昼食時間も同じです。長年、昼休みが一時からだったので、世界中のどこにいても、何をしていても、アメリカ東海岸標準時で一時になるとお腹が空いてくるのです。この原理は瞑想にも当てはまります。

毎朝七時から瞑想をしようとすると、最初は慣れるまで少し辛いでしょう。瞑想の時間を取ることにも、うまく瞑想することにも慣れていません。それでも、毎朝きっかり同じ時間に続けていけば、食事や睡眠と同じように習慣になってきます。そうなれば、瞑想の質も高くなります。そのうちに瞑想をしなければ一日が始まらないという気持ちになるでしょう。

## 瞑想で考えること

では、瞑想中は何をすべきなのでしょうか。ダライラマ法王が朝の瞑想をしている写真を見ても、全く何もしていないようにしか見えないかもしれません。しかし、それは大きな誤解です。瞑想とは、最初から最後まで、一連の心の修行です。アスリートがジムで日課の運動をこなすのとよく似ています。そして、質の高い瞑想ができるようになる頃には、プロのアスリートのプレーのように、円滑で迅速、堅実な経営手腕が身についているでしょう。

瞑想を始めるにあたって、自分が本当に快適であるかどうかを確かめます。最初に座った時点で少しでも不快であれば、後で必ず落ち着かなくなってきます。姿勢を整え、背筋が伸びているか確認し、一、二分はただ座って瞑想の準備をします。身体的に可能な限り、音を立てず、ぴくりとも動かないようにしてください。

意識をゆっくりと呼吸に向け、息を止めずに、力まずに、ゆっくりとした深呼吸で十回数えます。意識的に、すべての感覚を遮断します。視線をどこにも定めず、何も聞かず、台所から流れてくる朝食の匂いも嗅がないようにします。

静かな深呼吸を十回終えたところで、あなたが今日選んだ問題に意識を向けていく準備が整います。瞑想中にずっと呼吸を観察していても、それほど役には立ちません。

たしかに心は落ち着きますが、仕事に出て最初の問題に突き当たれば、その効果は終わるからです。ですから、瞑想の主要部分は、ビジネスや人生の成功を妨げている問題について、積極的かつ周到に考えるために使います。

たとえば、あなたが第七章の18番目の問題を抱えているとします。

会社の経営陣も部下も、あなたが本当に困っているときに協力の手を差し伸べてくれようとしないという問題です。

まず、瞑想に入り、呼吸を数え、そのまま少しの間、平穏な心を味わいます。そして意識して、平穏な心をその問題に向けていきます。

## 「空性」とは

まず、その問題が再発した先週のある出来事について考えます（そんなに難しくないはずです）。ここでは一般的なことではなく、困っているあなたに誰も協力してくれなかった具体的な状況を実際に考えるようにしてください。

心の中で、具体的にそのときの様子を思い出すのです。部屋にあなたがいて横に誰か座っており、他にも傍で立っている人がいます。手伝ってくれるよう頼んだ状況とそれが丁重に断られた様子や言葉が発せられたときの顔や自分の気持ちを入念に思い出します。このとき、新たに動揺や怒りが湧かないよう自制心を保つように気をつけてください。

次に、その状況の潜在性、つまり「空性」について考えていきます。心の中で、他の人の主観では、この出来事がどのように展開したかを再検討してみるのです。協力を断った人にとって、あなたが問題を抱えているということは別段問題ではなかったわけです。実は、問題であるとさえ考えなかったのかもしれません。しかし、あなたにとって、あなたの主観では、それは重大問題だったのです。

つまり、その問題はそれ自体では問題ではなかったのです。そうでなければ、誰もが同じように同じ種類の問題点を認識していたはずです。しかし、実際はその問題は白紙、中立、あるいは空でした。問題として認識する人もいれば、そうでない人もいます。ですから、問題性は別のところに由来しています。そして、何度も述べるように、それは主観に由来するとしか考えようがないのです。

では、あなたは問題ではないのに問題をつくり上げてしまったのでしょうか。違います。それを問題視したのが主観だからといって、問題ではないことにはなりません。実際、どのような問題もこうして生まれるのです。問題視するのをやめようとか、問題ではないと考えようとしても意味はありません。困っているときに協力してもらえなかったというのは単なる主観であっても、その経験やその影響は極めて現実的です。仕事が期限までに終わらず、上司はそれを深刻に受け止めるでしょう。問題ではなかったと思い込もうとしたり、問題視しないように努力することはできても、やはりそれは問題で、あなたは不利益を被るのです。

**問題の源を探す**

ここで、瞑想は次の段階に進みます。問題の源を探すのです。過去のある時点に、同じ問題を誰かに与えたときに植えつけられた心の記憶です。

**心の記憶は脳に入ると、潜在意識に流れていき、食欲旺盛な魚のように刻一刻と成長し、時期が来ると意識下に浮かび上がります。**

そして、あなたが協力を断られた一件に関するあなたの主観に影響し、主観を生み出すことすらしたのです。問題なのは上司や部下ではなく、あなた自身でした。そして、この問題を解決しなければならないのもあなたです。

では、意識して、これから始まる一日に心を向けていきましょう。今日、似たような状況が訪れると想像してみてください。あなたは仕事に必要な協力を要請し断られます。場所はどこですか。一緒にいる人は？　どんな言葉が発せられますか。心の中でロールプレイをしてみましょう。

これまでこうした状況でどんな風に対応してきたかを思い出します。これまでは、協力してくれない人々には、当分の間、自分の部署内からも絶対に援助の手を差し伸べないと心に決めていました。

しかし「いつもの」対応は、正しい対応の正反対であることが、もうわかっています。仕返しに、誰かへの協力を断った瞬間に、新たな心の記憶が刻まれ、将来、あなたが困っているときに協力してもらえない経験として現れるのです。ですから、誰かに協力を断られたからといって、あなたのほうから協力を断つことは、一番やってはいけないことなのです。

本来ならば、正反対の対応により、次に困ったときに協力してもらえる状況を生み出す心の記憶を植えつけようとしなければならなかったのです。解決策は、他の人に一方的に協力することだけです。つまり自分が協力を断られても、相手には協力を惜しまないということです。もし、この方法こそがすべての人にとって最善の策だということに世界中が気づけば、何が起こるか想像してみてください。

## チベットの瞑想

このように瞑想中に、あるべき自分を演じてみることは、単なる崇高な心がけなどではありません。これは人生とビジネスにおける成功を導くための綿密に計算された訓練なのです。数日以内に、想定した状況が実際に訪れるでしょう。そして、あなたは準備万端です。その状況でのやり取りを練習し、どう対応するかはもう決めてあります。どう行動するかは決まっているので、ほぼ間違いなく新しい対応に向かえるはずです。

最初はこれまでのやり方で対応してしまいそうになりますが、瞑想で常に訓練を重ねていれば、はっと思い直し、新たな対応に向かえるのです。あなたの心の中で、暴力の悪循環は断たれました。あなたは、人生の失敗を繰り返すことを拒否し、同じ経験を繰り返させる心の記憶を植えつけることを拒絶したのです。

こうした瞑想が、これから始まる一日にとってどれほど価値のあるものか、そして、問題が起こる前に問題を解決するという古代チベットのこの方法がどれほど素晴らしいものかがおわかりでしょう。

瞑想には、正しく対応するための心の記憶を非常に強く植えつける効果があります。ですから、毎朝数分間でも瞑想することで、その後の一日に対する計り知れないほど有意義な投資となるのです。

チベットでは、瞑想を終了する際には特別な手順を踏みます。瞑想を終える前の短い時間に、いつかこうなりたいと願う自分の姿を想像するのです。

たとえば、本書から学んだ潜在性と心の記憶の教えから大きな利益を得ている自分を想像します。お金はとめどなく入り、なによりも、あなたは、なぜ成功を手に入れたのか、成功を維持するにはどうすればいいのかを理解しています。

さらに、精神的に成功を楽しむために何をすべきかもわかっています。丁寧に六回録をつけ、朝の瞑想で自分を見つめ、新たな問題が出てくれば、即座に対処し、さらに問題が突発的に生じないようにしています。

しかし、ここで終わりにしないでください。なりたい自分の状態はこれだけですか。

人間は誰しも、もっと上を求めるものではないでしょうか。

経済的な成功だけでなく、慈善家として成功した自分を想像してみてはどうでしょうか。経済的に大成功し、その成功を分け合うのです。

あなたは世界中の人々から、単に経済的に成功した人としてだけでなく、経済的成功を活かす正しい方法を知っている人、自分の成功によって他の人を手助けできる人、そして経済的成功から究極の満足を得ることができる人として尊敬されるでしょう。

他にも、たとえば、二十代のように健康な自分を想像してみてはどうでしょうか。他の人の生活と健康を気遣うことで良い心の記憶を植えつければ、そうなることも可能なのですから。他にも、私が個人的におすすめしたいのは、感性が豊かである、思いやりがある、誠実である、誰に対してもやさしく、子供たちや国中の事業家たちの手本になれる、よい夫または妻である、よい親である、そうなった自分を想像することです。

誰しも心の奥底では、こうなりたいと思っているはずです。

チベットの賢人は、こうした想像は朝の瞑想の最後にすべきだと述べています。これ以上ない成功を享受し、賢明で、思いやりあふれる自分を想像するのは、瞑想を終えて立ち上がり、喧騒の中に向かおうとする前の数分間に集中して行いましょう。

このように強く心の中に思い描くことにより、いつか実現するための非常に強い心の記憶が植えつけられるのです。あなたにも今にわかります。

では、仕事に向かいましょう。遅れないように、行ってらっしゃい！

# 第十章　煩悩を回避し、心身を健康にする

## 煩悩から心を守る

六回録と朝の瞑想を続けていれば、あなたの毎日が少しずつ変わってきたことに気づくのもそれほど先ではないでしょう。マイナスの連鎖を断ち切ることで、あなたの世界で、ゆっくりですが確実に、さまざまな問題が一つ、また一つと片づいていきます。抱えていた問題が一つ解決すると、不快に思っていた人のうち、一人とは親しくなり、一人は転勤になり、もう一人は転職します。気が付くと、あなたの周りには仕事でもプライベートでも、一緒にいるとやる気と成功を与えてくれる人ばかりになっています。

さらに、朝の瞑想のおかげで、生涯にわたり、さまざまな問題に対処できる力が得られるだけでなく、あなたの心はいつも満たされ、穏やかでいられます。

この第十章と次の第十一章では、さらに先の段階に進み、成功から最大限の楽しみを引き出す方法についてお話していきます。もう少し具体的に言うと、習得できれば心身ともに健康になれる方法です。ビジネスで成功を収めた人の多くが、健康や家族との生活を犠牲にすることで、その成功を実現しているのは悲しい現実です。

ここでは、二兎を追うためには、つまり、ビジネスの成功と健康な生活の両方を手に入れるにはどうすればいいかについてお話していきましょう。

皮肉にも、**身体を健康にし若さを保つために最善の策は、心を大切に扱うことです。**言い換えると、**チベットの賢人が「煩悩」と呼ぶものから心を守ることなのです。**

### 六つの根本煩悩

仏教哲学では「煩悩」を「心を乱し悩ませるあらゆる感情」と定義しています。単に「悪い考え」と言ってもいいでしょう。

煩悩には数千もの種類がありますが、中でも最も問題とされている六つの根本煩悩には、貪《とん》（好きなものに対する執着）、瞋《じん》（不快なものに対する怒り）、慢《まん》（人を見下すこと）、癡《ち》（物事の道理への無理解）、疑《ぎ》（重要な真理に対する猜疑心）、悪見《あくけん》（間違ったものの見方）があります。

貪と瞋は、誤って解釈されることが多いのですが、この仏陀の思想は、何かを好きになったり、嫌ったりすることを否定するものではありません。たとえば、家族を愛する、先生を敬う、正しい行いを好むのは当たり前のことです。仏陀は私たちの幸福を願っていますし、逆に私たちの多くが自らを不幸にしているという事実を嫌悪しています。しかし、好きであるということで冷静さを失い、誰かを傷つけてまでも手に入れたいと思ってしまうことが煩悩、すなわち「愚かな」貪欲です。誰かを傷つけて何かを得ようとしても、決して自分のものになることはありません。

本章で煩悩について取り上げたのは、煩悩には、**あなたが仕事をしている間にも刻々とあなたの健康を蝕む働きがあるからです。**煩悩が身体にどのような影響を及ぼすかについて詳しく解説した秘伝の文献がヒマラヤ山中で発見されており、要約すれば、煩悩が身体にいかに影響を及ぼすか、特に、老化という過程そのものといかに密接に結びついているかが述べられています。

つまり、仕事で冷静さを失う、怒る、いらいらする、同僚を妬むなどの感情を抱くたびに、身体の内側にある何かが閉塞し、白髪が増え、皺が深くなり、心が少しだけ余計に張り詰めるのです。こうしたことの積み重ねが、老化を促進し、若い頃の元気を奪っていきます。前述の文献によれば、こうした煩悩の働きが死をもたらすことさえあるのです。

本章の重要な役割は、生活していく中でこうした煩悩にどう対処すべきかのヒントを提供することです。

### 仏陀が前世で経験したある教え

では、最初に『金剛般若経』に戻りましょう。この場面では、仏陀は前世で経験したある出来事について語っています。話はこのように進みます。

当時、仏陀は「忍耐を説くもの」という名の僧でした。ある日、森の木の下で瞑想していました。そこは、カリンガの王と側近が狩りに出かける場所でした。王たちが獲物を探しているとき、女王と側近も花を摘むために森に出かけていました。

森の中の開けた場所に入ってきた女王は、瞑想中の僧を見つけました。信心深い女王は、信仰上の重大な疑問について偉大な指導者の教えを請う機会を得たいと常々考えていたため、僧の瞑想を遮り、疑問を投げかけました。すると、僧は問いかけの一つひとつに対し真摯に答えを示しました。

そのとき鹿を追ってきた王と側近がその場に入ってきました。女王が僧と熱心に話こんでいる姿を馬上から見た王は、そこに良からぬ関係があるに違いないと考え、側近に命じ、僧を杭で地面に大の字にはりつけにしたのでした。そしてゆっくりと僧の手足の指を関節から切り、その他の部位も切り取り始めました。

では、ここからは『金剛般若経』で仏陀がこの出来事をどのように語ったかをみていきましょう。文言が少し難解ですが、気にせずに読み進んでください。後ほど詳しく解説しますので、本章が終わる頃には完全に理解できるはずです。

**それはなぜでしょうか。なぜなら、スブーティよ、かつてカリンガの王が私の手足の指、そして手足を身体から切りとったことがありました。そのとき、私の心には、自我という観念も、衆生《しゅじょう》という観念も、命あるものという観念も、個人という観念も起こりませんでした。いかなる観念も、観念でないものも、私にはなかったからです。**

この仏陀の言葉について、チョニラマの解説を見ていきましょう。

それはなぜでしょうか。なぜなら、スブーティよ、かつて、はるか昔に、カリンガの王が自分の妻が私と不倫しているのではないかと猜疑心を抱き、私の手足の指、そして手足を身体から切りとったことがありました。

「そのとき、私は苦難に耐える修行をするために忍耐の法則でいう三つの要素のそれぞれが本質的には存在しないということに意識を向けていました。名目上の『私』は存在しますが、本質的に存在するものとしての『私』という観念は起こりませんでした。同じように本質的に存在するものとしての『自我』という観念も『個人』という観念もありませんでした。

そのとき私には、何かが本質的に存在するという観念はまったくありませんでした。しかし同時に、名前としての観念が全くないということもありませんでした」

スブーティはこれを受けてこのように言います。

「私は苦難に耐えなければならないという観念を持っておりました。私は苦難を喜んで受け入れ、どのような苦難にも心を乱されまいという観念を持っておりました。そして私は、それ自身に本質的な存在はないという私の認識を再確認しようという観念を持っていました」

仏陀は自分の言葉をさらに説明します。

「それはなぜかというと、スブーティよ、そのとき私の心に自我という観念があったならば、恨みの観念が私に起こったにちがいないからです。

また、衆生という観念や、生きているものという観念、個人という観念があったならば、そのとき、恨みの観念が私に起こったにちがいないからです」

この部分のチョニラマの解説です。

「なぜかというと、スブーティよ、そのとき私の心に自我という観念、つまり、本質的に存在するものとしての『私』という観念があったのならば、あるいは、前述のその他の観念があったとするならば、恨みの観念が私に起こったにちがいないからです。しかし、恨みの心は起こりませんでした」

これまでの部分は、次のように要約できます。

王は無実の罪で私の手足を切り落としました。もし私が自分を個人と捉えていたのであれば、私は怒り、王への復讐を誓ったかもしれません。しかし、私にはそのような考えは一切なかったため、怒りから自分を切り離すことができました。

非常に難解です。会社で悪い感情にふけることから健康を守ることと、この話にどのような関係があるのでしょうか。まず『金剛般若経』のこの説の中で、誤って解釈されることが多い（実際に数世紀にわたって誤解されてきた）箇所についてお話してから、この節の真の意味を説明していきましょう。

## 心の痛みをとめる方法

こうした経典には、仏陀が「自我」や「個人」は存在しないと語っていることに端を発する誤った解釈が存在します。

たとえば「問題を抱えていても、そこに入ればすべてが非現実に見える空っぽの空間があり、そこに入り込みさえすれば問題は消え、問題と自分を切り離せる」と捉える人々がいるのです。

こうした人々は、誰かがあなたに怒っているという問題があっても、相手の存在を否定し、相手のことを考えなければ、これ以上問題が生じることはないと考えています。そして、仏陀が語る「自我はない、衆生も、命あるものも、個人もない」とはそういうことだと思い込んでいるのです。

しかし、仏陀の意図は全く別のところにあります。それに、このような考え方では職場での煩悩を抑える助けにはならないでしょう。たとえば、よくない出来事があったときに、その事実をなかったことにしても、自分がそれを経験していないことにしても、その問題と自分を単純に切り離せばいいと考えても、何の役にも立ちません。

歯科治療中、神経にドリルが当たったたときに、あるいは、地面に大の字にはりつけられて、誰かがゆっくりとあなたの手足の指を切り落とそうとしているときに、相手や自分の存在を否定してみても何の役にも立ちません。

試してみればすぐにわかります。これは仏陀の本意ではないのです。

「観念がない」という表現も誤った解釈を招きやすい部分です。こうした教えを読み、困難な状況を解決しようとするときに仏教徒としてやるべきことは、座って、無心になることだと考えるのです。心の中のあらゆる思考を排除する、あるいは、流れてくる思考があることはわかっていても、それに耳を傾けず、その思考と自分とのつながりをどうにかして断とうと考えるのです。これも仏陀の本意とは全く違います。次の歯科治療のときに試してみれば、役には立たないことがおわかりになるでしょう。この方法では痛みを止めることはできないのです。

では、仏陀の本意はどこにあるのでしょうか。

ここから、場面をダイヤモンド業界の現場に移行します。今度の戦いの場は、重役会議室や宝石加工所になるわけです。私が実際に経験した事例をとりあげていきましょう。

アンディン社の取締役だった私は、時間をつくっては南インドに度々足を運び、チベット仏教の僧院で修行をしていました。オファーとアヤとは、電話で連絡を取り合い、ボンベイやベルギーからダイヤモンドが購入できるよう準備をしておくという取り決めをしていました。

しかし、当時は「連絡を取り合う」ことはそれほど簡単なことではありませんでした。私が修行していた僧院は、チベット侵攻から逃亡し、ヒマラヤ経由で南インドに入った百人ほどの僧が、深い森の奥にいくつかのテントを立てて始めたものです（チベットの僧院には八千人以上の僧が属していましたが、大半が殺されるか、聖職を剥奪されました）。私が修行を始めた頃には、僧の数は数百人になっており、粗末ながらも僧が寝泊りする小屋と、小さな講堂が一つありました。

国際電話をかけるには、車で三時間ほどかけてマダケリという町まで行かなければならなかったため、「連絡を取り合う」ためのちょっとした電話のために、ほとんど丸一日がつぶれ、結局電話できずに終わることさえありました。

あるとき、私は小高い森の中にある粗末な泥づくりの電話取次所で、古めかしい電話の受話器に覆いかぶさるようにして、世界貿易センターとハドソン川の夜景が見える豪華なガラス張りのオフィスから怒鳴っているオファーの声を、電話口で必死に聞きとろうとしていました。

「大きな注文だ。十日以内にニューヨークに一万カラット分のダイヤモンドが必要なんだ。ボンベイとアントワープに大至急、電話してくれ。」

小さなダイヤモンドを一万カラット分となると、その数はおそらく百万個は下りません。ダイヤモンドを一個購入するにあたり、二、三回は品質を確認する必要があります。つまり十日間で数百万回は鑑定しなければならないということです。

一つのダイヤモンドを手にして拡大鏡で観察するのに十秒かかるとすれば、一人が六個鑑定するのに一分、三六〇個で一時間かかることになります。目が言うことを聞かなくなるまでに一日五時間連続で鑑定できるとしても、せいぜい一日に二千個できればいいところでしょう。

つまり、注文分を納品しようとするだけで、その期間、少なくとも千人を動員しなければならないということです。そこで私は再度、確認しました。

「一万カラットでいいんですね、オファー。本当に一万カラットですね」

「そうだ、その通りだ。今晩から取り掛かってくれ。電話で世界中の社員を起こしても構わない。幸運を祈る！」

これで電話が切れました。

私はその場で必要なダイヤモンドの数量と種類を手帳にメモして、その後、数時間かけて世界中の国際バイヤーに連絡をとりました。マダケリの電話取次所を出る頃には、日が暮れかけていました。広大な美しい渓谷を見晴らす小さな庭に出て、夕方の空気とインドの野生種の花々の香りを楽しみ、星が出てくるのを眺めました。いい気分でした。大変な仕事でしたが、やり遂げた充実感はいいものです。

それから僧院が所有するオンボロ車に乗り込み、僧院に戻りました。これから一週間ほど、世界的に高名なラマ僧の教えを集中的に学ぶことになっていたからです。

ニューヨーク本社に世界中からダイヤモンドが押し寄せはじめた頃、埃まみれで日に焼けた私も帰還しました。オファーから呼び出された私は、困難をものともせずに仕事をやり遂げた自信から、悠々と彼のオフィスに入り、腰をかけ、称賛の言葉が彼の口から出るのを待ちました。

「いったいどういうことだ？」これがオファーの最初の言葉でした。

「どういう意味ですか」

「あのダイヤモンドだ。わが社の資金繰りがどうなっているかわかっているのか。頭がおかしくなったのか」

私がどれほど意気消沈したかおわかりでしょう。些細な誤解や間違いではありません。会社全体の状況に関わる事態です。なぜこんな事態に陥ってしまったのでしょうか。皆さんにはすでにおわかりだと思いますが、続けましょう。

「ちょっと待ってください、オファー。指示したのはあなたじゃないですか。一万カラット分のダイヤができるだけ早く必要だと言ったじゃありませんか」

「一万カラット？　冗談だろう？　私は千カラットと言ったはずだ」

「しかし、確かに一万とおっしゃいました。何度も念を押したんですから。電話をしているその場で手帳にメモもしてあります。ほら、ここに一万カラットとあります」

「いつ書いたかなんてわかるものか。今朝書いたものかもしれない。私は一万とは絶対に言っていない。一万などと言うはずがない！」

煩悩、つまり老化を促進するマイナス感情を回避する方法を学ぶうえで、これは結果を左右する極めて重要な瞬間です。

ビジネスは、概して迅速な思考と迅速な内省を必要としますが、この場面で求められる迅速性はその比ではありません。不当な扱いに対する憤慨、悪意、怒りといった強い感情が湧くまでのおよそ三秒の間に、悪い記憶が植え付けられないよう対処しなければなりません。この三秒で有効な行動を主体的に起こさなければ手遅れになります。この行動が「自我がない」「観念がない」という仏陀の教えと関係していきます。まずは、この仏陀の教えの本意を理解することにしましょう。

ここでは、カリンガの王に指を切断された僧について仏陀が語った「三要素」を使って、この教えを実際の状況にあてはめていきましょう。

「三要素」とは、この瞬間に進みつつある状況の三つの部分を指します。怒鳴っている上司（オファー）と、それに応戦している取締役（残念ながら私です）、そして、すべての出来事が実際に起きているという事実です。それぞれの要素はそれぞれの空性を持っています。

すなわち「潜在性」です。実は、この状況における空性の積み重なりこそが、この騒ぎの一因であると同時に、この騒ぎの解決の鍵となります。だからこそ森羅万象が空であること（潜在性）は素晴らしいのです。

## 回避すべき心の記憶

オファーの潜在性は何でしょうか。この瞬間、私の目には彼は非常に理不尽な人間として映っていますが、パートナーであり妻でもあるアヤには、支払いきれないほどの無用のダイヤモンドをでためで買った無責任で愚かな行為から会社を救おうとしているすばらしい人物に映るでしょう。

したがって、彼自身は理不尽でも立派でもなく、誰の視点から見るかによって彼がどう見えるかは変わるのです。もうくり返し述べてきたことですが、彼自身の本質は白紙、つまり空であり、その瞬間に彼が善に見えようとも悪に見えようとも、それは私が過去に植えつけた心の記憶が生み出したものなのです。

もう一つ、すでにおなじみの点を確認しておきます。私自身の心が、その瞬間の彼の姿を決定づけ、生み出したとしても、だからといって、彼がいい人でありますようにといくら願っても何の意味もありません。私は（彼の妻とは違い）心の記憶により、上司が私にひどく腹を立てるという経験を背負わされているからです。このとき、私にできる最善の策は、現在の私の心に新たな記憶を植えつけないようにすることです。

では、どのような種類の心の記憶を回避すべきなのでしょうか。上司の指示通りに動いた結果、当の上司に怒鳴られるという経験を生み出す心の記憶を植えつける行為は、実は一つしかありません。

それは、まさに今、上司がしている行為、つまり、素直に信じて実行した行為が莫大な損害をもたらす重大問題となり、その問題に対処しようとしている人に対して怒鳴るという行為です。そうだとすれば、あなたが上司に怒鳴られたときに一番してはならないことは何でしょうか。おわかりでしょう。怒鳴り返すことです。

イライラや怒りが心の奥底に湧き起こるまでの三秒間に、その重要な流れだけでも辿ることができれば、次のようなことが起こります。後々、あなたに多大な問題をもたらす心の記憶を回避できます。

たとえば、こういうことです。

あなたは机の端にあるコーヒーカップと間違えて、塩酸のカップを取ってしまいます（宝石加工所では、不注意な人に実際こうしたことが起こります）。あなたは同僚との会話に夢中で、間違いに気がつきません。カップを顔に近づけて傾けようとした瞬間、酸臭が鼻をかすめ、すぐにカップを下ろし安堵のため息をもらします。

まったく同じように、イライラや怒りを最後の瞬間で静めること、つまりたった三秒の間に心の対処に成功し、怒りを抑え、心の記憶という時限爆弾が心に焼きつくのを阻止したということは、まさに「助かった」と安堵すべき状態なのです。

怒りが一瞬でも湧き、マイナスの心の記憶が一瞬でも心に焼きつけば、数日後、数週間後、もっと後かもしれませんが、自分の世界でこの心の記憶の結果を引き受けなければならないときがきます。もしあなたが、この古代からの智慧を用いて、ほんのわずかな怒りさえも阻止できるようになれば、この教えを理解するために費やした努力は期待以上の成果をもたらすでしょう。

あなたは多くの問題や苦難から自分を救ったのです。違う道を選んだことで、方向転換していなければ遭遇するはずの困難を回避したのです。

## 「自我がない」、「観念がない」とは

では、「自我がない」、「観念がない」とはどういうことでしょうか。

実際の出来事に重ねれば、わかりやすいでしょう。「自我がない」とは上司には本質はないということです。彼自身に生まれながらに備わった本質はありません。事件のあったその瞬間でさえ、彼に怒鳴り散らす不快な人物という本質はないのです。もし本当にそのような本質があるのなら、彼の妻でさえ不快に感じたでしょうが、そうは感じていないのです。

ですから「自我がない」とは、彼がどのように見えるかは主観次第であるということです。彼自体が存在しないということでも、彼が存在しないと思い込むことが有益だということでもありません。

一方、「観念がない」とは、彼に対する間違った思い込みをやめるということです。

彼の本質が良くないものだと決めつけるのではなく、彼を真っ白なスクリーンと考えるのです。今は、彼の妻に対してはヒット映画が上映され、あなたに対してはホラー映画が上映されているだけなのです。映写機はもちろん心、映写機を動かしているのは「過去に他人に対して行った行為による心の記憶」という電力です。

もう一度、念を押しますが、何も考えないことや、善悪の判断をしないこと、感情を切り離すことは何の役にも立ちません。こうした一連の出来事、つまり自分自身に対する主観、上司に対する主観は確かに現実なのです。人が傷つき、会社が損害を受け、ある取締役がボーナスをカットされたのは現実です。ただし、その原因はこれまであなたが考えていたものとは違います。

**すべてはあなた自身の過去の行為の結果なのです。**

それでは、やるべきことは何でしょうか。三秒後にマイナスの行為で対応すれば、同じ結果を生む悪い心の記憶を植えつけることになり、後々、またその結果に苦しむことになります。この点をはっきりと理解しておかなければならないということは、すでに述べました。

しかし、マイナスの行為の直接の結果についてはどうでしょうか。答えはこうです。怒りに我を忘れて得るものは何もありません。

インドの古い経典から、詩節を引用しましょう。

**解決できる状況ならば、うろたえる理由はない**
**解決できない状況ならば、うろたえても無駄である**

**心を落ちつけ、前向きな態度を**

怒りに身をまかせることを拒否することで、最大の難関は過ぎ去りました。あなたはマイナスの対応を拒否することで、自分自身を将来の厄災から救ったのです。心の中のわずかな怒りの兆候さえも回避し、さらに進んで、前向きな態度をとるように努力しましょう。誰が悪いのかという議論や責任の押しつけ合いをやめ、直ちに意識を現時点で可能な解決策に向けるのです。この章のもっとも重要な点がここです。

**怒りが心に湧く前に阻止したあなたは、すべてのエネルギーを直ちに問題解決に向けることができます。心には邪念はありません。表情は穏やかで、心臓の鼓動と呼吸はゆったりとしています。**

これは重大問題に対処するときにあるべき状態です。そして、これこそが心身の健康を維持するための最大の秘訣です。怒りやマイナスの感情が起こるのを避けるたびに、あなたの人生とビジネスにおける健康で幸福な時間が延長されていきます。そして、目下の問題に対しても、完全に明晰で穏やかな心で取り組むほうがはるかに賢明です。

最後に一言、つけ加えさせてください。本書でご紹介する教え全般は庭づくりに似ているとお気づきの方もいらっしゃるでしょう。まず、あなたが過去に植えつけた心の記憶という種子が問題を生み出す、ということが前提となります。この種子が、ある程度の力を蓄え植物として成長しはじめてからでは、いくら手を施そうとしても基本的に手遅れです。逆に、朝に種を植えて、その夜に開花を期待するのはあまりにも浅はかです。重要なのは、自分の行動からすぐに得られる結果に一喜一憂しないよう前もって自分を訓練しておくことです。あなたには、自分の心を直ちに落ち着かせ、問題に冷静に対処する準備が整っているかもしれませんが、だからといって、そこにいる人が皆、冷静であるわけではありません。さらに、いくら冷静な判断で考えた解決策であっても、うまくいくとは限らないのです。

**忘れてならないのは、結果は、過去にどのような種子を植えつけたかによって決まることです。**

あなたが今していることは、将来の庭づくりです。つまり、将来、あなたの世界で起こる危機的状況が少しずつ減る、ということこそが大切なのです。

# 第十一章　瞑想修行

## 新たな創造性を取り込む時間

前章では、自分の心を観察し煩悩を回避することの効能についてお話しました。煩悩を回避できれば、すばらしい将来が約束されるだけでなく、現在、そして今後キャリアを積んでいく間もずっと、あなたは健康を享受できます。

さらに、煩悩を抑えようと努力し、最終的にすべての煩悩に打ち勝つことができたならば、職場での日々は今よりもはるかに有意義なものになることは言うまでもありません。

本章では、偉大なチベットの賢人が、健康と高い創造性をいつまでも保ち続けるために行うもう一つの方法についてお話していきます。

西欧諸国では四十代に差しかかる頃には多くの人が階段を駆け下りることさえ辛くなってきますが、チベット人の僧侶の多くは、六十代や七十代になっても、その知的欲求や好奇心はとどまることを知らず、身体は健康で持久力もあり、階段も軽やかに駆け下りることができます。それを可能にしているのが「*tsam*」と呼ばれる瞑想修行法です。

この語は本来「端」や「境界線」という意味ですが、この場合は、時折、職場から離れたどこか違う場所に行き、自分の回りに円を描いて、その円の中で瞑想することを指します。

アンディン社で働いていた十五年以上の間、私はこの瞑想修行を怠りませんでした。オーナーに毎週水曜日に休暇をもらうことを承諾してもらうと、瞑想をして新しい着想を得るために、会社から距離を置くという決まりを厳格に実行しました。休暇を願い出た当初は、週一日分の給与が差し引かれるという条件を飲みました。

しかし、後に瞑想修行の効果がはっきりと現れはじめると、給与は、毎週休暇を取らない社員と変わらない額になりました。水曜日を選んだのは、業務上の差障りが少ないためです。交渉や個人的な問題に対処する場合に一日だけでは足りないことがあっても、水曜であれば、月曜日と火曜日、または木曜日と金曜日と常に二日連続で出勤できるからです。

休暇をとるための具体的な措置として、有能な次長を育てました。おかげで心おきなく瞑想修行に出かけ、会社の利益となるアイデアを携えて戻ってくることができるようになりました。さらに、ダイヤモンド部門自体の管理能力も向上しました。このことは特に繁忙期に有益でした。社員は私だけでなく次長からも主要問題に関する指示を受けることに慣れており、部署全体の要員が急に二、三割拡大しても管理側に負担が少なくてすみました。

ちなみに、ダイヤモンド業界や宝石業界では年間売上のおよそ六割がクリスマス商戦期に集中しているため、秋には週に八千から一万個だった指輪の製造量が、新年には数千にまで縮小するのが通例でした。したがって、部署の責任者には、月によって要員を大幅に増減し、半年ごとに人数が倍増半減する部署に対処できる手腕が求められました。

瞑想日とは単なる休息日や、激務の続く取締役へのご褒美などではありません（とはいえ、片道二時間かけてマンハッタンに毎日通勤する身体的な負担が瞑想日のおかげで軽減したのは確かです）。

瞑想日には、最大限の恩恵を得るために、決められた日課を厳格に実行しました。瞑想日の大きな目的は日常から一旦離れることです。どうやって仕事をするのかではなく、なぜ仕事をするのかについて考え、今後の計画を立て、これまでを振り返り、そして特に新たなアイデアや着想を得るための時間として重要な役割を果たします。

アンディン社で私は何百という人を面接し採用してきました。採用した人々のほとんどが会社の大きな戦力となりました。面接の際、私は、誠実さ、忠義心、チームワーク力、他者への思いやり、知性、正直さなど一般的な資質を重視しました。実のところ、実際の技能に関してはそれほど問題にしていませんでした。というのは、人間には潜在的にすばらしい能力があり、教えればどんな仕事も極めて迅速に習得できると経験から知っていたからです。

しかし、嘘をつくことや他者への思いやりの欠如など悪い習慣や性格を正すには何年も必要です。技能が不足していることよりも、素質のほうがずっと問題なのです。

**面接で人を見抜く良い方法**

面接で人を見抜く良い方法をお教えしましょう。自由時間について尋ねるのです。

「仕事以外の時間に何をしていますか」という質問を私は最も重視していました。

アンディン社は、職場の条件としては恵まれているとはいえません。特にクリスマスの繁忙期の忙しさは半端ではありません。一つの場所で過ごす時間が増えれば、別の場所で過ごす時間は当然少なくなります。そのうえ、何ヶ月も同じ場所で同じ人々に囲まれていれば、新しいことを習得できる機会は限定されます。

もし一箇所だけに留まり、新しいものを見ることも、知らない人と話すこともなければ、創造性は確実に失われていくでしょう。古いシステムに固執するマネージャーが、まとまった期間、残業するよりも、創造性に富む着想を用いて短期間に新しいシステムを生み出せれば、そちらのほうが会社にとってははるかに有益でしょう。

したがって前述の質問をして、候補者が仕事以外の自由時間に、どれだけ創造性を与えてくれるような環境で過ごしているかを知ることには意義があります。

私の経験から言えば、この質問に対し「大抵テレビを見ています」と答える人は、まず、創造性のない社員になります。本を読むのが好きな人は（ただし、恋愛小説以外）、多くの場合思慮深く、創造性あふれる社員になります。散文、特に詩を書く人は、想像力が豊かで問題に対する独自の解決策をきわめて容易に見出します。ちなみに、小さい子供がいる人はこの質問から除外すべきです。自由時間はずっと子供の世話をしていると答えるはずですから。ただし、子供ほど創造的な着想のヒントを与えてくれる存在はいません。

最後に、自由時間を他人のために費やす人々、たとえば、教会への奉仕、少年野球のコーチ、地元の病院での簡単なボランティア活動などに週末を使っている人々は、最も信頼できる創造性あふれる社員になります。


**瞑想からの贈りもの（ダイヤモンドの在庫管理システムの改善）**

**ともあれ、新たな創造性を取り込むためには仕事以外の第二の活動に情熱を持って取り組むことが**

必要です。特に上級管理職レベルの人には、世間で考えられているよりはるかに、この第二の活動が重要なのです。活動の内容は、執筆活動、写真、スポーツ、ボランティア、何でも構いません。

私の体験をお話しましょう。あるとき私は、長期の瞑想修行（本項の後半に詳説します）から帰還し、ダイヤモンド用の保管箱（靴箱のような外観ですが、中には百万ドル相当の光り輝く宝石が入っています）の前に座り、ダイヤモンド用の紙包みをまるで初めて見るかのように観察していました。ダイヤモンドの保管には、昔からこのような小さな包み紙が使われてきました。ダイヤモンドが落ちないような折り方のコツは当然あるものの、この紙の基本的な形状は数百年の間、おそらく変わっていませんし、紙の外側に内容について書く方法も変わっていません。

上部には「クォーターカラット、ラウンド」など内容物の大まかな説明が記入されます。真ん中あたりには「ホワイト、NAATS、Jカラー」などの品質表示、下部の右側には「10・27カラット」などのカラットが百分の一カラット単位で書かれます。

そして、内側に折り込まれた部分には「提示価格二千ドル、販売価格千八百ドル、どのような状況でも千六百ドル未満で売るべからず」ということを意味するZLD4などの記号が小さく書かれるのです。

当時は、宝石会社で誰かが包みを手に取るたびに、内側の折れ込み部分に「八月四日、CMがダイヤモンド三個を試作用の指輪製造のために取り出した」などと書く規則がありました。そして、その紙包みのダイヤモンドをすべて使い切ったときに、簡単に集計して計算が合うかどうか確かめます。

といっても、ダイヤモンドがなくなったことが明らかでない限り、それほど目くじらを立てる人はいませんでした。私はこうした包みの入った箱全体を、週に一度の瞑想日で得た新たな視点から眺め、新しい着想を得たのでした。

アイデアは三十六時間、どんどん湧き続けました。細かい案が頭の中にどんどん現れて、私はほとんど眠ることもできないほどでした。そのアイデアの基本的な構想は以下のようなものでした。

折る前の紙にあらかじめ記入欄を印刷しておき、残ったダイヤモンドの在庫数の記入を義務づけます。記入欄がなくなれば、紙を変えるのですが、その時点で残ったダイヤモンドの数と重さをチェックしなければなりません。記入欄の枠はわざと太くして、紙を頻繁に交換し、（すなわち多くの人の手を通り）チェック頻度が高くなるようにします。

次に、紙を色分けするというアイデアが浮かびました。ダイヤモンド部門では数週間もしないうちに色とりどりの紙が使用されるようになりました。色分けすれば、いちいち包みを取り上げなくても品質や形がわかりますし、違う色の包みの中身を混ぜ合わせないという決まりはすぐに浸透しました（微妙に異なる色合いのダイヤモンドが混ざると大変だったのです）。

数時間後、また新たなアイデアを思いつきました。紙にあらかじめパンチ穴を空けておき、使用後にバインダーに保管できるようにするのです。こうすれば、誰がどのダイヤモンドを取り出したかを示す署名を永久保管でき、コンピュータの在庫管理ソフトが作動しなくなったり、破損しても、自動的にバックアップとして機能するわけです。

次に、紙のサイズを変え、さらに多様なカットの種類がすぐにわかるように、紙に印を入れていきました。他にも多くの新しい試みを実施し、アンディン社のダイヤモンド部門の在庫・損失管理は、ダイヤモンド業界で最も効率的なものになりました。これは重要なことです。

なぜなら、国際的なダイヤモンド取引では、原石市場はほぼ独占状態であるため、実質的に値段交渉は不可能ですし、熟練研磨職人の賃金はどの国でもほぼ同じですから、在庫・損失管理は、収益の差別化を確実に図ることができる数少ない分野の一つだからです。

後に、アンディン社の世界各地の支店で、私たちが考案したシステムとその改良版が使われるようになったときは、本当に感慨深い思いがありました。その後数年間、この在庫管理システムにより、経費の一パーセントが節約できれば、アンディン社全体で数百万ドルの収益増が見込めます。

そして、こうしたことのすべては、瞑想日に仕事を離れて新鮮な視点を得たおかげなのです。管理職の自由時間を搾れるだけ搾り取り、疲れ切るまで働かせたあげく、彼らの創造性が欠けていると嘆いたり、そもそも彼らに新しい着想を得られるような環境を与えない他社の存在を知るたびに私は驚いてしまいます。

## 瞑想日の使い方

では概念についてはこれぐらいにして、次は、実際にどのように瞑想を行うかについてお話していきましょう。

瞑想日を計画するにあたって基本ルールがあります。最も重要なのは、定期的に行うことです。毎週あるいは隔週何曜日と決めた時点で、それは不可侵のルールとなります。したがって、瞑想日を毎週水曜日と決めれば、それ以降は水曜日にいつものように仕事をしてはいけません。

理由は簡単です。仕事のできる人の大半は仕事中毒です。たとえ必要がなくても仕事をし、どう考えても片づけられないほどの仕事を抱え込んでしまうものです。そうなると、ますます仕事にのめりこみアドレナリンが分泌され続けます。上級管理職レベルの人なら、アドレナリンにどれだけ中毒性があるかご存知でしょう。

アンディン社は離職率が少ない会社で、転職すれば確実に昇給が見込める有能な社員が長年勤続していました。これはひとえに、アンディン社が年々成長を続け、常にやりがいのある挑戦ができる環境だったからです。中には、このように考えている人もいるでしょう。

瞑想日の概念に共感して、二、三週連続で水曜日に瞑想をしたとしても、その月の終わりには、重大な緊急事態を口実に会社に戻り、その後は立ち消えになっていくに違いない、と。

本書に記載した深遠な教えはどれも同じですが、**決まった方法で継続的に行わなければ役に立ちません。仕事を一日休むことで、その時間の百倍以上の見返りをもたらす素晴らしいアイデアを会社に持ち帰ることができる、という考えをまず受け入れることが大切なのです。**

瞑想日には、心の中で囁かれる素晴らしいアイデアを聞き逃さないように静かに過ごすことが重要です。そして、瞑想日の前半、たとえば午後二時までは静かな場所で一人きりで過ごす必要があります。心の中の素晴らしいアイデアに常に耳を傾けておくために、電話やテレビ、ラジオなどの騒音は消し、音楽、新聞、雑誌、小説、子供や配偶者、修理工、ペットなどから離れておきます。前項でお話した静かな瞑想場所に行き、一人きりで静かに座ります。

多忙な管理職レベルの人間がこうした時間を過ごすと非常に不安になるものです。まず自然な反応として、時間を無駄にしているという感覚が襲ってきます。職場では今頃、皆が必死に働き、ひっきりなしにかかってくる電話に対応したり、会社中を駆けずり回ったりして問題を片づけているというのに、あなたは何もせずに座っているのです。さらに、最重要顧客向けの大きな企画の締め切りが明朝ですが、最後のまとまった自由時間を瞑想日でつぶしてしまい、企画に着手できる見込みはほぼなくなりました。

それでなくとも、配偶者や友人、子供たちは、あなたが一日中自宅にいることを知って、その時間をどう使おうかと計画を立て始めています。

「水曜の午前中、ずっと家で座っているだけなら、銀行に行って、その後今日届くはずの荷物を家で受け取ってくれないかしら。三十分もかからないから」

こんなお願いをされたとしても、断固として断りましょう。瞑想日は完全なる静寂と集中の時間でなければなりません。数分であっても中断しては役に立ちません。

心の静寂に入り、ビジネスと人生の両方の難問に対する深遠なる答えを得るという貴重で得がたく、何物にも変えがたい人生の瞬間をこれから体験しようとしているのです。無駄なことだなどと決して思わないでください。

**瞑想は、あなたの心の奥深くに眠る創造性の扉を開くだけではありません。これまでの習慣をやめて瞑想を始めるという先見性を得ていなければ、あなたの身には今後、数々の健康上の問題が降りかかっていたはずです。**

しかし、あなたはそれを主体的に回避しようとしているのです。これまでの習慣を続けた結果を知るのは造作ないことです。ニューヨークタイムズの死亡欄を読み、どれほど多くの有能で才能ある実業家が過労死しているかを見てください。自分だけは大丈夫だと思ってはいけません。

### 瞑想日の過ごし方

瞑想日の過ごし方に話を戻しましょう。瞑想場所で一時間から一時間半ほどただ静かに座った後は、軽い運動をしましょう。

古代チベットの文献によれば、**身体と心にはとらえどころのない深遠なつながりがあります。身体が重くなり、背筋が曲がってくると、心と体をつなぐ思考エネルギーの流れが滞ります。**

運動の種類は何でも構いません。アメリカの実業家におなじみのスポーツと言えば、ゴルフやジョギング、軽いウェイトリフティングなどでしょうが、自分に最もあうものを探して実行しましょう。楽しめなければ長続きしません。

念を押しますが、運動のための運動や、虚栄心を満たすための運動ではありません。**身体が健康ならば、心は澄み、心が澄んでいれば、ビジネスはうまくいきます。**

そして心に邪念が何もなく澄みきっていれば、通常の範囲を超えた仕事の目的意識を持てるようになります（これは後述します）。つまり、無分別な金儲けではなく、有意義な経済的成果を得る段階に移行できるのです。

補足ですが、単にグラウンドを走るような運動ではなく、実際に心に強力に作用する運動に興味がある方もいるでしょう。

最近、多くの実業家が「照れくささ」の壁を打ち破り、ヨガや太極拳、モダンダンスなどのレッスンに参加しています。ただし、数週間だけ手を出して、結局、何も上達せずに終わるカルチャースクールのようなレッスンではありません。時間とお金はかかりますが、しっかりとした指導者に個人指導してもらい、一対一の手ほどきを受けるのです。数ヶ月、数年かけて、その道の達人と親密な関係を維持しましょう。ビジネスを行う上で用いる規律は、身体をしなやかに保つ上でもあてはまるということがわかってくるでしょう。

くり返しますが、この場合の運動は、見た目を美しくするためではなく、高い目的意識を得るために行うものです。

瞑想日には食事も変えましょう。たとえば、午後一時か二時までは飲み物だけを口にするようにします。朝食をとらないことで、朝の瞑想と運動の充実度が違ってきます。

ただし、運動の前には水分をとりましょう。最初の食事をとる前に、もう一度静かに座り、人生について高次元の洞察が得られる本を読みましょう。ガンジー、シュバイツァー、ローマ法王、ダライラマ、聖書など、誰の著作でも構いませんが、単に生きる手段や生計を立てる方法についてではなく、自分の存在目的をとりあげた本を読むことです。

このような人々の考えに触れることも瞑想日の大切な一部です。視野を広げ、卓越した先人の思考で心を満たしましょう。自分に課した沈黙は、心の声に耳を開かせてくれます。そして、世界中の偉大な思考や感性に常に触れることで、心の声の含蓄がさらに深く豊かになるのです。

軽い昼食の後、必要ならば遠慮せずに昼寝しましょう。

古代インドの偉大な経典では、必要な睡眠量をとることは、身体に不可欠なものとして食事と瞑想とともに挙げられています。瞑想日にこの身体の欲求を満たすことは、気分を爽快にしてくれるだけでなく、身体に活力を与え仕事のストレスによって受けた影響を緩和してくれます。

午後は、実用的な勉強にあてましょう。写真、コンピュータ、ガーデニング、どんなものでもいいのですが、普段している仕事に直接「実益」があるものはいけません。

言いかえると、この時間に、次の日の仕事で必要なソフトウェアなどの使い方をマスターしようとしてはいけませんが、自宅用のパソコンをキットから組み立てるのは構いません。ただし、くり返しになりますが、一番いいのは家から出て、その道の達人に手ほどきを受けることです。花でも音楽でも木工でも、どんな分野であれその道に精通した人というのは何にも勝るすばらしい着想を与えてくれるものです。重要なのは、創造性と卓越性に触れることです。

そして、教えてもらったとおりにできるようになることよりも、達人のように考え、達人のような情熱を持つことを学ぶことのほうがはるかに有益なのです。

夕方からは、どこかへ出かけ、人の役に立つことをするように意識的に努力します。子供のスポーツチーム、近所のお年寄り、配偶者や家族の手伝いでも何でも構いません。自分は一家の大黒柱であるという自負は、一種の利己主義を生みがちです。家族を養うために毎日会社に出かけているのだから、家族の手助け、家事、そして特に地域活動など、単調な仕事を手伝う義務はないという気持ちです。

会社で一時間に数百ドルを稼いでいる人にとって、夕方、買い物に行くお年寄りを車で送ってあげるような雑務は最低賃金レベルの仕事、つまり、時間と才能の無駄遣いに思えるものです。そういう人は地域の大きなチャリティー事業などには参加する傾向があります。

しかし、これは的外れな考え方です。一日、会社を休み瞑想日にしたのは、会社でマンネリ化した発想から離れ、さまざまな方向に目を向けるためです。自分がやっていることの実利的な詳細からあえて意識を外し、新たな創造性の源で心をただ満たしてみるのです。

瞑想、偉大な先人の思想、そして、何よりも重要なのは、会社での日々のほとんどを自分中心のものの見方で過ごしていることからの脱却です。言いかえると、仕事の思考パターンから解放され、自分自身に集中することからも解放された一日を過ごすことで、自分の魂と知性に活力を与えるのです。

そのためには、手助けを必要としている人の日常を手伝うことが何よりも有益です。この星の偉大な先人たちはすべて、このことを精神力と創造性の源としてきました。この事実を理解し、その真価を認めたならば、意識的に自分の殻を破り、周囲の困っている人や老人、貧しい人、孤独な人などに無償で個人的に、おおげさなものでなく、ちょっとした手伝いを申し出ましょう。こうした行為は、翌日の仕事の大きなやる気にもつながります。

瞑想日の締めくくりは、就寝前、家の中や家族が静かになった頃に、瞑想場所で行う短い瞑想です。一日の出来事や自分の考えを振り返り、六回録に最後の記帳をします。仕事のことや翌朝しなければならないことはなるべく考えないようにしましょう。

次の日の詳細は考えず、ただ静寂に身を任せ、あなたが眠っている間中、外からの創造的な影響が心に作用するようにします。新しい着想は翌日、あるいは必要なときに得られるでしょう。着想の種子が大きく成長するためには睡眠という静かな時間が必要なのです。

瞑想日についてもう一つだけ述べておきたい点があります。翌日あるいは二日後に創造的な着想を得ることができたのは、仕事を休んで数時間の静かな瞑想の時間を持ったおかげだと感じるでしょう。しかし『金剛般若経』の教えに則って言えば、翌日にたまたま得られた着想には特定の原因があるはずです。そして、それは邪念のない澄み切った心で瞑想し、偉大な思想に接し、周囲の人の手助けをしたことによる心の記憶なのです。

これまでお話ししてきたことと何ら違いはありません。実際、過去の善行が植えつけた心の記憶がなければ、創造性のある出来事が起こるはずはありません。私たちは常に将来の庭づくりという仕事に従事しているのです。

## 瞑想休暇

以上が「毎週の瞑想日」です。もう一つ、私がアンディン社の取締役だった間、欠かさずに行っていた奥の手をご紹介しましょう。

それは「瞑想休暇」です。こちらも是非試してみてください。あなたのビジネスキャリアに大きな影響を与え、最終的な目標への到達を加速させるための跳躍台となる強力な方法です。「瞑想休暇」を実施するためには、少なくとも二週間の休みが取れるように上司と交渉しなければなりません。しかも通常の有給休暇以外の休みです。しかし、どうすれば休暇を取ることができるでしょうか。

休暇を取るためには、まず、自分が実行しようとしていることの意義を信頼しなければなりません。たとえば、一日三食食べるのは、本当に必要だからではなく、そうしたいからです。仏教の僧侶は午前中の一回以外、ほぼ一日中食事をとらない戒律を守っています。

この戒律により、チベットの僧院の僧たちの大半は、痩せて弱々しくなるのではなく、強健で軽やかで精神的に研ぎ澄まされた状態になります。私たちは一日に三回食事するために、時間と食べ物と場所を見つけます。一日三食食べなければいけないと信じているからです。**もしあなたが「瞑想休暇」の必要性を信じていれば、そのための時間を得る方法が見つかるでしょう。これも心が持つ力です。**

まず、瞑想休暇の詳細をお話した上で、休暇を取るための戦略について述べていきます。瞑想休暇を実行するにあたって重要なのは、何日の何時に仕事を切り上げるかをはっきりしておくことです。

上級管理職レベルの人は、初回はかなり苦労するはずです。出世する人は有能で仕事好きですし、自分が指揮をとって進めているプロジェクトの進捗状況も気になるでしょう。仕事をすべて他人の手に委ねるか、二週間遅らせるか、休暇の実行前に潔くすべて中断するかを決断するのは容易なことではありません。しかし、瞑想休暇を実行するための期限が来たら、物理的にも、精神的にも、仕事をすべて放り出しましょう。重要なプロジェクトがあと少しで終わるところであっても「あと一日だけ」「あと一時間だけ」と引き伸ばしてはいけません。仕事を切り上げる最後の瞬間まで、瞑想休暇に行く理由を明確に理解しておかなければなりません。あなたの不在でプロジェクトのいくつかに多少の損失があったとしても、瞑想を有意義に終えることができれば、十分お釣りがくるほどの新しいアイデアと創造性とエネルギーを会社に持ち帰れるのです。

### 瞑想休暇の過ごし方

瞑想休暇の準備として、完全に一人になれる静かな場所を探さなければなりません。森の中にある小屋や閑散期の海辺など、都会の喧騒を離れた場所で、散歩しても誰にも会わず、訪問者や車の騒音のないような場所であれば言うことなしです。

その場所に着いたら、刺激になるものをすべて片づけます。本や雑誌、新聞紙を箱に入れ、テレビやラジオはクローゼットの奥の、気持ちが緩んだときに取ろうとしてもなかなか取り出せない場所に入れ、郵便物や来客は一切受け付けないようにします。

こうして初めて瞑想休暇が有意義なものになります。完全に一人になったときに、心に沁みこむような究極の静寂が必要なのです。人に会ったり、話したりしないで済むように計画を立て、家族や友人にもこの点をしっかり伝えておきましょう。電話線を抜き、携帯電話も電源を切っておきましょう。

一番いいのは電話のない場所に行くことです。二週間分の食料を買っておき、町には出ません。瞑想休暇を実行するために理想的な場所は、車も、子供も、キャンプをする人も見当たらず、人の生活の痕跡すら感じないような場所です。忘れないでください。これは単なる休暇ではありません。崇高な精神状態に到達するための真摯な試みであり、こうした一人旅こそがその一番の近道なのです。

## 日記をつける

さあ、一人になりました。これから何をすべきでしょうか。家の中の瞑想場所のような静かな場所を用意します。食事の場所や寝床と兼用にしてはいけません。その場のエネルギーを瞑想という一つの目的に集中させます。瞑想は、床に座って行う正式なやり方でなくても構いません。その場合は、心地よく背筋が伸びる椅子に座って行いましょう。

一日の基本的な日課は以下のくり返しです。人生や仕事について広い視野で静かに考える一時間。前述した偉大な先人たちの思想や感性について静かに読書する一時間（本書に提示された教え、特にビジネス上の問題と解決策に関する箇所を学ぶことも含めます）。戸外を静かに散歩するか、運動をする一時間。軽い食事と休憩の一時間。食事は健康にいいものを軽く食べます。

ただし、野菜と蛋白質が豊富な食品はたっぷり摂るようにします。糖分や炭水化物は、瞑想休暇で得られる創造的なエネルギーを弱らせるため、控えめに。一人の静けさに少しばかり圧倒され、不安やめまいが起こるようなら、運動を十分行い、油を使った食事も多少は摂るようにしましょう。

一日目が終わった後、毎週の瞑想日を始めたときに感じた疑問がまた生じていることに気づくでしょう。激務をこなす上級管理職レベルの人間にとって、**何もしていない**ことは時間の無駄だという感覚は抑えがたいものです。こうした疑問が湧いた瞬間には、自分が本当は何をしようとしているのかを思い出すことが重要ですし、仕事は絶対にしてはいけません。

あなたは瞑想するためにここに来ており、すべての創造的エネルギーを自分の内側に向けなければならないのです。大人になってからのあなたは、このように外部の刺激を一切除き、自分の心を内側に向けたことはなかったはずです。

仕事や家族に関するさまざまな問題について、創造性あふれ、力がみなぎるような心の動きを感じるでしょう。静寂の中で意識下に埋められた答えは、五日後あるいは一週間後に閃光のように現れるでしょう。リラックスして、この一連の作用を信頼してください、過去数千年の間、何万もの賢人たちが実行し、恩恵を受けてきた方法です。あなたも恩恵を得られるでしょう。

しかし、やらなければ何も得ることはできません。日記をつける小さなノートを忘れずに持ってきてください。日記には時間をかけます。話かけるように記入するのです。瞑想休暇を始めたときに浮かんだどんな些細な考えも書き出しましょう。最初の十日から十二日間にアイデアや考えの波が襲ってくることも十分考えられるので、すべて記入しましょう。一週間経った頃に気持ちが落ち込む日があることも想定しておいてください。これは普通の現象であって瞑想修行の一環です。

**心の良い面も悪い面も、瞑想休暇中にその強さを増します**。ですから、家族への優しい気持ちに満たされるときもあれば、主要業者の遅刻癖がいらいらしてしょうがないときもあるでしょう。そのくり返しです。良い面を助長し、悪い面にバランスが傾かないように気をつけましょう。

瞑想休暇の最後の三、四日は包括的に人生と仕事を見直す特別な時間です。毎日日記をつける時間をとります。たとえば、プロジェクトに関して浮かんだ素晴らしいアイデアを書き出し、その後、人生の諸問題に対し、短い実行可能な解決策リストをつくり、日々の計画をつくり直していくのです。

瞑想の影響で、心の働きはこれまで以上に明確で力強くなるでしょう。そして生活習慣、仕事や家庭の状況を変えようという気持ちが自然に浮かんできます。

成人してからのあなたの人生において、心がこれほど正確に明瞭に働いた経験はなかったはずです。この事実を認め、自分自身を信頼し、瞑想休暇中の決心や決意を信頼しなければなりません。

その後、特急電車に乗って自宅や仕事に戻ると、瞑想休暇中に人生やビジネスに関して決意したことが非現実的なものに思えたり、時には愚かな決断に感じられたりします。しかし、惑わされてはいけません。瞑想で生まれた主観は、喧騒の世界に戻ってきた心の目にはそのように映るものなのです。

**瞑想休暇とは、新たな世界をつくる準備をして戻ってくることです。**

新たな世界をつくるためには少しのリスクと勇気が必要なのです。

最後に、瞑想休暇のおかげで得られる素晴らしい着想についてお話しましょう。

周囲の出来事と同様に、着想も、過去に他人に親切にした心の記憶に由来しています。こうした心の記憶が、瞑想と内省という環境に助長され、意識下にすばやく入り込みます。日常生活でも一人で自然の中にいると平穏な気持ちになりますが、それも同じ作用によるものです。

瞑想休暇の一、二週間前に、部下や家族に思いやりと優しさをこめて接することは、そのときに抱えていた未解決の問題を解決することにつながります。瞑想休暇に入るときに正しい心の記憶をすでに植えつけていれば、成果は間違いなく得られるのです。

ここで、先ほど少し触れた休暇の取り方についてお話しましょう。

簡単に言うと、二週間の特別休暇を得る唯一の方法はその分の代償を払うことです。つまり、給与から二週間分を差し引いてもらうよう申し出るのです。公的企業よりは個人企業のほうが事は簡単に運ぶでしょうが、基本原則は同じです。つまり、あなたが個人的に代償を払う覚悟をしてまで瞑想休暇に行く決意をしているのであれば、方法は見つかります。あなたのビジネスキャリアだけでなく、健康、心の平安、幸福、創造性に関わる問題です。数週間分の給与の価値は十分あります。会社は、休暇と引き換えに給与を差し引くこともやぶさかではないというあなたの真剣さを認めてくれるでしょう。

私は瞑想休暇に行くたびに、その分の給与を差し引くように申し出て、その申し出はいつも快く承諾されました。こうすれば、瞑想で到達できる何かに対するあなたの信念が上司に確実に伝わります。

家族の承諾も得なければなりません。

いずれの場合も、あなたが普段、責任を持ってやっていることを代わりに行う人を手配し、部下や配偶者や子供たちの負担を増やすことがないように配慮することが重要です。

周囲の人全員があなたの目標を理解し、誰もが心から瞑想修行を応援してくれることが大切です。そうなれば、エネルギーの質が上昇し、瞑想休暇の充実度も高くなります。ただし、最初に少しばかりの反対があるからといって瞑想休暇に行くのをやめるべきだということではありません。瞑想休暇は贅沢や暇つぶしの類ではないからです。たとえ、はじめはわかってもらえなくとも、瞑想休暇は、あなたの人生やビジネスの成功を決定づけ、周囲の人すべてに恩恵をもたらすものなのです。

ですから、断固たる強い決心で臨むことです。これは皆のためでもあるのですから。

瞑想休暇についてはもう少し詳細がありますが、スポーツと同様に瞑想もその道の達人から習うのが一番です。もし、「毎週の瞑想日」や「瞑想休暇」を人生やビジネスの跳躍台にしたいとお考えでしたら、本書の「あとがき」にあるダイヤモンドカッターインスティチュートまでご連絡ください。

# 第十二章　転禍為福―ピンチが生み出すチャンス

## 最期のとき

本書の後半では、経済的成功を収めつつ心身の健全性を保つ方法について考察してきましたが、古代仏教で「転禍為福《てんかいふく》（災い転じて福と為す）」と呼ばれる教えを語らずして終わることはできません。

ちなみに、この転禍為福の教えには、至近レベルと究極レベルの二段階があります。

第十章で、一万カラットのダイヤモンドを購入し、会社が倒産寸前に追い込まれたときのエピソードをお話しました。ここでは、上司の激しい非難にいかにうまく対処できるか、つまり、自分自身の怒りや苛立ちが心の中に完全に形づくられて相手に怒鳴り返してしまうまでの三秒間で感情をいかに抑えることができるかが重要な点でした。

怒りを抑えた結果、短期的には、冷静な頭で上司の部屋を出て、問題に早急に対処し、解決することができます。長期的には、新たな心の記憶を回避したことで上司の怒りを買うという経験の連鎖を食い止め、今後の会社での日々がどんどん円滑になっていきます。

では、冷静な頭で上司の部屋を出たとして、無用の一万カラットのダイヤモンドについてはどう対処すべきでしょうか。

現時点での心の冷静さは保ちました。長期的にもあらゆる問題には隠された潜在性が備わっているという空性に直ちに意識を向けることで、身体へのストレスを回避しました。この空性の意味するところは「**心の記憶がつくり上げた主観が問題だと認識した場合のみ問題となる**」ということです。

そして、この空性に気づいているという単純な事実だけで、問題をチャンスに変えること、すなわち、転禍為福《てんかいふく》が可能になります。

つまり、この時点では一万カラットのダイヤモンドを問題とみなすことも新たなチャンスの源とみなすことも、どちらも妥当でありどちらも根拠があると気づくことが重要なのです。

もし問題として認識すればそれだけで不安になるので精神的な防御体制に入り、創造性は押さえ込まれてしまいます。ですから、こう考えてみてください。あなたは先週、一万カラットのダイヤモンドを有効利用する素晴らしい発想を得ました。ただ、その発想がどんなものだったか忘れてしまっています。それを思い出すのです。

このような場合、アンディン社では、誤って買いすぎた原石に合わせて製品を逆にデザインする戦略をよく使っていました。どんな事態にも冷静に対処すること、創造性が自由に発揮できる精神的な余地を残すことにつながります（そうした余地がなければ、問題の解決策の着想が遅れます）。

さらに、悪い心の記憶が、数日後、数週間後に意識下に入り、せっかくのチャンスを逃すことになるかもしれないマイナスの主観が起こるのを防ぎます。ですから、冷静さを保ち、集中して、一万カラットのダイヤモンドの使い道を思い出すのです。ダイヤモンドは薄茶色の小粒ダイヤでさまざまな形状やカットの混合ロットでした。こうしたダイヤを市場で売りさばくのは至難の業です。

かつては、小粒ダイヤモンドは石油採掘機の先端に付ける以外に使い道はありませんでした。しかし、機知に富んだインド人のダイヤモンド商が小粒ダイヤモンドの安価なカット方法を編み出したおかげで、小さなダイヤモンドを敷き詰めた「パヴェ」という有名な製法が生まれました。形状が不均一な大量の小粒ダイヤモンドの取り扱いに手を焼いていたダイヤモンド商や宝石会社にとって、パヴェは願ってもない方法でした。

アンディン社では、ダイヤモンドの使い道として、最高品質の一カラット・ハートパヴェペンダントを採用しました。

製法を簡単に説明しましょう。まず、すべてのダイヤモンド（百万個）を専用のふるいにかけます。次に、一日かけて細い金属製の円筒の中にダイヤモンドを小さな金属の棒で叩きつけ、大きさのわずかに違ういくつかの小さな穴に押し込めます。最終的に、一つの筒には大きさが全く同じダイヤモンドが積み重なります。その後、精密な専用天秤で、積み重なった石の平均重量を割り出します（一個が一万分の一グラム単位でしか測れないほど小粒のダイヤです）。

こうして、ダイヤモンドを微細に異なる五サイズに分けます。ここで、小さなカップ穴五十個が全面に彫られた地金のペンダント台座を用意します。この台座に小粒ダイヤモンドをしっかりとハート型に埋め込んでいきますが、台座の金が深い黄色みを帯びているので、ダイヤの薄茶色が目立たなくなります。ちりばめる五十個のダイヤモンドは、一カラットの九十九・五パーセント（その当時の法定一カラットの最低基準）の重量ぴったりになるよう計算し、五つのサイズから選びます。こうして美しくきらめくダイヤモンドのパヴェペンダントが出来上がります。

この製品は、金とダイヤモンドの仕上がりの精緻さにより非常に高値で取引されます。そして、この製品が店頭で高く売れるということは、一万カラットの災いが一万カラットの大当たりに転じたということです。そうなれば後はご想像通りです。上司は、もう一度一万カラットのまったく同じ原石を仕入れてくるように命じますが、それは虫が良すぎる話でしょう。

## 甲の薬は乙の毒

この教えの要点ははっきりしています。森羅万象は空なのです。つまり、この世界のどんなものでもそれ自身に良い性質も悪い性質も備わっていません。「甲の薬は乙の毒」とも言いますが、善と感じるか、悪と感じるかはあなたの主観に由来しているのです。

そして、その主観は過去に植えつけた心の記憶によって極めて正確に支配されています。問題それ自体には問題性はありません。ただ、あなたの心の中の何かが、問題を問題として認識させているのです。

つまり本質的に災いである問題はないのですから、**あらゆる災いを福と為すことが可能なのです。**

次にビジネス上の問題が生じたとき、たとえば、競合他社との間で何らかの問題が起こった時に、その競合他社が、未来を見通せる精霊たちに動かされていると考えるのです。精霊たちはあなたの会社を愛しており、大きな成功をなんとかもたらしたいと考えています。しかし、そのためには方向転換が必要であり、精霊たちは会社を新たな方向に導くために、従来の進行方向を妨害するしかなかったのです。ですから、思ったように事が進まなかったらどうしようと不安や混乱に陥るのではなく、精霊たちが示してくれた新たな道を見つけようと努力し、その新たな方向性に絶対的な信頼を寄せることです。過去を振り返り、慣れ親しんだ道を懐かしんでいる場合ではありません。

この方法は、はたして現実的な状況把握といえるでしょうか。イエスともノーともいえます。しかし、現実的かどうかは、実のところ全く問題ではありません。いずれにしても最終結果は同じなのです。混乱して不安に陥れば、悪い心の記憶を植えつけます。そのうえ、混乱で心を満たしては、創造的な解決策が浮かぶ余地が減ってしまいます。冷静さを失くしても事態は悪化するだけなのです。

問題の中に潜むチャンスを発見することに専心すれば、心が活性化し、良い心の記憶が植えつけられます。これは将来の成功を導く心の記憶です。

したがって、進んで前向きに物事を捉えることは、確かに理にかなったことなのです。

本章の冒頭で、転禍為福の教えには至近レベルと究極レベルがあると述べました。究極の福とは、あらゆる災いから引き出すことができるものです。すなわち、森羅万象の隠された潜在性―空性そのものです。言いかえると、災いはそれ自体が最大の福ということです。

古代チベットの智慧によれば、常に順風満帆であることは最も好ましくない状態です。なぜなら、物事が順調である限り物事の成立について疑問を抱くことはないからです。

いいことが起きて「なぜ、私にこんなことが起こったのだろう」と悩み苦しむ人はいません。災いがあるからこそ、私たちは物事の由来について考えるのです。したがって、会社や経営陣が長期間の変わらぬ成功に満足しきっている状態ほど嘆かわしいことはありません。そしてこれ以上に重大な問題もありません。

森羅万象は常に変化しています。人は満足しきった状態については、物事の成立に関する深遠で困難な探究に取り組もうとはしないものです。ですから、災いそれ自体が最大の福であるという考えは単なる立派な意見などではありません。痛みが私たちを世界の探求に駆り立て、そのおかげで隠された潜在性や心の記憶の法則に気づくことができたならば、それはあなたにとってこの上ない幸運です。

# 第三の目標　振り返り、その価値を確認する

# 第十三章　シャーリー

## 二つの偉大な教え

本書の『金剛般若経』の智慧を探求する旅は、これまでのところ、二つの偉大な教えの世界を踏破しました。一つ目は、隠された潜在性と心の記憶という教えです。真っ白なスクリーンに人生やビジネスにおける成功や失敗という現実を映し出す主観は、過去に他人に対してどのようにふるまったかによりすべて決定されます。本書の前半では、経済的成功が実際は何に由来するかについて考察し、それを手に入れるために誰にでも実行できる方法を学びました。

しかし、いくら経済的に成功したとしても、それを楽しむことができなければお金自体は完全に無意味です。

そこで、二つ目の教えとして職場とプライベートの両方で心身の明晰さと健康を保ち、年々キャリアを積み重ねても若々しい活力と創造性あふれる状態を維持する方法について学びました。

三つ目の教えとして、「最期のとき」についてお話しなければなりません。

どれほど経済的に成功し、それを正しく享受する邪念のない心を維持したとしても、いつかは、事業の終わりや人生の終わりがやってきます。仏教の教えによれば、どれだけ経済的に成功を収めても、あるいはそれを十分に享受する方法を知っていたとしても、それだけでは成功した人物とはみなされません。

誰もが必ず最期のときを迎えます。「終わり」は、「始まり」や「途中」と同じく重要です。終わりを迎えたときに事業を振り返り、自分の仕事には価値があった、自分が仕事に取り組んできた時間や年月は決して無駄ではなかったと心の底から言えなければならないのです。

人生やキャリアが終わるときに振り返って自分はどう考えるだろうか、という視点に立って初めて、自分の仕事が価値あるものか世の中に役立つものかどうかが判断できます。

また、人生の最期の数時間に自身を顧みて自分はどう考えるだろうか、という視点に立って初めて、人生の意義が判断できます。つまり、未来の自分自身の立場に自分を置き、これまでの行いを振り返るという修行が必要なのです。この教えをご紹介するために、本章では、私の友人、シャーリーについてお話したいと思います。

しかし、その前に、『金剛般若経』の最後の節をご紹介しましょう。

この節は、本経典でもっともよく知られている部分で、仏教思想の根底にある無常観を表していると言われています。

**一切有為《いっさいうい》の法**

チベットでは、この節がたいへん重要とみなされているため、僧侶たちは満月と新月の日にこの詩を唱えることになっています。

**一切有為《いっさいうい》の法は**
**星、目の翳《かげ》のごとく**
**ともし火、まぼろしのごとく**
**露、水泡《うたかた》のごとく**
**夢、稲妻のごとく**
**あるいは、雲のごとく**
**まさにかくのごとき**
**観をなすべし**

それでは、チョニラマの解説を読んでいきましょう。チョニラマは、この詩の中に、無常観だけでなく、森羅万象の隠された潜在性である空の概念との深い結びつきがあることを指摘しています。

次は最後のまとめです。ここでは、一切有為《いっさいうい》の法、つまりこの世のすべてのものは、実体はなく空であり、また無常であることを説いています。

**星、目の翳《かげ》、ともし火**

「星、目の翳《かげ》、ともし火」などの部分は、空であること、無常であることの喩えです。あらゆるものは、次の九つの喩えのようなものとみなすことができます。

星は夜に現れ、昼には全く見えません。人も物も、森羅万象はすべて星のようなものです。人間の心が無知という闇に包まれていれば、あらゆるものが実体あるものとして存在するように見えます。しかし、太陽、つまり、「実体として存在するものはない」という智慧の太陽が昇れば、森羅万象はもはや本質的存在としては存在しなくなります。このように、私たちは森羅万象を星のようなものとして見るべきなのです。

あなたの**目**が埃などなんらかの**翳**《かげ》の障害物によって見えなくなっているとしましょう。どれだけ必死に観察しても、本来の姿とは違って見えてしまいます。同じように、無知という障害物に遮断された心の目で見ても、森羅万象の本来の姿は見えません。

細い芯に灯った**ともし火**は、めらめらと燃えて、すぐに消えてしまいます。森羅万象もまた、さまざまな因縁によって引き起こされ一連の経過を終えると、すぐに消滅します。

**まぼろし**とは、本来の姿とは違って見えることです。同じように、誤った心の目には、森羅万象は本質的存在として映ります。

**露**ははかなく消えてしまいます。森羅万象も絶えず変化し、一時も同じ姿をとどめずに、はかなく消滅していきます。

**水泡**は、水中の渦などの原因で偶然に生じ、はじけて突然消えてしまいます。森羅万象も同じようにさまざまな条件が重なり、突然生起しては、すぐに消滅します。

**夢**は眠りにより生じた誤認の表れです。森羅万象もまた（隠された潜在性への）無知により、実体として存在していると誤認されています。

**稲妻**は一瞬でひらめき、そして消えます。森羅万象も、生滅の原因となるさまざまな条件によって生起し、はかなく消滅します。

**雲**は、水の神の思し召しで、空で集まっては消えていくものです。森羅万象も同じです。人によって心の記憶がそれぞれ違っていたとしても、森羅万象は心の記憶の影響で生起しては消滅していきます。

上記の喩えの一つひとつは、無常観を示すとともに、何物も実体として存在しないということをも意味しています。

ここで示された解釈は、森羅万象を一つのまとまりとみなしても当てはまります。

**五蘊《ごうん》**

インドの仏教哲学者、龍樹《りょうじゅ》（ナーガールジュナ）が著した経典から、さらに限定的な解釈を引用しましょう。

色は聚沫《じゅまつ》のごとくなり
受は水泡のごとくなり
想は陽炎《かげろう》のごとくなり
行は芭蕉のごとくなり
識別はまぼろしのごとくなり
太陽の末裔の所説なり

人間の存在を五つの集まりに分けた色・受・想・行・識の五つを五蘊《ごうん》と呼びます。「色」は身体、「受」は外界から受ける印象の感受、「想」は表象、「行」は意思、「識」は認識です。「太陽の末裔」とは仏陀の別名です。

## いつかは終わりが来る

インドの仏教哲学者である蓮華戒《れんげかい》（カマラシーラ）は、『金剛般若経』の九つの喩えのうち最後の三つの比喩を三つの時間的な生起（過去、現在、未来）と解釈しており、本書での解釈とはわずかに違っていますが、この二つは何ら矛盾するものではありません。

要約すれば、仏陀は「この世のあらゆるものは、前記の九つの喩えのように、無常であり、その本質は空であるとみるべきである」とおっしゃっているのです。この詩節によって、無常観だけでなく、人も物もそれ自身に備わった本質はないという空性についても説いているという点は留意すべき点です。

前述の詩節は、一義的には一人の人間の無常を示すものです。私たち一人ひとりは、いつかは仕事や人生の終わりを迎えなければなりません。さらに深く掘り下げると（これは本書の目的ではありませんが）、私たちの仕事や人生の終わりもまた、心の記憶と隠された潜在性で説明できる現象です。つまり、心の記憶が、私たちの周囲の世界に対する主観をつくり上げ、さらには自分の体と心に対する主観をもつくり上げるのです。こうした心の記憶はあらゆるエネルギーと同じように、状況や条件次第で動き始めます。

単刀直入に言えば、物事が動き始めるということ、心の記憶が私たちの周囲の世界や自分の心身までも突き動かすということは、すなわち、始まりがあれば終わりがあることを必然的に意味しているのです。仏教では、始まりがあるからこそ終わりがあるという考え方をします。

ボールをバットで打った瞬間に、転がるボールがどこかで止まることはわかっています。就職したら、いつかは退職する日が訪れることを思う。誕生した時点で、人生の終わりは運命づけられています。生があれば必然的に死がある、それ以外の理由は必要ありません。

そして、人生とビジネスにおいて意義のある終わり方ができるかどうかは、いつかは終わりが来るということを自覚できているかどうかにかかっています。

**衝撃的な出来事**

私がシャーリーと出会ったのは、アンディン社に初めて出社した日でした。当時のアンディン社の社員は私と彼女だけだったので、当然と言えば当然の出会いでした。私はラマ僧の師につき、小さな僧院で修行と瞑想だけに明け暮れた八年間を終えたばかりでしたので、毎朝二時間あまりバスに揺られて通勤すると、ニューヨークの騒音と悪臭で気分が悪くなったものでした。しかし、シャーリーがてきぱきと仕事をこなす姿を見ると、不快な気分も吹き飛びました。

彼女は強く誇り高いジャマイカ人で、豊かな黒髪とこぼれるような笑顔が美しい女性でした。アリゾナ州の田舎育ちの私は、ジャマイカ出身の人に出会うのは初めてで、太陽の女神のような彼女が心地良いイギリス英語訛りで、美しい歌を歌いながら、廊下を歩く姿にうっとりしました。その後、シャーリーと彼女の夫であるテッドと私は、すぐに家族同然のつきあいをするようになりました。私たちは創業したばかりのアンディン社で、オーナー夫妻のオファーとアヤと共に苦労しながらも、一年ごとに売上を二倍、三倍と伸ばし、現在の年商一億ドルにまで押し上げました。そのうちに私はダイヤモンド部門、シャーリーは流通部門の責任者となりました。

シャーリーの豊かなユーモアセンスと周囲への温かい気遣いは皆の知るところでした。午前一時か二時まで働いても、彼女は出社時同様に常に陽気に振舞っていました。考えられないほど短い納期に対処するために一日に一万点もの宝石を梱包して出荷し、百人近い社員の指揮をとるという激務をこなしながらも彼女はいつも歌をくちずさんでいました。

誰よりも早く出社し、誰よりも後に退社し、部下のために尽力する、そんな彼女に対し彼女のもとで働く誰もが絶対的な忠誠心と信頼を寄せていました。内なる強さを秘めた目と、キリスト教への深い信仰心を持つシャーリーは、私たちにとって、どんなものにも屈しない強さの象徴だったのです。

そんな彼女に起こった衝撃的な出来事を昨日のことのように覚えています。

## シャーリーの病気

シャーリーが病気だから病院に見舞いに行こうと言われたのです。それは大きな衝撃でした。母の胸に大きな腫瘍があると知ったとき、父が狩りの途中で失神して崖から落ちかけ、その大きな体を十代の少年だった私が必死で押さえなければならなかったとき、あのとき味わった感覚がよみがえりました。すべてに打ち勝つと信じていた人が、実は脆くはかない存在だったと知ったときの衝撃の大きさを思い知らされた瞬間でした。

シャーリーは重度の糖尿病だったのです。それでも少しばかりの休養をとり、栄養を考えた食事をきちんと摂り薬を正しく服用しさえすれば、問題はないはずでした。

当時のアンディン社はダイヤモンド市場を席巻しつつありました。試行錯誤する他社を尻目に、常勝を続けながら、世界を駆け回っていたのです。シャーリーと私は今や一時間に数万ドル、ときには数百万ドルを動かす取引に携わっており、事業と社員数が拡大するにつれ、私たちの給与もうなぎのぼりに上昇しました。

私たちは会社という王国の小さな神となり、昼食を食べながら、特定の部下や時にはオフィス全体の人事について検討したり、まるでおもちゃの兵隊を動かすように、社員を思いのままに異動させたりしていました。アンディン社は情熱を食い尽くす支配者として私たちに無理な要求を課し、能力をはるかに超えた仕事に駆り立て、その唯一の見返りとして、私たちは夢にさえ見たこともないような多額の給与を手にしていました。

誰もが必死に働いていましたが、特にシャーリーは残業時間をますます増やし、仕事に没頭していきました。

何にも増して仕事優先だったシャーリーは、たびたび食事を抜くようになりました。薬をきちんと服用していたかどうかは定かではありませんが、大手デパートチェーンへの大量の出荷をこなすためには一分も無駄にはできなかったはずです。

彼女は、身体を長時間酷使したことの代償をすでに払い始めていましたが、仕事の手を緩めようとはしませんでした。私がビジネスをする上でもっとも重要な教えを学んだのはこの頃だったと思います。本当に有能な社員は自分を傷つけるまで働き続けるのです。

管理職には、たとえ業務に支障があっても必要とあれば、部下に仕事の手を緩めるように指示する智慧と自制心が必要なのです。

シャーリーの体調が悪化し大きな部署を統制することができなくなると、オーナー夫妻はシャーリーへの純粋な温情からカスタマーサービス部門を設立し、彼女はそこで比較的のんびりとしたペースで仕事を続けることができました。その後、彼女は会社を離れ、ニューハンプシャーに療養のため移り住み、お金のかかる腎臓透析治療を開始しました。

アンディン社は相変わらず順調な経営を続けており、私は彼女と頻繁に連絡を取ることもままならないほど多忙な日々を送っていました。一日はめまぐるしく過ぎてゆき、同時に三つか四つの電話に対処することもありました。社内を飛び交う宝石は小さな封筒ではなく、ゴミ袋やポリバケツに入れられ、その数は百個単位ではなく、千個、一万個単位でした。しかし対照的に、シャーリーの日々は減速し続けていたのです。

私がシャーリーと最後に話したのは、折しも彼女が両足を切断したばかりのときでした。彼女が病院から帰ってきた直後に私がたまたま電話をかけたのですが、彼女はいつものように、とても陽気で優しく私の話ばかりを聞きたがりました。自分の話をあまりすることはありませんでしたが、彼女は自分がこれからどうなるのかという不安をそのとき初めて私に漏らしたのです。彼女が亡くなったのは、それから間もなくのことでした。

彼女の訃報に接し、ともに働く中で喜びも悲しみもすべて分かち合った女性がもう戻ってくることはないと知ったとき、初めて私たちは人生の折返し地点に立った人間の目で、会社での自分を振り返りました。自分の事業に意義があったのかどうかを初めて自分自身に問いかけなければならないときが来ていました。ビジネスに費やした日々は楽しいものでした。この上なく充実した毎日をそれこそ無我夢中で過ごしてきました。

しかし、永遠の別離を強制する死という事実を前にして、ビジネスほど偉大で重要なものはないという幻想は一瞬で消え去りました。経済的な成功だけを求める過酷な競争をこれ以上くり返すことはできませんでした。真摯に、真剣に考えるべきときが来ていました。

ビジネスに人生をかけても、いずれ終わりのときはやってきます。アンディン社がどれだけ成長を続けても自分がどれだけ地位や経済的成功を勝ち得たとしても、退職して数日もすれば、すべてははかない夢となるという現実を見ないふりをして生きていくことはできませんでした。

私は、そもそも自分はなぜビジネスをしているのかということを考えざるを得ない状況に追い込まれていたのです。

**死の瞑想**

仏教では、「もし今晩死ぬとすれば、最後の日を今のように過ごすだろうか」と考えながら、毎朝出社すべきだと説いています。これは何も憂鬱で縁起の悪い話ではなく、自分を自由にする極めて実用的な方法なのです。

ビジネスキャリアの終わりを迎え、振り返ったときに、心の底から自分の仕事に誇りを持てるようになるための方法です。では、どうすればよいのでしょうか。

チベットの僧院では「死の瞑想」と呼ばれる修行を行います。「死の瞑想」という名称から、鼻に何本もチューブをつけられたあなたの傍らで家族が泣いており、電子音とともに心拍数モニターが止まる様子を思い描くという瞑想を想像するかもしれませんが、それは全くの見当違いです。簡単に説明しましょう。

朝、目を覚ましたら、布団の中で横になったまま目を開けずに、自分にこう問いかけるのです。「もし今晩死ぬとしたら、残りの時間をどのように過ごすのが一番いいだろう？」

すぐにいくつかの案が浮かぶでしょう。休暇を取り、どうせ今晩死ぬのだから、ずっとやってみたかった少し突飛なことや、危険なことでも構わないからやってみようと思う人もいるでしょう。スカイダイビングに挑戦したい、人前で思い切り歌を熱唱したい、ブロードウェイのミュージカルの高価なチケットをとって観劇に行きたい（昼間の興行があるとして）、そんなことを考えるかもしません。

死の瞑想は、長期にわたり定期的に行わなければ、大きな効果は得られません。比較的すぐに得られる結果として、自分の生活から不要なものが減っていきます。自分の持ち物を処分したり、仕事を減らしたりします。これは身体的にも精神的にも、新たな自由を生み出します。

たとえば、次の質問に答えてみてください。

「あなたは靴を何足持っていますか？」

今、あなたの意識は靴箱の中に向かい、手持ちの靴をすべて思い出していることでしょう。少なくともよく履いている何足かは思い出すことができるはずです。次の質問です。

「見返すこともなく、しまったままの写真がありませんか？」

今、あなたの意識は引き出しの中に眠っている封筒に入った写真の束に向かっています。あなたはそれが何の写真だったか大体は思い出すことができるはずです。

こうして見ていくと、あなたの心に、持ち物をすべてしまっておく保管庫があるということがわかります。つまり心の空間の一部がこうした些細な事柄で満たされているのです。心は容量が極めて大きいハードディスクのようなものです。ハードディスクの容量が限界に近くなると、コンピュータはどうなるでしょうか。プログラムが動かなくなり、すべての動きが緩慢になり、システムが破壊されます。逆に、ハードディスクの空きがたっぷりある新品のコンピュータは、何もかもが驚くほど早く、使い心地は最高です。

「死の瞑想」は、古いコンピュータから新しいコンピュータに移行させることを意図しています。短絡的な方法ですが、結果を早く出すには、家中の不要なもの、使わなくなったものを捨てるのが一番です。家の中にある物の七十五パーセントは不要品です。この半年くらいの間に使ったかどうかが不要品を見分ける良い目安になります。使っていなければ捨てるのです。

「死の瞑想」を長く続けていると、持ち物だけでなく、毎日の行動からも不要なものが消えていきます。もし本当に今晩死ぬとわかれば、新聞や雑誌を隅々まで読むでしょうか。ほんの少しでも興味がもてそうなテレビ番組を探して、チャンネルを変え続けますか。同僚と外食して、一時間も二時間も他の管理職者の噂話に花を咲かせますか。決断しましょう。

自分が死ぬその日にする価値のないことであれば、今日する価値もありません。実際、今日死ぬという可能性もあるのですから。

「死の瞑想」を続けていくうちに、自分のビジネスキャリアについての考察が始まります。もし今晩死ぬとしても今の仕事を続けますか。他にやりたいことがあっても、生計が立たないかもしれないという理由で挑戦できずにいたのではありませんか。全く経験がないという理由でためらっていたことはありませんか。いつか始めたいと思いながらもなかなか腰が上がらなかったのではありませんか。

人生はあっという間です。働ける時間、つまり、エネルギーにあふれ、健康で頭脳明晰な時間は限られています。多少は経済的に苦しくても、自分が本当に重要で素晴らしいと思うことをして生きていくことには価値があるのではないでしょうか。

## 「死の瞑想」の最終段階

「死の瞑想」の最終段階では、こうした考えが開花して人生においてもっとも有意義で素晴らしい事柄に本能的にひきつけられていきます。内省と瞑想という過程を通し、自分のビジネスキャリアや人生の終わりに思い至るプロセスを描き、意識を向け始めるのです。

あなたにはすでに経済的な余裕があります。自分と家族の生活は快適でゆとりさえあります。会社では、身体的エネルギーや精神力はピーク時に比べ多少落ちているかもしれませんが、豊かな経験のおかげで、大抵の業務をうまくやり遂げることができるようになっています。

ビジネスで成功し、人生の後半にさしかかった人の心は、こうして社会貢献の道を模索し始めます。他にすることがないからではありません。生涯かけて得た智慧を使って自分がこれまで培った資金、権力、経験を活かせる最も意義のあることを一つだけ選んだ結果なのです。こうした人々は、ビジネスキャリアを終えようとする未来の自分の視点に立ち、自分のキャリアを振り返り、「自分の仕事には意義があったのか？」と自分に問いかけたのです。

ここで大切なのは、数年後の自分の視点に立ち、振り返ったときに完全な喜びと満足を得られるような決断をすることです。その決断は単なる目標ではなく、自分のキャリアという旅の喜びと楽しみを計り知れないほど大きくするものなのです。

すぐにでも「死の瞑想」を始めてください。そうすれば、あなたは最終的には、次章でお話する「自他の分別を離れた」状態になるでしょう。

自分の仕事、そして会社全体を振り返って、重要で意義のあることをしてきたと満足するためには、人生を先取りするという過程が必要です。会社も人も、森羅万象の性質として全く同じように誕生し、生をまっとうし、少しペースを落として消えていきます。自分の人生を評価したのと同じ視点、つまり会社の終焉という立場から振り返って、会社を評価しなければなりません。

実際に会社にも終わりはきます。成功の真っ只中であってもこの事実を自覚している人は、ビジネスにおいて常に勝つことができる人です。

こうした態度は、思考を明晰にし、人生の優先課題を常に見極めておくことを可能にします。仏陀自身も自分の任務が終わるとき、つまり仏教が滅びるときをしっかりと見据え、自身、そして弟子たちの思考を明晰にするために、そのときについて頻繁に語っておられます。

『金剛般若経』にもこうした話の一つが含まれています。場面は、一介の僧に扮した尊者、スブーティが仏陀にある問いを投げかけて始まります。

「世尊よ、将来、正しい教えが滅びるような後の五百年代になったとき、何が起こるでしょうか？その頃、このような経典の言葉の意味を正確に理解しうるものが誰かいるでしょうか？」

世尊はお答えになりました。

「スブーティよ。そのように『将来、正しい教えが滅びるような後の五百年代になったとき、何が起こるでしょうか？　その頃、このような経典の言葉の意味を正確に理解しうるものが誰かいるでしょうか』などと問うべきではありません」

問題となっているのは、この先、仏陀の法身《ほっしん》（仏陀が語った真理）と色身《しきしん》（肉体）についてのこの教えを信じる人、あるいは学ぼうとする人がいるかどうかです。

この問題を問うために、スブーティは「将来、正しい教えが滅びるような後の五百年代になったとき、何が起こるでしょうか」という問いかけをしたのです。

それに答えて、世尊は「スブーティよ、そのように問うべきではありません」とおっしゃいます。仏陀の本意は、将来こうした人がいるだろうかなどという不安を心に抱くべきではないということです。不安でなければ、問いかけることもないはずだということです。

**「スブーティよ、これから先、後の五百年代になり、仏陀の正しい教えが滅びようとしているときに、戒律を守り、智慧深い偉大な菩薩たちが現れるでしょう。**

**スブーティよ、この偉大な菩薩たちは、ただ一人の仏陀にのみ仕え、ただ一人の仏陀のもとで功徳を積むのではありません。スブーティよ、彼らは無数の仏陀に仕え、無数の仏陀のもとで功徳を積むのです。このような偉大な菩薩たちが現れるのです」**

この経典は、この聖なる法門が滅びるようなときにさえ、偉大な菩薩たちは現れると説いています。菩薩たちは、道徳的に律した生き方により徳高く、厳格な瞑想修行の戒律を守り、優れた智慧を備えています。これが私がいま言えることです」と世尊はおっしゃいました。

### 五箇の五百歳

蓮華戒《れんげかい》（カマラシーラ）は「後の五百年代」について次のように説明しています。

「ここで述べられている五百年は、いわゆる「五箇の五百歳」の中の一つの五百年です」

「五箇の五百歳」は、この世に仏教が存続する期間である二千五百年間を示しています。

この世に仏教がどのくらい長く存続するかについては、経典によってさまざまな説があり、それについての解釈も多数存在しています。

それによれば、仏陀の教えは千年、あるいは二千年、二千五百年、五千年続くとする諸説があります。しかし、それぞれの説の意図を考えれば、こうした年数の違いには矛盾はありません。

その理由はこうです。いくつかの説は、悟りに入る人、あるいは修行を続ける人が存在している期間を示しています。その一方で、教えがこの世から消えてしまうまでの期間を示す説や、約束の地（インド）での仏教の衰退を意味しているとみられる説もあるからです。

### 菩薩

経典に言及された菩薩については多数の例をあげることができます。

インドには、「六人の聖者」と呼ばれる人々をはじめとする尊者たちが存在しました。チベットには、サキャ・パンディタ、ブトン・リンチェンドゥブ、そして「三尊」と呼ばれる、ツォンカパとその二大弟子を合わせた三人がいます。

仏教という大きな宗教の開祖である仏陀が、その黎明期に、自身の宗教が二千年後にはこの世から消えることを予想して会話をしているということ自体、西欧的な観点からは驚くべきことです。

西欧には、会社、政治、家族、個人など、すべての近代的な制度が、現在、うまくいっているのだから、永久に存続すると思い込んでしまう逆の傾向があります。しかし、仏教の観点から言えば、すべては心の記憶によって生み出された主観によるものなのです。

そして、**心の記憶は、樹木のように、種子が植えつけられ、芽が出て、成長し、開花し、種子のエネルギーが枯渇すれば死ぬ運命にあります。私たちの周囲の世界や私たち自身は、心の種子の力で生み出された主観です。心の種子は植物の種子と全く同じように作用し、私たち自身やこの世界は、いつかは終わりを迎えることが運命づけられているのです。**

ビジネスがいくら波に乗っていても、会社がどれだけ市場を席巻していても、このことを常に心に留めておく必要があります。人生を生き、会社を運営していく中で明晰な観点を忘れないためには自分の死や退職、会社の終焉が訪れる未来に思いを馳せ、これまでの自分の行いを振り返らなければなりません。価値はあったのか。意義はあったのか。短く貴重な人生を過ごすうえで最もよい方法だったのかと。

次章では、意義があったと確信するための方法を探ります。何も難しい方法ではないのでご心配はいりません。

①経済的な成功、②経済的成功を楽しめるような心身の健康、そして③自分が誇りに思えるようなお金の使い道、これらをすべて手に入れることができる方法です。

最もよいお金の使い道は、大企業を運営し、家族をまとめ、人生を豊かにする最適の方法でもあるのです。

# 第十四章　究極のマネジメントツール

## 菩薩とは

会社の管理職レベルの人であれば、自分がやっていることが有意義か、そうでないかは、直観ではっきりとわかるものです。ときに純粋な私利私欲に心を奪われることはあっても、思慮深い人であれば、そのような仕事や人間関係に意義がないことに気づき、じきに嫌気が差すものです。

古代仏教の経典によれば、人は真に有意義なものを発見したいという内なる強い欲求に突き動かされており、それを発見できるまでは幸福にはなれないものなのです。

『金剛般若経』は、究極の意味で有意義なものとは何かについて極めて明確に説いています。では、この場面をみていきましょう。

スブーティよ、菩薩の道を志したものはこのように考えなければなりません。

およそ生きとし生けるもののすべて―卵から生まれたものにせよ、母胎から生まれたものにせよ、湿気から生まれたものにせよ、忽然と生まれたものにせよ、形あるものにせよ、形のないものにせよ、想《そう》があるのでもなく、想のないものにせよ、想があるのでもなく、ないのでもないものにせよ、こう

**したものすべてを涅槃《ねはん》の境地に導かなければなりません。**
**およそ生きものの仲間に含まれるありとあらゆる生きものを、苦悩も煩悩もない永遠の平安、すなわち涅槃の境地に導かなければならないのです。**
**しかし、たとえこのような無数の生きとし生けるものを涅槃の境地に導きいれたとしても、実は誰一人として涅槃に導きいれられたものはありません。**

文言はわかりにくいかもしれませんが、背後にある考えは明白です。まずチョニラマの解釈を読み、それから、この教えがビジネスにどのように当てはまるかを見ていきましょう。

原典の文章は「**スブーティよ、菩薩の道を志したものは、まずこのように考えなければなりません**」と述べています。

およそ生きものの仲間に含まれるありとあらゆる生きものは、無限に存在します。もし、**その生きとし生けるもの**を分類するとすれば、その誕生の型は、卵から生まれたもの、母胎から生まれたもの、湿気から生まれたもの、忽然と生まれたものの四つがあります。

**さらに、欲界や色界には、形あるものが存在する一方で、無色界には形のないものが存在する。**

＊訳注：仏教の世界観では、世界を、欲に囚われた欲界（人間界や地獄を含む）、欲はないが物（色）に囚われる色界、欲にも物にも囚われない精神世界である無色界の三界に分ける。

**想あるもの**

「想あるもの」とは、悟りの境地に至っていないすべての生けるものであり、想のないものとは、悟りの境地に至ったものです。さらに、麁想《そそう》も細想もない究極にある「想があるのでもなく、ないのでもないもの」が存在します。

すなわち、およそ生きものの仲間に含まれるありとあらゆる生きものすべてを、涅槃の境地に導かなければなりません。

涅槃とは、二元的な概念にとらわれることなく、精神的な苦も身体的な苦も、煩悩もない永遠の平和の境地です。

要約すれば、菩薩とは、すべての生きとし生けるものを二元的な概念にとらわれない涅槃の境地に導きたい、人々を仏陀の法身へ導きたいという願いを抱く人なのです。

ここで述べられているのは、そのような願いを初めて感じた人、すでにそのような願いを抱いてきた人のいずれにも該当します。前者は、これまで生きとし生けるものを苦しみから救いたいという大いなる慈悲の心を修めてきており、ここにきて初めてすべての生きものを涅槃に導きたいという心の状態を経験するに至った人です。

すでに願いを抱いてきた後者は、その使命を再確認し、その願いをますます強いものにしています。

ここで出てきた生きものの種類がよくわからなくても大丈夫です。

仏教典によれば、この宇宙には私たちが皆目見当もつかないようなさまざまな世界や生きものたちが存在しています。

世界中のあらゆる場所に存在する生きとし生けるものを、究極の幸福、つまり涅槃の境地に導きたいと願う人物こそ菩薩である、というのが仏陀の教えの骨子です。

仏教では、この願いこそがあらゆる幸福の源とされています。しかし、これがビジネスとどのように関連するのでしょうか。そして、最後の「たとえこのような無数の生きとし生けるものを涅槃の境地に導きいれたとしても、実は誰一人として涅槃に導きいれられたものはありません」という仏陀の言葉は何を意味しているのでしょうか。

その答えを述べる前に、有意義な人生やビジネスに話を戻しましょう。前章では、死あるいは終わりについてお話しました。あなたが退職するとき、会社がなくなるとき、そして最終的にあなたの人生が終わるときについての話です。死は必ずやってきます。

ですから、死や終わりという大局的な視点から振り返って人生を判断してみるのです。自分は経済的に成功し、その成功までの過程と結果を楽しんだと言えるだけでなく、成功を享受する間も、そしてその後も、社会に何らかの貢献をしたと言えなければならないのです。

これから、古代仏教の教えの最大の秘密とも言える「自他の区別をなくす」方法についてお話しましょう。

簡単な教えです。しかし、これを毎日実践することで、人生とビジネスが有意義なものになります。そして、「高齢になるに従い、これまで培った権力と富と生命力が徐々に枯渇し、死に至る」という人生を回避することができるのです。同時に、この教えはビジネスにも大きな威力を発揮します。

## 「自他の区別をなくす」ジャンパ・メソッド

アンディン社のダイヤモンド部門では、同じフロアに十カ国以上のさまざまな国籍の社員が働いていました。ルビーとサファイヤの鑑定士はタイ、トパーズの鑑定士はスリランカ、エメラルドの鑑定士はインド、真珠の鑑定士は中国、宝石をマッチングさせる職人はプエルトリコとドミニカ共和国、ダイヤモンドバイヤーはイスラエル、セッターはベトナムとカンボジア、品質管理とカラーダイヤモンドのバイヤーはバルバドス島、購買コーディネーターはガイアナの出身という具合でした。

鑑定室では一度に十ヶ国語が飛び交い、昼食時には電子レンジからさまざまな香辛料の匂いが流れてきます。さらに、十ヶ国それぞれに異なる文化的な礼儀を常にわきまえなければなりません。たとえば、タイ人に足を向けてはいけませんし、グジャラート人に地下で育った食べ物を奨めてはいけません。そして広東人の結婚式では花嫁への金のアクセサリーのプレゼントを忘れてはいけません。

それでも、ダイヤモンド部門は一体となって仕事に取り組んでいました。社員一人ひとりが育ってきた文化背景は大きく違っていましたが、一緒に仕事をして不快な人は誰一人いませんでした（唯一の問題は、ありふれたアメリカンジョークを理解してくれる人が誰もいないことや、アメリカで育った人が誰もいないために、昔のテレビ番組や歌などを引き合いに出せないことくらいでした）。私たちの間に大きな違いがあったことは言うまでもありませんが、それでも最終的には誰もがお互いに深い尊敬と友情を抱くようになり、そのおかげでダイヤモンド部門は非常にうまくいくようになりました。その大きな理由は、社員同士のトラブルが全くなかったことでした。

ダイヤモンド部門がここまでうまくいったのは、部門創設当初からの理念によるところが大きいと自負しています。その理念の中核が、古代仏教の「自他の区別をなくす」という教えでした。皆さんも、会社やあなたの管理する部署を成功に導きたければ、この教えを実践してみてください。

簡単ですが、非常に強力な方法で、しかも資金は必要ありません。責任者である経営者（あなた）が態度を変えるだけでいいのです。すると社員全員に同じ態度が浸透していきます。回覧も告知も会議も必要ありません。

さきほどの「人々を悟りに導こうとする願い」の核にあるのが「自他の区別をなくす」ことです。この教えには基本的に三つの段階があります。その第三段階は、仏陀の「涅槃の境地に導きいれたとしても、誰一人、涅槃に入ったものはない」という言葉に関連しています。

それでは、二千五百年以上の歴史を有するこの深遠な教えを、その本意はそのままに近代の実例にあてはめていきましょう。

第一段階をジャンパ・メソッドと呼びましょう。ジャンパは、私が修行したニュージャージー州の小さなモンゴル僧院に住む若く内気なチベット人僧侶でした。彼は給仕や芝刈り、高齢のラマ僧の世話など多くの仕事をいつもただ静かに黙々と行っていました。僧院長の部屋の隣にある小さな台所を誰かが訪れると、彼はジャンパ・メソッドを開始します。ただし、訪問者は何をされているのか一切気づきません。

ジャンパはドアを開けて、満面の笑みで迎えてくれるので、相手も自然にニコニコしてしまいます。そしてもうジャンパ・メソッドは始まっているのです。

では、一体どういったメソッドなのでしょうか。

## ジャンパ・メソッドとは

ジャンパは私が修行したセラ寺で修行し、チベット侵攻後にインドに亡命し、ゲシェ・ロサーとゲシェ・サプテン・テンジンという二人の素晴らしい高僧の下で修行した僧侶です。訪問者が入ってくると、ジャンパはその人を台所のテーブルの椅子に座らせ、客が訪問理由を説明しているうちに、コンロや冷蔵庫の辺りをうろうろしながら、飲み物や軽食を用意します。

ジャンパは部屋を歩き回りながらも、訪問者の目と体の動きを観察しています。部屋を見渡して、コンロのやかんに目を留めれば熱い飲み物、冷蔵庫をあけようとして遠慮している様子が見えたら冷たい飲み物を欲しがっていると察知するのです。テーブルの上には飴が入ったお椀やクッキーが入った皿があります。コンロにはいつもスープの入った鍋が置いてあります。訪問者の視線が捉えているものは何でしょうか。

数分もしないうちに、ジャンパは訪問者について完全に把握してしまいます。紅茶が好きかコーヒーが好きか、熱いほうがいいのか、冷たいほうがいいのか、ミルクや砂糖は必要か、クッキーがいいのか、クラッカーがいいのか、軽い食事をしたいのか、他にもさまざまな細かい好みを見抜いてしまうのです。次回の訪問時には、何も言わないうちから、好きな飲み物が出てきます。ジャンパは客の好みを必ず覚えているからです。彼は相手が欲しがっているものを出してあげたいと心から願っているのです。

簡単に言えば、ジャンパ・メソッドは、他人が何を必要とし、何を欲しているかについて、しっかりと観察して察知するという教えです。これによって、相手が一番欲しているものを与えることができるようになります。

単純な教えと思われるかもしれませんが、**この「他人が何を欲しているかについて学ぶ」という教えを長期間、実践していれば、あなたのビジネス環境は大きく変わってきます。**

ビジネスや職場では本来、管理職は、手近な問題だけに専念しがちで、個人として働き個人として報酬を得るものだと考えられています。管理職同士が協力して良い成果を出し、特別手当を分け合うというような事態はまれなことなのです。こうした個人主義のおかげで、企業の管理職は自分のことにばかり専念し、他人に注意を払うことがおろそかになりがちです。

自他の区別をなくす教えの第一段階であるジャンパ・メソッドは、この利己的な考えから離れ、他人への気遣いを育てる第一歩となります。この教えを実践することによって、短期的には、業務面や財政面でさまざまな恩恵が現れます。さらに、この方法を実践することで、非常に強力な心の記憶が植えつけられ、長期的にも大きな利益が得られます。

では、ビジネスの現場にこの教えをどうやって応用するのかについてお話しましょう。

まず、自分の部署を歩き回って部下を観察します。管理職の大半は、どうすれば仕事の採算が取れるかに関して専門家になろうとするものです。そして、業績に影響する職場の重要な規則や、自分たちの製品を手に入れるために絶対に必要なサービスと材料を提供してくれる業者をそういう視点で観察します。

しかし、この教えは、それに加えて周囲の人間の好き嫌いに関する専門家になるよう説くものです。コーヒーには何を入れるのかに始まり、椅子に置くクッションや筆記具の好み、子供の数や名前、子供たちの近況、前回の休暇がいつで、どこに行き、何をしたかなど、細かい事柄まですべてです。

それを終えたら、自分の部屋に座って周囲の人々について知ったことを記憶にとどめましょう。メモを取ってもいいですが、私の場合はノートパソコンが役立ちました。帰宅途中にファイルを開けて、自分が今日知ったことを見直すことができるからです。

この訓練によってあなたの他人に対する態度は確実に改善されます。休憩所で隣にいた人に、砂糖ではなくダイエット甘味料を渡すようなほんの些細なことであっても、相手は必ず何かしら気づくものです。ある意味、私たちは、飼い犬のような部分を心の奥底に持っているのかもしれません。犬は部屋に入ってきた人が犬好きか、そうでないかをすぐに見分け、その人が行動を起こす前に察し、それに応じて態度を変えます。

人もまた、相手が自分の好きなものや欲しているものについて関心を払っているかどうかが直感的にわかります。最初は、あからさまに相手の好きなことや必要としていることを調べるのがわざとらしい気がして抵抗があり、あなたの態度もぎこちないかもしれませんが、これはあくまでも準備段階です。最初はぎこちなくとも、それを超えれば、後は身についてくるものです。

もしかすると部下が本当に欲しがっているのは、六週間の休暇や給料の倍増なのかもしれません。しかし、ここでお話ししているのはそのような好き嫌いではありません。財政的・人事的な行動を起こすことをおすすめしているのではないのです。

ただ、静かに観察し、できる範囲で周囲の人がもっとも望んでいると思われることを提供するだけです。そのうちに必ず立場が逆になり、部下たちがあなたに同じことをしようという意欲を持つようになります。部署内のすべてのAがこのように行動したら、職場の雰囲気がどう変化するか、想像してみてください。

私は、アンディン社で働く中で、自分が社員間の潤滑油となっていることこそが、高給をもらっている最大の理由だと思い至りました。私のもっとも重要な役割は、部下の仲裁役であり、一日の中でもっとも重要な時間は、お互いにうまくやっていけない二人の中間管理職を一緒に外に連れ出す昼食時でした。こうした対立は静かに、しかし確実に会社を蝕みます。

たとえば、中間管理職Aは中間管理職Bに何らかの不満があり、どうしても必要なとき以外は口を利こうともしません。月曜日に、重要な注文に関するちょっとした問題が持ち上がりました。初期段階で対処すれば簡単に解決できる問題でしたが、二人のコミュニケーションがうまく行かないために、金曜日になっても解決されておらず、厄介な事態になってしまうこともあります。

中間管理職Aは月曜日にこの問題について知っていましたが、その問題を簡単に解決できるBに何も言いませんでした。月曜日に会議にかけるべきだったというほどの問題ではありませんが、AとBが時おり休憩所で話をする仲であれば、お互いにその話をしたはずです。

## 社員が互いに小さな善意を持ち合う

私が言おうとしているのは、社員が互いに小さな善意を持ち合うことには、思いがけないほどの価値があるということです。そして、ジャンパ・メソッドはそのための第一段階なのです。

この方法を実践するにあたっては、告知も方針発表もせずに、あなたが始めるだけでいいのです。そうすれば、他の人も同じように行動し始めます。ダライ・ラマ法王が私の故郷であるアリゾナ州を訪問し、講演されたときのことです。

私の高校時代の友人が法王に「小さい子供たちに道徳的な生活を送るように教えるにはどうすればいいですか」と質問しました。

法王は「その年齢であれば、こうしなさいといくら言っても無駄です。子供たちはあなたを見て、まねをします。子供は大人が行動する通りに行動するものです。ですから、あなたは自分自身を道徳的に律するという何よりも難しい課題に立ち向かわなければなりません」とおっしゃいました。

まずは、部下をこっそり観察してみましょう。といっても悪い意味ではありません。彼らが好きなものや、彼らが生活の中で重要だと感じているものを見つけ、それを得られるよう手伝ってあげるのです。

## 「自他の区別をなくす」身体の交換

自他の区別をなくすための第二段階は、自分の心が他人の身体にあると仮定し、目を開き、自分を見て、自分（あなた）に自分（彼ら）は何をして欲しいと思っているかを理解するという方法です。ややこしくて、よくわからないと思われるかもしれませんが、サンスクリット語やチベット語の経典に書いてある内容をわかりやすく説明するのは、本当に大変なのです。

この教えの第二段階を「身体の交換」と呼びましょう。身体の交換は、周囲の人の好みを観察するだけの第一段階よりも少しだけ深遠で難しくなっています。私が、ダイヤモンド部門に入ったばかりのガイアナ出身の若い男性に対し、この教えを実践したときの経験をお話ししましょう。

彼は、アンディン社で勤務していた母親の友人の推薦で入社しました（この業界では推薦なしには就職できません。ちょっとした空き時間にダイヤモンドを数百個持ち逃げされても防止策はないわけですから、これまでの経歴がすべてわかっていることが必要なのです）。

出社初日、私は彼を小粒ダイヤモンドが積まれた山の前に座らせ、受注した指輪用の数百、あるいは数千個のダイヤモンドを数えてもらうことにしました。

その日の終わり頃には、彼のことが大分、わかってきました。周囲の人ともすぐに打ち解け、仕事の飲み込みも早く、寡黙で謙虚で仕事のできる人でした。仕事が終わったときに、もう一つわかったことがありました。彼の顔には、職場の楽しさを喜んでいる表情と、今後数年間、椅子に座って小石を数えなければならないのかという落胆が入り混じっていたのです。

そこで、私は「身体の交換」をして、自分自身を彼の身体に入れて、私の顔を見て、自分（彼）は自分（私）になんと言って欲しいと思っているかと自分自身に問いかけました。そして私はこう言いました。「明日の朝、私のオフィスに来てください。もう少しやりがいのある仕事がないか探してみましょう」。

私は自分（彼）の目が少し照れくさそうにうつむき、顔に笑顔が広がるのを感じました。

このときから、私はしばしば自分の心を彼の身体に入れるようになりました。そして、自分（彼）がずっとコンピュータの勉強をしたいと思っていることを知りました。

そこで、彼を優秀なプログラマーの下で働かせてみたところ、やる気を示したので、会社は彼が大学のコンピュータ・コースを受けるのを支援することになりました。

ダイヤモンド業界では、夜間学校の類は伝統的に禁じられています。繁忙期には遅くまでの残業がつき物でしたし、閑散期であっても、在庫や商品の管理を勉強と仕事で疲れきった社員に任せると、後で面倒なことになってしまいます。

しかし、彼を見るたびに、彼が大学で学びたがっていることがわかり、それによって得られる充実感や達成感も理解できたので、私たちは彼が学校に行って不在のときの仕事をサポートする方法を考えました。その結果、彼はアンディン社で最も優秀なプログラマーになりました。

さらに重要なこととして、業務に支障があったにもかかわらず、会社が自分にとって一番よいことをしてくれたということを彼は痛感していました。こうして、危機に際しては最善を尽くし、会社や周囲の人の助けとなるように常に気を配る社員が生まれたのです。

こうした社員の存在はお金には換算できないほどの価値があります。こうした社員が部署のいたるところにいて、管理者であるあなたが何も知らないうちに、注文やシステムや社員間の問題を円滑に処理しようと常に目を光らせているのです。ビジネスキャリアの終わりに振り返ってあなた自身はこう思えるのです。

「私が成し遂げたことは、売上やプロジェクトでも、損益計算でもない。若い社員たちの顔を見ればわかる。私が人生にかけがえのないものを与えたことに感謝する彼らの表情が、私の功績を物語っている」と。

このように、自分自身を社員たちの身体に入れて、自分に助けを求めていると想定する方法を実践していくと、自分の中で深い満足が湧き上がってくるのを感じるでしょう。それは、めったに得られないような特別な満足感ですが、この教えを続けていけば、この感覚を頻繁に得られるようになります。これは、あなたの仕事が本当に意義のあるものになってきた証拠です。

そして、くり返しになりますが、こうした考え方は正しい上に、会社にとって大きな利益となります。部署や会社全体が勝手に動くようになるのです。管理者であるあなたが自分自身のことのように彼らを気遣ったおかげで、会社のことを心から気遣う人々が会社をひっぱってくれるようになるのです。経済的成功と幸福、この二つは同時に手に入れることができるのです。

さて、最終段階に進む心構えはできていますか。

最終段階には少し努力が必要ですし、すでに第一、第二段階を実践してきて、その真価を知っていることが重要です。しかし、努力に値しないのではないかと思わないでください。

古代仏教の教えによる自他の区別をなくす教えの最終段階は、人間の心と思考の最終段階ともいえます。実行は困難です。それを望むことすら困難です。しかし、この教えほど、あなたを仕事と人生における大いなる成功に導いてくれるものは、どこにも見当たりません。

第三段階を「ロープ・トリック」と呼びましょう。誰でも構わないので、社員の一人を選び、歩いていき、彼の机の横に立ってください。大きなカウボーイの投げ縄を持っていると考えて、それをあなたと社員の周りの床に落とします。縄に二人とも囲われています。そして、二人を一人の人間だと考えるのです。

## 自他の区別を完全になくす

最初の二段階では、周囲の人が何を欲しているのかについて観察し、考えるために他の人と身体を入れ替え、自分自身を見て、自分に何をして欲しいかを考えるというような、かなり極端なことをしました。しかし、まだそこには「私」と「あなた」の区別があります。

第一段階は「私」が「あなた」を観察している、第二段階は「私」が「あなた」の身体に入る、という方法でした。

第三段階は、自他の区別を完全になくす方法です。あなた自身が部下となり、部下があなたとなるのです。つまり、部下と完全に一体化するのです。

この第三段階で、あなたの心は、通常の企業の報酬システムの影響で管理職の多くが陥っている利己的モード、非常に強い自己中心のモードから完全に脱します。この段階では、ボーナスをもらうのが自分か、それとも他の社員なのかということは問題ではなくなってきます。それよりも、どうすれば「自分たち」がボーナスをもらえるかということが重要になってくるのです。ここまでくれば、あなたは自分と部下の幸福を同じ一つのものとみなしており、部下の心に入っています。まるで、誰かとシャム双生児になったような感じです。

あなたには食べ物を与えなければならない二つの口があります。足も二組あり、靴屋に行けば、靴を四足選ばなければなりません（紳士靴一足とハイヒールを一足かもしれません）。

ハーフカラットのプリンセスカット・ダイヤモンドの注文を忘れて上司にどちらかが怒鳴られれば、それを聞く耳は四つになります。

普通の実業家であれば、この考え方は少し行き過ぎだと感じるでしょう。その意味するところが大きすぎます。そして二つの疑問がすぐに現れるでしょう。

一つ目の疑問として、こうまでして自他の区別をなくすということがひどく不自然に思えるのです。別の人間になることなどできるのでしょうか。二人が一人になることなど可能でしょうか。しかし、これは十分に可能なのです。その鍵が、仏陀が本章の最初に述べた「たとえこのような無数の生きとし生けるものを涅槃の境地に導きいれたとしても、誰一人として完全な涅槃に入ったものはありません」という言葉に隠されています。

**私を拡大し、縮小するということ**

わかりやすくするために、経済的な成功やさまざまな出来事がなぜあなたに起きるのかについての話に戻りましょう。何度も言いましたが、あなたの周囲の物事は中立で真っ白なスクリーンのようなものです。これが森羅万象の隠された潜在性です。会社で怒鳴る上司はあなたにとっては不快な存在ですが、あなたの隣に座る人にとっては好ましい存在かもしれません。そこに上司の空性があります。

つまり、あなたが彼を善とみなそうが、悪とみなそうが、彼は基本的に中立であり、彼自身に由来する性質はないのです。これはあなたが過去に他人に対して行った善行や悪行が潜在意識に植えつけたあなた自身の心の記憶の働きです。

こうした心の記憶は意識下に入り、あなたの主観に影響を与え、それどころか、主観を生み出しさえするのです。（怒鳴っている上司というのはその世界のほんの小さな出来事にすぎません）

怒鳴っている上司はさておき、怒鳴られている可愛そうな自分に話を戻しましょう。

森羅万象の隠された潜在性や、心の記憶についての教えが本当ならば、自分自身も怒鳴っている上司と同じということになります。

つまり、自身に対する主観は、怒鳴っている上司に対する主観と全く同じ原因によって引き起こされているのです。

私が自分自身をこのように見ているのは、私が上司をこのように見ている理由と同じです。**心の記憶が意識下に入り、開花し、私の主観を決定しているのです。**

ここで重要なのは、**心の記憶は自分に対する主観を決定するだけでなく、自分自身をどう見るかという事実そのものを決定している**ということです。

つまり、自分を規定しているのはあなた自身なのです。あなたが過去の習慣や心の記憶によって、自分と他の人や物との境界線を引いているのです。自分自身を自分の皮膚で囲まれたものとして考えることに慣れていたために、他人と自分を区別して見るという心の記憶を植えつけていたのです。

「自分」という領域が終わるのは、そこが境界線として自然だからではなく、そこが自分自身の境界と思い込んでいるからにすぎないのです。

この点についてはすでに少しお話しました。

ちょっと考えれば、すぐにわかることなのですが、「私」の終わりと「彼ら」の始まりというのはつかみどころのないものなのです。母親は出産したときから、「私」の感覚が別のもう一つの小さな身体にまで広がります。子供を傷つけられれば、母親は自分を傷つけられたときと同じ強い気持ちで反応します。

逆の例もあります。深刻な糖尿病患者は、足が壊疽を起こすと、足を切断しなければ死に至ると医師に告げられます。命を失うよりも足を切断するほうがいいと決断した瞬間に、「私」の定義が以前よりも小さくなっています。つまり、誰でも「私」を拡大、縮小することができるのです。

ですから、ロープ・トリックを使い、別の人と一体になることが不可能だとは言えません。過去に植えつけた心の記憶、これまで自分自身の境界と思い込んでいた習慣や選択によって、あなたは他人になれないだけなのです。

世界中の誰もがお互いを自分自身だと考え、行動すれば世の中がどう変わるか、ちょっと想像してみてください。すべての人を完全な幸福に導くことができると同時に、誰か一人だけが完全な幸福に達することはできません。なぜなら「すべての人＝一人」だからです。

この教えに対する二つ目の疑問、二つ目の躊躇点はこうです。もしロープ・トリックを実践し、「私」の境界を別の一人あるいはさらに多くの人に広げたとして、どこに境界線を引くべきでしょうか。どこで終わりになるのでしょうか。人生は厳しいものです。

現在の自分という、たった一人の身体的、感情的な必要をすべて満たすことすら、まず不可能であるように思えます。自分自身の面倒を見て、自分の心身を管理するだけでこれほど大変だというのに、あと一人、さらにはもっと大勢の人を本当の「自分」であるかのように面倒を見ることなど到底できるわけがない。どこにそんな余裕があるというのか、という疑問です。

逆説的ですが、その余裕は、自分自身を他人にまで拡大するというその行為自体から得られます。つまり、身体的にも精神的にもたくさんの人を「自分」とみなして大切にすることができる能力は、それを実行すると決めた決意に由来するのです。

隠された潜在性と心の記憶が現実を形づくるという教えが本当ならば、**富を分け隔てなく共有すること以上に富をつくり出す良い方法はありません。**

簡単に言えば、一ドルを手に入れるという現実は、一ペニーを与えるという心の記憶によってのみ生み出されます。そして、自分や他人の区別なく、周囲の人全員に分け与えることができれば、それぞれの人が無限の成功を私に与えてくれるのです。つまり、誰もが自分以外の全員をも「私」とみなし、自分が全員の責任を持っている世界です。それが不可能だという理由はありません。

思慮深い人には、この教えが間違っていないことがおわかりになるでしょう。他人のことを顧みない傾向を克服することや、部下をはじめ、周囲のすべての人を自分自身とみなすという考え方を広めること、また、他の人のためと捉えるのではなく、自分のこととして仕事をこなすこと――このような考え方は、真の幸福、真の満足をもたらします。

あなたは心の底ではこの教えが正しいとわかっています。心の底ではすぐに始めるべきだとわかっています。

仕事もプライベートも、生涯を、自分のためにする努力と同じだけ、他人のためになることをすれば、自分の人生を誇らしく振り返ることができるでしょう。これこそが人生の本当の意義であり、これこそが究極の富なのです。

# 第十五章　無量の富の源泉

## 執着せず施しをする

資本主義、社会主義、共産主義などあらゆる経済システムにおける経済という概念全体を考察すると、つまるところ、富をどのように分け合うかという問題に行きつきます。

私の取り分はこれで、あなたの取り分はこれ、という分配規則です。その点を少し深く掘り下げると、すべてのシステムには二つの共通する前提があることがわかります。

一つは「私」と「あなた」が「分け合う」という前提、二つ目は、限られた富を分配する方法を考え出さなければならないという前提です。

すでに本書では、この二つの前提が取り払えることを立証してきました。

では、最後にもう一度『金剛般若経』に戻り、仏陀の語った不可思議な言葉をみていきましょう。

**それはなぜかというと、スブーティよ、菩薩が執着することなく施しをすれば、その功徳は、スブーティよ、たやすくは計り知れないほどになるからです。**

それでは、これまでのように、チョニラマの解説を読んでいきましょう。

物事に本質的な性質があるという考えに執着するという連鎖に閉じ込められたままの人であっても、施しなどを行うことで大きな功徳を積むことはできます。

しかし、この連鎖から自分自身を解き放った人が同じ施しを行ったとすれば、その功績ははるかに大きくなるのです。

さらに、仏陀は、菩薩が執着することなく施しをすれば、その功徳は、たやすくは計り知れないばかりか、まさに限りがなく、計り知ることなどできないであろう、とおっしゃっているのです。

仏陀は続けてこうおっしゃいました。

スブーティよ、どう思いますか、東のほうの世界にどれだけの虚空があるかを、たやすく計り知ることができるでしょうか。

スブーティは答えました。

世尊よ、計り知ることはできません。

世尊はまたおっしゃいました。

同じように、南、北、上、下の方角、あるいはその中間の方角の世界にどれだけの虚空があるかたやすく計り知ることができるでしょうか。この場所から、世界のあまねく十方の虚空をたやすく測り知ることができるでしょうか。

スブーティは答えました。

**世尊よ、計り知ることはできません。**

最後に、世尊は言われました。

**スブーティよ、それとまったく同じように、菩薩が執着することなく施しを行うならば、たやすく計り知れないほどの功徳を積むことになるのです。**

大体の内容はおわかりだと思いますが、非常にわかりにくい箇所もあるのではないでしょうか。仏陀はまず、「功徳」あるいは善、つまり心の記憶の持つ力は無限であるということを説明しようとしています。

次に、仏陀は、この力を無限にするためには、「菩薩」である私たちは執着することなく施しを行う必要があると説いています。「執着することなく施す」とは一体どういう意味でしょうか。そして「菩薩」とは何でしょうか。その答えは「無量の富」と呼ぶものの根底にあります。

まず「執着することなく施す」についてみていきましょう。これは、本書でこれまで述べてきた内容をすべて包含する言葉です。有能な実業家であれば、ビジネス戦略には正解などないということに気づいています。保守的な財政策が成功を導くこともあれば、うまくいかないこともあります。リスクの大きな方策が成功することもあれば破綻することもあります。経営者の技量も関係ありません。どれだけ頭が切れる人でも成功することもあれば失敗することもあります。

また、あまり才腕のない人が失敗したり、反対に上手くやり遂げることもあります。自分に正直に向き合えば誰がやってもうまくいくような一般的法則などないと認めざるを得ないはずです。仏教では、このように結果に整合性がないという状態は、富が実際にどこから来るのかを見出していないことを何よりもはっきりと示していると考えられています。

つまり、これは富を生み出す源泉がわかっていない状態なのです。

世界の富の分配について注意深く考察することで、深遠な真実が見えてきます。富は権力者に集まり、権力がなくなると消えていきます。富は、あらゆる国や企業の浮き沈みに応じて出入りします。繁栄の時代には世界中に富が拡散し、不況や戦争の時代には世界中で富は収縮するように見えます。ペニシリン、銃、パソコンなどの発明品は、たった数年で、世界中の富の「絶対量」を増加あるいは減少させせました。

つまり、富の量というのはこれまでも、これからも固定されてはいないということです。富の量は変動するのです。

こう考えると、世界にはこれだけの富、これだけの資源しかなく、限られた富を分け合う良いシステムが必要だという概念全体に対する疑念が湧きます。他の可能性があるのではないでしょうか。富の本当の源泉を突き止めさえすれば、世界の富の全体量を増やすことができるのではないでしょうか。

すべての人が十分、あるいはそれ以上の富を持つことができるのではないでしょうか。

## 怒っている上司と自分

怒鳴っている上司が、あなた自身の主観がつくり出したものだということは既に述べました。もう一度同じ論理を辿ってみましょう。怒鳴っている上司は、厳密に、科学的観点から言うと、色（ほとんど赤）、形（あなたに向かって手を振り回している）、音（ほぼずっと大音量）、そして母音と子音（ほぼ一定した流れで発せられている）との組み合わせに過ぎません。あなたの心は、ずっと以前に植えつけられた心の記憶の影響で、この形や音を怒鳴りつける不快な上司として解釈します。

一方、あなたの隣のあなたにそれほど好感を持っていない同僚や上司の妻にとっては、同じ形と音が、好ましいもの、正当なものに見えます。ということは、この「快」・「不快」という資質は上司に備わっているものではないということです。全員に同じ主観が生じないということは、快や不快の原因はどこか別の場所にあるということです。

そして、考えられる唯一の答えは、快や不快はあなた自身の心によって映し出されたというものです。もちろん、これは自主的に行っていることではありません。怒鳴っている上司は心によって映し出された主観に過ぎないかもしれませんが、私たちにはその主観を変える力はないのです。心の中の何かが、その主観を強制的に映し出すのです。

そして、その何かとは、潜在意識から意識下に入った心の記憶です。

ただし、怒鳴っている上司が実体として存在しようが、私の主観の結果であろうが、彼自身が存在しているという事実には何の影響も及ぼしません。

つまり、上司の怒りが本質的な性質であろうと、私の主観が生み出したものであろうと、怒っている上司は私のボーナスをカットするのです。上司の怒りが私の主観の生み出したものであるという知識が本当に役立つのは、現在起こっていることに対してではありません。もうすでに起こったことを変えることはできないからです。

むしろ、怒鳴りつける上司に対しどのように対処するかを決定するに当たって、その知識が役立つのです。こんな風に上司に怒鳴られるのは、もうごめんです。しかし、もし自分が怒鳴っている上司と同じように対応したら、同じ目にまた遭ってしまいます。

なぜなら、怒鳴っている上司という主観を生み出す心の記憶は、上司に怒鳴り返すことでしか植えつけられないのですから。

では、このことと経済がどのように関連するかを見ていきましょう。

この教えが正しければ（実際のところ、本当に正しいのですが）、理論的には、何が起こっているかを理解し、上司に怒鳴り返さないことで、今後、上司に怒鳴られるという経験を回避することができます。そして、将来、上司が部屋に入ってきたときには、私も隣の同僚（私を快く思っていなかったので私が怒鳴られているのを喜んでいた彼）も上司に好感を抱いている、という状況が訪れます。

この状況をしっかりと吟味してみると、この教えの核心が見えてきます。部屋にある富、部屋にある幸福の量は二倍になり、誰も損はしていません。私が幸福になった代わりに同僚が不幸になったわけではありません。以前よりも二倍の幸福がそこにあるのです。そして、経済に関しても、まったく同じことが言えます。

何かを人に与えたり、他人を手伝うために労力や時間や資金を提供したりすると、心の記憶が植えつけられます。行動は常に意識に記録されているのです。心の記憶は潜在意識で力を蓄積し、植物や樹木のように成長し、ある時点になると、意識下に入り、世界や自身に対する主観に影響し、主観を生み出しさえするのです。

ビジネスの取引や決定は真っ白なスクリーンのようなものです。成り行きや結果は、心の記憶によって課された主観によってのみ左右され、景気やあなたの能力やリスクを負う覚悟などの外的要因によって決まるものではありません。取引や決定の結果が外部要因によって左右されるものではないことは、次のような例を見れば明白です。

たとえば、同じ戦略がうまくいくときもあれば失敗するときもあります。あるいは、ヒットする新商品もあれば、かつての人気製品の売れ行きにかげりが出ることもあります。

なぜ、アンディ・ウォーホールのポップアートに突然、高い値段がつけられ、子供が書いたようなピカソの絵に値段が付けられないほどの価値が認められたのでしょうか。くだらない歌やテレビ番組がヒットする一方で、良識ある番組がふるわず、さらに馬鹿馬鹿しい番組がうまくいかないのはなぜでしょう。何か理由があるはずです。

結局、成功とは人々が思っているような要因に左右されるものではないのです。

### 新進企業が成功する理由

ここまでの理論が正しければ、新進企業（優良企業であれ、そうでない企業であれ）が成功する理由は、創設者の良い心の記憶にのみ由来するということになります。彼らが経済的な成功を収めているのは、ひとえに過去のある時点でそのような主観を生み出す心の記憶を植えつけたからなのです。そして、この心の記憶は、できる限り他人に与えるという行為によってのみ植えつけられます。

これまで見てきたように、与えるという行為は、部下や家族をしっかり観察し、何を欲しているかを察知して、小さな親切を行うといった身近なことから始まります。

その後、与える範囲は広がっていきます。金銭的なものでもいいですし、自分の時間を使う、精神的あるいは専門的な支援をする、アイデアを提供するなどの形で、会社中のすべての部署にもう少し実質的な贈り物をするのです。

この時点でも、相手の体に入り、相手が自分に何を望んでいるかを確認するという前章の第二段階で述べた教えによって、与えるべきものが決まります。

最終的には、自分の個人的な財産、感情、専門知識や能力、会社の人や資金をすべて、家族や会社、地域、ときには世界に幸福をもたらすために考え抜かれた計画に真剣に投じている状態になるでしょう。なぜなら、「私」の境界を再調整し、意図的にその境界内に「彼ら」を含めることで、（かなり）領域が大きくなった「私」に気を配るようになるからです。

ただし、隠された潜在性とそれに働きかける心の記憶の教えを、時間をかけて理解できていない限り、この最終段階はうまくいかず、本書に書かれた経済的または個人的な究極の成功は確定しません。教えを理解できて初めて、なぜ施しによって無限の富が生み出されるのか、なぜ現在の非常に限定された自分を拡張した存在にならなければならないのか、という問いに心から納得できる答えを得ることができるのです。

すでに教えを理解した人が、それを経済的成功のために用いたとします。そして、理解した教えを他の人に伝え、その人も自分の経済的成功のためにその教えを用いたとします。

つまり、かつて苦手だった上司が、今は、同僚と同じように、好ましく感じられるようになった例と同じように、ここでは豊かさを手に入れた人が一人から二人に増えたということです。

富は心の記憶の結果であり、ビジネスの取引や決定それ自体は白紙で、突然成功する可能性を秘めているのであれば、これまでの富を犠牲にせずに新たな富を生み出せます。

つまり、富の絶対量は二倍になっているのです。さらに二人目が三人目に教えを伝えれば、どうなるでしょうか。もうおわかりでしょう。

## 誰もが裕福になれる

深遠な意味で言えば、**裕福な人もいれば、そうでない人もいるという事実そのものが**（この状態自体が何に由来しているかを理解していれば）、**誰もが裕福になれることの証拠だと言える**のです。

言い方をかえれば、現在、富が限られているからこそ、世界の富は無限だと言えるのです。限られた富を分け合うという考え方を捨てると同時に、貧困という考え方も捨てることができます。富は過去に誰かに本当に寛大であったという行為が課した主観（すなわち現実）です。したがって、すべての人が富を得ることができるのです。

心は仮定によって、もっとはっきり言えば、善意ある親から子へ長い間受け継がれた文明という歴史のおとぎ話によって麻痺しています。麻痺した心は、すべての人が十分な富を得ることができるという可能性に反発します。歴史上にかつて起こったことがないことが今起こるはずもない、と思うのです。これまで真実でなかったのなら、今も真実ではない、というおなじみの議論です。

コロンブスは「世界は平らな円盤だから、端に行くと落ちる」と忠告されました。

鉄の塊が空を飛んだり、浮かんだりすることはありえないことでした。ガラス製のワイヤーを通った情報や、鳥ですら届かない高いところから送られる情報を、世界中のほぼすべての人が共有することなど到底不可能だと考えられていました。

このように、新しく生み出される技術は何に由来するのでしょうか。こうした新たな発明などによって世界の富の絶対量が変わりました。その新たな富はどこから来たのでしょうか。答えは本書ですでに述べました。

## 他人に与えよ

本書は終わりに近づいています。読後は、ぜひ本書の教えを試してみてください。しかしその前に、無量の富の構造について、少しつけ加えたいと思います。新たな富の創造は、その過程を理解していれば、計り知れないほど増進されます。

ですから、隠された潜在性と心の記憶が合わせてどのように働くのかについてはっきりと把握するまで、本書を何度も読んでください。

この教えを理解して、つまり、物事がどのように成立しているかについての無知ゆえの執着を脱ぎ捨てて、他人に与えることこそが、仏陀の言うところの「執着することのない施し」です。

仏教の教えによれば、何かを努力して成功させたいのであれば、まず、それがうまくいくという確信が必要です。この教えは実際にうまく行くはずだと自分自身が納得して初めてその確信が得られます。

最後に、もう一つお話しなければならないことが残っています。

「菩薩」とは何でしょうか。「菩薩」とは、前項で述べた自他の区別をなくすという三段階の教えを実行した人のことです。

つまり、こういうことです。他人に与えることで、将来、大きな富を経験するような良い心の記憶を植えつけた人とは、自分と他人の区別を持たない人であるはずです。他人に真に寛大になれる可能性が最も高いのは、人生の最大の秘密、すべての幸福の源を解き明かした人です。

ただ一人の「私」、ただ一つの口、ただ一つの胃のために働くのは、退屈で、面白みもなく、全人類的な目的にはそぐわないということに気づいている人なのです。

他人を自分自身に含め、自分を拡張することで他人を大事にすることは、自分のことだけ考えるよりもはるかに楽しくやりがいがあり無限の喜びを与えてくれます。

そして、隠された潜在性と心の記憶の教えがすべて真実であるならば、他人を大事にするのに最適な方法は、いかに経済的成功を得て、それを楽しみ、そしてそれを有意義なものにするのか、という教えを伝えることではないでしょうか。

こうやって富を分け合うこと、富の生み出し方を無限に拡散することこそが想像を絶するほどの富を生み出す心の記憶を植えつける最も深遠な方法なのです。

これを実践することで、想像を超えるほどの、ありとあらゆる富がもたらされます。まるで、一輪の花を探して庭に入り想像もしなかったような宝の山を見つけるようなものです。その宝の山を手にするためには、まず教えを理解し実践することこそ大切なのです。

# 『ダイヤモンドの知恵』の教えの実践者たちから

## 十年目を記念する特別エディション

『ダイヤモンドの知恵』を書き上げてから十年が経ちました。十年目を記念する特別エディションとして、この十年に本書がどのような影響をもたらしたのかを振り返る章を新たに設けることになりました。

どのような本であっても、その著者は、読者に影響を与えたい、世界になんらかの貢献をしたいという想いを抱いているものです。もちろん私たちもそうでした。

しかし、私たちが『ダイヤモンドの知恵』の原稿を世界有数の出版社であるダブルデイの編集者に手渡したのは、三年三ヶ月三日という長期にわたるチベットの伝統的なリトリート（日常から離れた場所での精神修養）に入るほんの数日前でした。直前になってTime誌から取材の申し込みもありましたが、すでに決定していたリトリートの日程を遅らせるつもりはなかったため、お断りしました。

そして、三年が過ぎ、現実世界に戻ったとき、私たちは世界の状況を全く把握していませんでした。九・十一の事件でさえ、知らないまま数年が経過していました。ましてや『ダイヤモンドの知恵』が出版できたかどうかについては知る由もありませんでした。しかし、リトリートを終えた私たちは、この本が望んだとおりに世界を変えていたことを知ることになりました。古い経典の中で見出された「心の種子」の理論が本当に正しいとすれば、本書の成功は、私たちが三年間瞑想を続け、慈しみの心と明晰な思考を得ようと努めたことの成果と言っても過言ではないでしょう。

この十年で『ダイヤモンドの知恵』は、十五ヶ国語（日本語、ブラジル語、ポーランド語、イタリア語、モンゴル語、中国語、ブルガリア語など）に翻訳され、世界各地（現在は二十五ヶ国）で出版されています。十年が経過した現在も、米国、そして世界で売上は伸び続けています。世界中で国籍も職種も異なる数百万人の人々が、本書に書かれたビジネスと人生で成功するための教えを実践しているのです。

たとえば、リオデジャネイロの市長執務室で、台北の警察署で・・・そしてニューヨーク大学のビジネスコースでは『ダイヤモンドの知恵』が必読本として指定されています。

『ダイヤモンドの知恵』の十年目を記念する特別エディションの出版を構想しているとき、ダブルデイから改訂について打診がありました。私たちは、それに対し、改訂は不要だと回答しました。十年経った現在も、本書の内容に問題はありませんでした。私たちは、改訂ではなく、新たな章を付け加えたいと考えていたのです。

啓発書を読むとき、著者自身の成功体験を読むのと、世界中でその本を読んだ人々が本の助言を自分の生活や仕事に活用した体験談を聞くのとでは説得力がまったく違います。

世界中で多くの人々が、本の助言に従うことで成功をつかんでいるという事実を目の当たりにすれば、人はその教えに惹きつけられ、自分もやってみたいと感じるでしょう。そして、「あの人にできるなら私にもできそう」「何をすべきか教えてほしい」と考えるのではないでしょうか。

そう考えて、私たちは本書に「ダイヤモンドの知恵：サクセスストーリー」と題した新たな章を追加することにしました。そのために、『ダイヤモンドの知恵』をツールとして活用して到達した経済的そして個人的な成功談を世界五大陸二十五ヶ国から集め、本書に収載することができました。

私たちは、この特別エディションのために皆さんから寄せられた体験談を編集する作業の中で、本書がもたらした成功に一定のパターンや傾向があることに気がつきました。

まず、予想していたことではありましたが、多くの人が、本書の教えを実践して経済的な成功を勝ち得ていました。予想通りとはいえ、数十億ドル規模の成功例を目にしたときは、少なからず衝撃を受けました。しかし、こうした成功のさらに上のステージに到達している人々もいました。

本書ではこうした人々についても紹介したいと思っています。

## 本書の教えを実践した人々の成功

本書やウェブサイトに掲載したインタビューを読んでいただければ、本書の教えを実践した人々の成功が、一般的な成功とは一線を画していることがおわかりいただけるでしょう。

業界屈指のグローバル企業の創設者（マイケル・ゴードン、ジン・ファン、リンダ・カプラン・セイラー、ロビン・コヴァル）、大学の優等での卒業生（アン・リンゼイ）、高い評価を受ける芸術家（ロイヤルバレーのエヴァ・ナタニヤ）、ベストセラー作家（ケンドール・マーティン）、先端医療分野の第一線で活躍する研究者（ヤト・ペン・チュー、ピーター・ウリンツ）、世界的な大企業の経営陣で武道有段者（デュポン社のジェフリイ・ツー）、スターバックスやマイクロソフトの重役。

アカデミー賞ノミネート女優（リンゼイ・クローズ）、ユーロ発行の立役者（ベン・ガルミ）、コロラドスプリングスの都市管理担当者（チャラー・サチャナンダニ）、多くの人命を救った煙探知機の発明家（アレグラ・アールキスト）、イラクやアフガニスタンの戦場で兵士の命を救った看護師（ジル・マーフィー）、アメリカン航空のパイロット（ウィリアム・マクマイケル）、世界を救う活動家（コンチャ・ピノス）。

『ダイヤモンドの知恵』の教えを実践するには、高度な知性が要求されるようです。なぜなら、「他者にお金を与えることでしか、お金を生み出すことはできない」という原理が本書の基調となっているからです。

従来の経済学理論の正反対ともいえるこの原理を、現実のビジネスや生活で実践するには、本当の意味での聡明さが求められます。人類五万年の英知に背き、たった一人で、人類の歴史、つまり人類の失敗の潮流に立ち向かうのですから。

本書に掲載した人々は、こうした潮流に力強く立ち向かっています。すべてのインタビューから、彼らの忍耐、勇気、そして、新たな世界観を貫徹する強い意思が伝わってきます。世界の大半の人から馬鹿にされ、疑いの目を向けられ、ときには糾弾されることがあったとしても、その意思は変わりません。なぜなら、私たちには物事の道理がすでにわかっているからです。

一方で、困難な状況や悲劇を契機として、この急進的かつ革新的な考え方を受け入れるに至った人も多いようです。本書のインタビューを受けた人々の多くは、理不尽な出来事や道理に合わない事態を体験していました。世界貿易センターから道路一本隔てたマンションでその倒壊を目にした人、墜落後に燃え上がる航空機から這い出してきた人、乳癌のすさまじい痛みに耐えた人、重度のうつ病に苦しみ、その治療薬の弊害を体験した人、一度手にした大きな富や名声を失った人、配偶者や子供を亡くした人。

こうした人々は、皆自分なりの方法で、物事の筋道を明確に説明する法則を探していました。まったく新しい試みで、人々の痛みや世界の貧困を一掃できないかと模索してきたのです。

## 教えを初めて実際に用いる瞬間が訪れる

もう一つ、私たちがインタビューをまとめながら気づいた点があります。人々は『ダイヤモンドの知恵』の教えを通じて、経済的な成功を達成しただけでなく、内面の変化も体験していました。『ダイヤモンドの知恵』を出版後、十年の間に、インタビューした人々の写真を撮らせていただきました。

写真には、古代の知恵の一端を用いて、キャリアや人生の大きな転機を経験して一週間後、もしくは一ヶ月後の姿が映っています。しかし、実際は、彼らはそこにとどまってはいませんでした。驚いたことに、ほぼ全員が一般的な「成功」の定義を超えてさらに先に進んでいたのです。

インタビューでは同じような経緯が繰り返し語られています。あるところに経済的成功や自己実現を求めている人がいます。

ある日、変わった方法（ときには奇想天外な出来事）を通じて『ダイヤモンドの知恵』に出会います。大半の人は、最初は本書に対して懐疑的です。しかし、本は最終的に本棚に入り、彼らは長い時間、時には数年をかけて、この教えを反芻します。

そして、あるとき彼らは種を植えます。教えを初めて実際に用いる瞬間が訪れるのです。「私たちが手にするものは、私たちが過去に他人に与えたものそのものである」という教えです。

そして、彼らは、ほぼ例外なく、無理だと考えていた夢を実現し、さらにそれ以上の成功を勝ち得ます。望んでいた通りの経済的成功、夢を実現するパートナーとの出会い、そして、強さと若さを取り戻すという身体の変化を経験するのです。そして、そのとき、彼らは必ず気づくのです。彼らがずっと望んでいたことは、これ以上の何かであったということに。

これはおそらく成功を勝ち得た後にしかわからないことなのでしょう。私たちは成功を勝ち得た後になって初めて、そして、必ずといっていいほど、こう気づくのです。私たちが到達できる最大の幸福は他者を助け、他者の役に立ち、他者の成功を手伝うことだと。

本書で自身の体験を語ってくれたほぼ全員が、成功のさらに上の段階に到達しています。彼らは自身の人生の意味を悟り、本当の生きる理由を認識しています。本書は、確かに世界中の人々に経済的成功をもたらしています。

しかし『ダイヤモンドの知恵』の教えがもたらす真の成功は経済的成功とは一線を画すものなのです。その成功とは、何万人もの人々がこの真の知恵を発見することです。そして、この知恵を他の人々と共有したいという心からの願いこそが高いレベルの生きる理由なのです。

## インタビューした人々の多くが人々を啓蒙する段階に移行

本書でインタビューした人々の多くが、何らかの形で人々を啓蒙する段階に移行しています。世界各地で、多くの組織*を通じて、コーチングや専門的な助言を行うセミナーや講義が行われています。

*米国：Enlightened Business Institute、Karmic Management
中国：Witway Broadcasting
香港：Harmonium Training
台湾：Enlightened Business Management
欧州：Samaya Consultin、Global Wealth Initiative
日本：一般社団法人ダイヤモンドの知恵

一方で、『ダイヤモンドの知恵』の教えは、お茶を楽しみながら気軽に伝えられることも多いようです。正式な研修プログラムを成功させるには、こうした個人レベルの会話の重要性を認識する必要があります。こういう意味で、今、私たちが特に注目している動きがあります。

世界各地で自発的に少人数のメンバーが集まり、『ダイヤモンドの知恵』について語り合うという新しいスタイルのディスカッショングループが誕生しているのです。私たちは、昨年になってようやくこうしたグループについて調査を開始し、各グループに連絡を取り始めたところです。興味のある方は、新たに設けられたウェブサイト（diamondcuttergroups.com.）をご覧ください。

いくつか他に関連するお話をしておきましょう。近年、ダイヤモンドビジネスに対する一般的な認識が変わりつつあります。これまでダイヤモンドは富の象徴として憧れの対象でした。

しかし、最近になり、採掘現場の安全面の問題、環境破壊、子どもたちの強制労働、微力闘争の資金調達のためのダイヤモンド流通など、ダイヤモンド生産に関わるさまざまな社会的問題に人々の関心が移行しつつあります。

私たちはアンディン・インターナショナルで、数十年にわたり、こうした問題にかかわってきており、問題解決のための取組みを全面的にサポートしています。具体的には、カナダ政府が開発したあらたに採掘されたダイヤモンドの国際認証制度を支援しています。この制度では、安全な現場で、正当な賃金を支払い、環境に十分に配慮して生産されたダイヤモンドを認証（大き目の石にはレーザー刻印）しています。

一般の人々が、自分たちの資金をどう使うべきかを考え、倫理的に認証されたダイヤモンドだけを購入することで、市場から違法ダイヤを排除することにつながります。

また、『ダイヤモンドの知恵』では、合成ダイヤモンドが市場に登場する可能性を示唆していました。合成ダイヤモンドは、消費者の支持と需要さえ得られれば、採掘に代わり、安価でありながら完全かつ純粋なダイヤモンドを製造する魅力的な方法となると考えています。

## 本書に掲載した体験談の選択

最後に、本書に掲載した体験談をどのように選択したのかをご説明しましょう。

インタビューをさせていただいた人に、アジア、特に中国出身の人が多いことを不思議に思われるかもしれません。

これは、中国語版の『ダイヤモンドの知恵』(簡体字版と整体字版)が中国語圏(シンガポール、香港、台湾、中国)のビジネス書のベストセラーとなっていることに起因します。私たちも、数年前から、中国全土や近隣諸国に招かれ、多くの講演をさせていただいています。

こうした講演旅行を通じて、私たちはたくさんの人々に出会い、よく知るようになりました。米国人が抱く中国に対する印象の多くは新聞やテレビ報道で得たものです。

しかし、多くの中国人と知り合いになるにつれ、こうしたメディア報道で中国は単に誤解されているのだと考えるようになりました。中国は、西欧とは大きく異なる考え方をする深遠かつ歴史ある文化を有しています。

世界の五人に一人は中国人です。『ダイヤモンドの知恵』で世界に貢献したいというとき、その世界そのものは東でも西でもありません。本書は、私たちの新たな世界観を反映しています。より公平な観点からみれば、アジアは世界的にもっと存在感のある地域であるはずなのです。

私たちはそれぞれ皆違います。しかし、その多様性は恐れるべきものではなく、祝福すべきものです。西欧社会は、地球上で最も古く、最も新しい超大国から学ぶべきことがたくさんあります。

私たちは、将来の世代に対する責任として、世界の二大経済圏の境界で、互いの言語や習慣を学び合い、より良い世界を共につくり上げるために力を合わせていかなければなりません。

## パラダイムシフトに貢献

『ダイヤモンドの知恵』は西欧のビジネス書であるとともに、現存する世界最古の印刷物『金剛般若経』に基づき書かれた書でもあります。こうした理由からも、中国をはじめとするアジアの人々とともに働く理由があると私たちは考えています。

私たちは国境を越えた調和に満ちた未来をはっきりと思い描くことができます。必要なのは、心に種を植えることだけです。そうすれば、その種が、私たちの出会いをつくり出し、私たちがお互いの声に耳を傾け、互いに学び合うような機会を生み出してくれるでしょう。

この将来の展望こそが、東西両方に『ダイヤモンドの知恵』が存在する究極の理由なのです。私たちをとりまく世界、そしてそこに住む人々が、私たちが他人を思いやることで心に植え付けた種が生み出しているものであるならば、個人間や国家間の紛争を起こす意味はもはやなくなります。

私たちが個人として十分に寛容でありさえすれば、石油をはじめとする天然資源、市場の規模や利用可能性、世界経済の純利益は可変的であり、無限に拡張できるのです（そして、お互いに衝突することはありません）。

『ダイヤモンドの知恵』は、古代チベットの経典に基づいています。この古代経典には、現代の言語では置き換えることのできない高尚な心のありようを示す言葉が含まれています。体験談の中で多くの人が予見しているように、本書の中の教えにより、将来、逆のことが起きる可能性があります。

つまり、『ダイヤモンドの知恵』の基盤となった教えが世界中に広がれば、「貧困」「人種差別」「戦争」（そしておそらく「死」）という言葉自体が地球上の言語から消えるかもしれません。なぜなら、そのそれが意味する事象が私たちの経験から消えるからです。

こうしたパラダイムシフト、つまり私たちの世界観の変容はすでに起こりつつあります。『ダイヤモンドの知恵』がそのパラダイムシフトに貢献していることに私たちは何よりも喜びを感じています。たとえば、最近、ニューヨークタイムズ紙が本書の著者に関する記事を掲載し、そのなかで「カルマと空《くう》」という言葉を、あたかも数百万人の読者がすでによく知っている考えであるかのように使用しました。そして実際、こうした言葉を知る人が増えてきているのです。

**次は、あなたが成功者たちの知恵を実践する番**

物事は一周まわって元の状態に戻ります。『ダイヤモンドの知恵』は宗教本ではありませんが（この本は世界中のあらゆる信条を有する人々に利用されています）、その根幹は仏教、さらに詳しく言えば、チベット仏教にあります。

先日、チベットのビジネス界を代表する人たちから連絡をいただき、本書がチベットで非常に人気を博していることを教えていただきました。古代の知恵を現代仕様にした本書は、多くの人にとって実践的な教えであると喜んでいただいているのです。

同じような反響が、アジア全体そして西欧のビジネス界とスピリチュアルな世界のリーダーたちからも聞かれます。物質的成功と精神的成功を得るための手段として、古代の知恵、瞑想やリトリート、倫理的なライフスタイルを実践する慈悲深いビジネスリーダーが登場する時代が来ています。

本書でインタビューした成功者の中には、『ダイヤモンドの知恵』を発見したときにすでに直感的にそうした原則を長い間実践してきた人も少なくありません。こうした人々は、本書で、長い間、真実だと感じていた何かを再確認し、心の中で整理したにすぎません。

次は、あなたが成功者たちの知恵を実践する番です。次回の何周年かの特別バージョンでは、あなたの体験談をお待ちしています。

本書でインタビューに応じてくださった皆さんは、悲痛な個人的経験を含め、自らの体験を快く、そして勇敢に語ってくださいました。そのことに心より感謝申し上げます。

また、本書に掲載できなかった多くの体験談を寄せてくださった皆さんにもお礼を申し上げます。体験談はすべて『ダイヤモンドの知恵』のサクセスストーリーとしてウェブサイトにて読むことができます。(diamondcuttergroups.com)

本書には、紙面の都合上、それほど多くの体験談を掲載することはできませんでした。また、さまざまな読者の皆さんのお役にたてるように、できるだけ多彩な内容を含むよう配慮し、重複する内容のものはウェブサイトに掲載させていただきました。そして、できるだけ幅広い職業（実業家、芸術家、主婦など）の人々を選ぶとともに、本書の教えが一般的に知られていると考えられる地域に限定せず、多様な地域の人々からの体験談を掲載するようにしました。

最後に読者の皆さんに感謝を申し上げます。

この10年間、私たちが学んできたことを皆さんに伝えるという光栄な役割を与えていただくことで、私たちも皆さんから多くのことを学ぶことができました。

ビジネス、そして、生活のあらゆる側面における皆さんの成功を祈念します。

二〇〇八年七月

ゲシェ・マイケル・ローチ

モロッコ、ブズーでのリトリートにて

オランダ　アムステルダム
**ジョージ・ショートン**（映画監督）
ジョージ・ショートンは、Buddhist Broadcast Foundation で四十作以上のドキュメンタリーをてがけた監督です。彼の作品はオランダの公営テレビ放送で放送されており、インターネットでも配信されています。
また、十四年に渡り、オランダで最も人気のあるテレビ番組のディレクターとしても活躍しています。

**誰もがダイヤモンドなのです**

私が『ダイヤモンドの知恵』を初めて読んだのは二〇〇五年、ゲシェ・マイケル・ローチとラマ・クリスティ・マクナリーを特集するドキュメンタリーを撮影する準備をしているときでした。

また、番組のため、アムステルダムでこの二人が本で語られる教えについて実業家向けに講演をしている様子を撮影しました。

「ダイヤモンド：師とその弟子たち」と題したこのドキュメンタリーの反響は、いまだに途切れることなく続いています。この根強い反響は、この作品の印象とその教えにそれだけ多くの人が感動したことの現れです。

私は自分自身の仕事で、『ダイヤモンドの知恵』の三つの教えを実践しています。

一つ目は、本書からも、撮影した著者二人の講演からも感じられた開放的で喜びに満ちた感覚です。

こうした前向きな姿勢が、独創性があふれ出る空間をつくり出すのです。

二つ目に、本書のなかで、彼らは、心の記憶がいかに重要かということを繰り返し説いています。私たちの行為、言葉、そして考えはすべて心の記憶として記録されるのです。そしてすべての記録が、後に私たちの世界の一部としてもたらされます。

これはまるで映画です。あらゆる展開、あらゆる動き、あらゆる考えに意味があります。映画をつくるときは、実際にカルマの法則に従い、すべての瞬間に向き合います。映画をつくるうえで最も重要な段階である編集作業で特にこのことを強く意識します。

本書のおかげで、私は自分が心に何を植え付けているのかということを常に意識するようになりました。最後に、撮影中にゲシェ・マイケル・ローチとラマ・クリスティ・マクナリーがいかに長い時間を修行に費やしているかということに衝撃を受けました。彼らは現在も師の教えを実践する弟子なのです。彼らは、人々とともに生き、慈悲の心を強くするとはどういうことなのかを示す偉大な模範です。誰もが弟子であり、誰もが師であり、誰もがダイヤモンドなのです。

スペイン　バルセロナ

**コンチャ・ピノ**（ガンディー基金会長）

ガンディー基金は、六十四ヶ国に三万人もの会員を抱える人道主義に基づく組織です。本部はスペインにあり、四百名のスタッフが働いています。

最近の活動では、ビルマのサイクロン災害救援のために二百万ドルの寄付金を集めました。

## 国境の終焉

数年前、私はバルセロナ市内のカフェのテーブルに座り、魂の救済を求めて、自問していました。するど見知らぬ男性が歩み寄ってきました。そして、『ダイヤモンドの知恵』を私に手渡したのです。私は本を一瞥して彼に言いました。

「この本は私には必要ないと思います。私はビジネスとは無縁なのです。私は人道的な大義のために働いています」

しかし、男性は「あなたにはこの本が必要です」とだけ言うと、その場を立ち去りました。

その後、その人と再会することはありませんでした。時々、彼は幻だったような気さえします。

ここ数ヶ月、私は『ダイヤモンドの知恵』のある教えについて、一心に考え続けていました。それは、私の周囲の人々や事象とは、他人をどう思いやったかによって私自身が心に植え付けた種が開花したものであるという教えです。

ビルマでは、政治的混乱の真っただ中で、サイクロンにより十万人以上の死者が出るという未曽有の災害が起きていましたが、ガンディー基金で取り組んでいた災害被害者の救済活動が非常に難航していたのです。

私たちは国境で足止めされ、救済品をビルマ国内に持ち込むことを禁止されました。この国の独裁者や軍司令官たちは、自分たちの強欲さのために人々が死んでもかまわないのです。そして、こうした出来事一切が、私の中に植え込まれた種に起因するのです。

私はこのことを一心に考え続けました。そして、私の日誌である「六回録」に、外部の事柄や人々ではなく、私の中にあるネガティブな感情や態度とどうやって闘うべきかを書き込み続けました。

すると、突然、国境が開かれました。まるで自分が透明人間になったような気分で、私は国境をなんなく歩いて越えていました。そして、そこから本当の仕事が始まりました。私たちは人々に物資を運び、救済活動を続けました。

あのとき『ダイヤモンドの知恵』から学んだ教えがなければ、私は命を落としていたかもしれず、誰も救うことはできなかったでしょう。

『ダイヤモンドの知恵』は戦争を終結させる鍵となる教えです。この世界に平和をもたらす鍵となる教えです。

米国　ニューヨーク州マンハッタン

**マーク・トリペッティ**（ターフ広告代理店　創設者／会長）

マークの創設したターフ社は、最近、グラフィックス・ロゴ賞を受賞するなど高い評価を受けています。彼はオフィスに何冊もの『ダイヤモンドの知恵』を常備し、いつも訪問者に手渡しています。

**目から鱗が落ちる思い**

私はニューヨークで腕一本で成功した典型的な叩き上げの起業家でした。効率とスピードを重視して生活し、事業を展開してきました。

しかし、自分がほとんどの時間を憂鬱に過ごしていることにあるとき気がついたのです。一年中、体調が悪く、クリスマスから新年までの休暇中ずっとベッドで過ごしたことを覚えています。このときは、若い頃に母親を亡くしたときよりも惨めな気持ちでした。

当時、友人たちから『ダイヤモンドの知恵』を読むようにたびたび勧められていました。ある天気の良い春の土曜日、バイクでユニオンスクエアの大型書店バーンズ&ノーブルに行き、とうとう本書を手にしました。そして、本を読み、自分が何をすべきかを知ったのです。

このときまで、私は自分を地球上でもっとも自己中心的な人間でよしと考えていました。会社のトップに立っているのだから、部下たちが自分のために尽くしてくれるのが当然だと考えていたのです。

部下は上司のために仕事をすべきであり、上司の望むものを取ってきてくれることこそが部下の仕事であるというよくある勘違いに陥っていたのです。

しかし、本書を読んで、私は目から鱗が落ちる思いでした。会社のトップにいることで、私には、より多くの人々に手をさしのべ、影響を与えるチャンスが与えられていることがわかったのです。彼らのために働くことが私の務めなのだと気づいたのです。

このときから、タープ社の雰囲気が一変したことは言うまでもありません。

現在は、「全員が全員のためにいかに働くことができるか?」を会社のスローガンとしています。

タープ社は『ダイヤモンドの知恵』を実践することで、他社が経験しないような変化を体験しました。タープ社は広告代理店ですが、「人々を思いやる」という社風が浸透するにつれ、人々のためにならないと考えられる製品やサービスに対し、大規模な広告キャンペーンを行うことが難しくなってきたのです。

そのため、タープ社は二回目の改革に着手しました。

世界に貢献している企業、特にエコロジカルな視点で環境保護に取り組む企業を中心に、数年間で顧客リストを抜本的につくりかえるという改革でした。私たちは、広告代理店としての仕事を果たすだけでなく、企業責任を果たしたかったのです。

そんな折、ニューヨークをグリーン化する「グリーンビッグアップルキャンペーン」を推進する企業を探していたニューヨーク市長室からターフ社に打診があったのでした。

イラク　バスラ

**ジル・マーフィー**（米陸軍看護師団看護師）

ジルはウォルター・リード米軍医療センターの看護師で、主に中東紛争で負傷した兵士たちの看護を担当しています。現在、彼女はイラクの米軍集中治療室で、主に心臓疾患や生命にかかわる火傷を負った民間人の治療に当たっています。彼女はイラクに来る前に、アフガニスタンに従軍し、戦火の中で兵士たちの命を救うとともに、下士官としてパクティーカー州の住民三百万人の生活の質を向上させるプロジェクトに携わった功績を評価されています。ジルのように、紛争被害者を救うために、勇気と献身をもって奉仕する人物へのインタビューを掲載できることを光栄に思っています。『ダイヤモンドの知恵』で示された教えが世界中に広がっていけば、暴力には暴力を終わらせる効力などないということを人々が理解する日がくるはずです。

## 戦争を終結させる道

現在、私はイラク南部にある大きな捕虜収容所で働いています。この収容所は驚くほどの変貌を遂げました。この場所は何年も、暴力、混乱、警備に対する暴力や外部からの襲撃、被収容者の毅然とした抵抗で知られていました。

約一年前、上官（おそらくストーン陸将補）がこのキャンプの理念を変えることを決意したのです。

これまでは暴力には武力と規則と懲罰の強化で対応してきましたが、それは負のスパイラルであり、さらなる混乱を生み出すだけでした。そのため、抑留者を尊重し、教育、医療、技能訓練を提供し、米軍人によるあらゆる挑発的態度や無礼な態度を戒める方針を打ち立てたのです。

多くの人が、キャンプが完全な混沌状態に陥るだろうと予測しました。しかし、武力の使用を減らすことは、キャンプの内外の両方で、暴力の劇的な抑制につながりました。この収容所に来て五週間になりますが、私は一回の襲撃も目撃していません。しかも、ここは二万人のイラク人収容者がいる場所なのです！　キャンプ内の暴力も週に一件ないし二件程度に抑えられており、以前に比べると雲泥の差です。

混乱を鎮めるには抑えつけるしかないと言っていた人々は間違っていたことが証明されました。そういう人々は、抑止力が弱まれば米軍関係者が危険にさらされると警告していました。しかし、実際は収容所の安全面は以前よりもかなり向上したのです。

『ダイヤモンドの知恵』の教えにあるように、心に植え付けた種は、開花するまでに時間がかかるため、取組み当初は相当の自制心を要しました。しかし、多くの人が協力し、毅然とした態度で取り組んだ結果、抑留者たちは、この緩和策につけこもうとするのではなく、米国人に対し敬意を示すようになってきたのです。私はこの話をすることで、他国に侵入し、人々を拘束してもよいと言っているわけではありません。人間としての尊厳を尊重することは当然のことであり、そもそも、こうした行為を正当化するものではありません。

しかし、このことは、あなたの態度が植えつけた種子が、時間が経てば、同じようにあなたに戻ってくることを証明しています。

私は、この収容所の事例は、この戦争、そして将来のすべての戦争を終結させる一つのモデルとなりうると心から信じています。

中国　上海／米国　ニューヨーク

**ジェシカ・カン**（国際イベントオーガナイザー）

ジェシカは二〇〇四年にエール大学を優秀な成績で卒業しました。米国と中国の市民とともに働きたいという展望により、友人と二人でワールドビュー・アジア・ツアーズを設立しました。この会社では、アメリカ人スピーカーをアジアに招くプログラムを立ち上げました。こうしたプログラムの一環として『ダイヤモンドの知恵』に関する講演が行われています。今年は、初めて、中国人スピーカーが米国を訪問して講演を行いました。

**努力せずに実を結ぶ**

『ダイヤモンドの知恵』は、植物を比喩にして語られています。つまり、心の記憶という種を植え付けることで、意図的に望んだ未来という成果を得るのです。そして、他者を手助けすることによって、私たちは望んだ成果を得るのです。

『ダイヤモンドの知恵』の教えを実践している人のほとんどが体験していることですが、極めて意図的に他者を思いやり、他者に与えることで、経済的に不安定な状態から、銀行口座にゼロが何個も並ぶ今の状態への変化を体験できました。

当時、私は人生の伴侶とビジネスパートナーの両方になってくれる人を探していました。でも、そんな人はなかなか見つかりませんでした。いくら探してもだめでした。しかし、あるとき、経済的な安定を求めて『ダイヤモンドの知恵』を実践したときと同じことをすればいいだけじゃないかと不意に考えたのです。

この考えが正しければ、他の人々の人間関係を積極的に応援することで、私はパートナーを見つけることができるはずです。それから一年間、私はこれを実践しました。幸せそうなカップルが歩いているときに意識して微笑むという些細なものから、男女関係に悩んでいる友人の相談にのることまで、できることはすべてやってみました。

そして、気づくと、ロサンゼルスへの出張で非常に心地いいパートナーと一緒にいたのです。何とも奇妙な感覚でした。心の記憶を植え付けるために大変な苦労をしたのに、その記憶はほとんど気づかないほど自然に開花していたのです。

私自身がこの現象を起こしたと考えるのは突飛に思われるかもしれません。なぜなら、特別な人との出会いを生むと考えられている「原因」となるようなことを、私は一切していないのです。

私は彼に何か言ったわけでもないし、手紙を書いたわけでもありません。ウェブサイトに写真を載せたわけでもありません。

それでも私の心の中の種子は静かに開花したのです。

台湾　台北

**ヤン・チンツン**（ウィンドミュージックインターナショナル創設者／総括マネージャー）

チンツンは、台湾を代表するインディペンデントレコードレーベルであるウィンドミュージックの創設者です。ウィンドミュージックは、中国の古典音楽を保存する重要な取組みを行っており、国際的な現代アーティストによる中国古典音楽の理解や解釈の普及に努めています。

## 利己主義はもういらない

私は過去数年間、『ダイヤモンドの知恵』を実践しています。

さらに、著者たちが台湾を訪問し、講演を行うときには、必ず参加しています。私は本書で提示された数々の教えに深く感動しました。中でも、特に印象深く、何年も私に影響を与えている教えがあります。それは瞑想です。

本書には、人々が家族や友人のことを気にかけ、彼らのために何かを祈るときに、瞑想がいかに強力であるかを記述した章があります。この教えに基づき、私は、日常生活に瞑想を取り入れました。朝起きると、まず瞑想を行います。このとき、その日、心配に感じている問題に集中します。もし友人が個人的な問題や何らかのトラブル、特別な状況に巻き込まれているのであれば、私は瞑想中に友人のために念を送るのです。

たとえば、先日、友人のお父様が亡くなりました。彼女は人生に悲嘆し、苦悶していました。私は瞑想中に、彼女の心の安寧を願い、神の祝福を祈りました。私は、私の瞑想が彼女に大きな影響を与えたと信じています。

瞑想をすることで、私は彼女のために思いやりを示しただけでなく、私自身の人生の地平が拡張したのを感じます。私は私自身を拡張したのです。

私はもはや利己的な人間ではありません。この訓練で、私は多くの友人や人々に対する慈悲の心と愛情を修めることができました。

これは私にとって重大な意味を持ちます。この瞑想と他者との分かち合いにより、たとえ、仕事で行き詰っているときでも、喜びと心の平安を維持することができるようになりました。

チェコ共和国　プラハ
**ハナ・ヒレロバ**（アーティスト）
ある近代アート誌でハナの展示アートは「イメージをかきたて、大胆不敵で、独特な方法で繊細に磨かれた未来の声に向かう道を示している」と評されました。

**クレイジーな成功法**
『ダイヤモンドの知恵』のメッセージを、私はこう理解しました。
「何かを達成したいならば、他者が同じことを達成するのを助けなければならない」

私の米国での初めての美術展はヒューストンの非営利アーティストスペースで開催されました。私はこれを機に、私の作品を展示販売する商業的なギャラリーを探そうと考えていました。しかし、美術展にはギャラリーオーナーは一人もやってきませんでした。

美術展を開催して数日後、私はプラハへの航空券を購入しました。プラハの友人たちの講演やセミナーの準備を手伝うためでした。アーティストの友人たちは、プラハ行きはキャンセルし、美術展の開催期間中はヒューストンに残り、自分自身の売り込みを行うことが経営者として賢明な決断であると言います。自分のキャリアを左右する決定的な瞬間に、自分の売り込みもせずに、他の場所に行き、他人のプロジェクトに時間とエネルギーを費やすなんて正気の沙汰とは思えないというのです。

それでも、私はヒューストンを後にして、プラハでは友人たちの技術や功績を人々に宣伝する活動を行いました。数週間後、私は、終了間近となった美術展の片づけにヒューストンに戻りました。するとと、著明なギャラリー二ヶ所のオーナーが私の美術展を訪れていたのです。

この二つのギャラリーは現在も私の作品を展示、販売してくれています。

米国　アリゾナ州ボウイー

**スーザン・シュトゥンプ**（初期医療医師助手）

スーザンは二十五年間にわたり医療に携わり、過去八年間は自身の診療所で初期医療として鍼治療を行っています。

彼女は香港など数ヵ所で中医学を学び、現在は大学で中医学理論を教えています。

## 富を得るための確実な道

私は、診療所を運営するうえで『ダイヤモンドの知恵』で見出した教えを実践しています。私の体験は、非常に明瞭かつ重要な事例となると思います。私は教えをよく読み、鍼診療にそれを試してみることにしました。

まず、診療所に来てくれた人全員に鍼治療を無料で提供すると伝えました。もし、患者さんにとって治療が有益であり、今後も治療を受けたいと考えるのであれば、私の診療所に経済的援助を行う必要があるはずだと考えたからです。つまり、私は寄付によって治療を提供しはじめたのです。

患者さんの中には私の考えを理解できず、診療所に来なくなった人もいました。ほんのわずかなお金だけを支払って来なくなった人もいます。

しかし、私の診療所の収益は毎年増加し、診療所の経営に日々不安を覚えることはほとんどなくなりました。

米国　テキサス州ヒューストン

**バーニー・ジョーンズ**（ベントレー・システムズ幹部）

バーニーは、インフラ維持のための包括的なソフトウェアソリューションを提供することに専心する世界的リーダー企業であるベントレー・システムズのプログラムマネージャーです。現在は、カナダ石油ガス業界大手で米国のガソリン全体の十％を供給する企業の精製所とパイプラインのデザインを総括しています。バーニーはこう言います「私たちのシステムが停止すれば、ガスの供給も停止します」

## 人々があなたの考えを尊重してくれるようになる

二〇〇〇年に友人から『ダイヤモンドの知恵』を読むように勧められて以来、この本は私の座右の書となっています。本書を活用して数々の成功を収めましたが、中でも私が忘れられない経験をお話します。

『ダイヤモンドの知恵』には、無駄話の戒めがあります。意味のない会話の因果の一つとして、人々があなたを尊重してくれないという結果が起こるという教えです。五年ほど前のことですが、ある会議に出席していたとき、私の発言がことごとく無視され、別の人の提案だけが尊重されていることに気づいたのです。私は自分が信頼されていないと感じました。

そこで、無駄話をやめることを決意しました。自分自身を観察した結果、テレビ番組やスポーツなどについての他愛もないおしゃべりで人々の仕事をたびたび中断させていたことに気が付いたのです。私は軽率なおしゃべりにふけることがないように自分を律し始めました。誰かが、特に私の部下が話かけてきたら、聞き役にまわるようにしましたが、無駄なゴシップには関わらないように注意し、私が話を脇道にそらせることがないように心掛けました。

つい先週のことです。ある会議に出席したのですが、そのとき私は三つの提案をして、一つの質問をしました。チームの上司はその質問を絶賛してくれました。

私の発した言葉の一つひとつを人々が重要と考えており、私のどんな発言にも人々が耳を傾けてくれるのを感じました。

この変化は、過去数年で私が積み上げてきたものです。今では、私の言葉は、確実に、周囲の人々に大きな影響力を持っています。

中国　四川省カンゼ・チベット族自治州康定県
**アング・ルオ**（パロマー・マウンテンリゾート共同設立者／オーナー）
アング・ルオは中国西部のチベット族自治州の指導的メンバーであり、中国西部の政府要人でもあります。彼は成都市のチベット自治区の東の境界にある書店で『ダイヤモンドの知恵』（中国語版「ダイヤモンドに出会った僧」）に出会いました。彼はこの本を何十回も精読し、ほとんど暗唱しています。

**チベットの甘露**

私は、大学に入ってから現在まで、数えきれないほどの本を読んできました。またビジネス上の苦難も数多く経験しました、その頃は常に懸命に働いてきましたが、人生に翻弄され、祖国チベットの古代の教えの複雑さに戸惑っていました。生きる意味を見出すこともできませんでした。

当時は、信仰や知恵はチベットの寺院の高僧だけが所有するもので、自分には手の届かないものであり、あらゆる教えは私の日常には無関係だと感じていました。寺院に住む慈悲深く、賢明な人々はきっと独創的な思考を有しており、こうした思考だけが人生の諸問題やその原因を解明できるのだろうと考えていました

そんなとき、『ダイヤモンドに出会った僧』を読み、霧が晴れたかのように視界が開けたのです。

私は、生まれて初めて、物事の成り立ちについて確信し、そして、心の記憶がいかに私の世界をつくり出しているのかを知り、空《くう》が私たちに成功の無限の可能性があることを意味するということを理

解したのです。

瞑想と六回録は、私に劇的な変化を与えました。私自身のまさに基盤の部分が変容したのです。私は人生そして仕事を心から楽しみ、その醍醐味を経験することができるまでになりました。

チベットの経済が発展途上にある現在、本書はチベット族社会にとって極めて重要だと考えます。

当初、私は自身のホテルの株式の二十％のみを保有していましたが、本書を読み、株式を増やす新たな方法があることを知ったのです。

つまり、私は他人を思いやることを学んだのです。私は心の記憶、カルマの記憶の法則を同僚に用いてみました。彼らのために最善を尽くすよう心を尽くしたのです。

現在、私の生活は、他人が欲することや他人が必要なことを行ってはじめて、自分自身が欲することが得られるという基本原則に則っています。こうした思いやりによって、現在、私はチベットのリゾート事業の最大手となった自社の株式の八十％を保有しています。

私の成功はチベット全体で知られるようになり、さまざまなビジネススクールや大学で社会人や学生に向けた講義を行っています。講義の中心となる議題や考えはすべて本書から得たものです。

また、多くの同僚やビジネスパートナーに本書を手渡し、本書でチベットを救おうと呼びかけています。

私たちが植えた善良な種は、必ず成果をもたらします。

あらゆるチベット人がいつか『ダイヤモンドの知恵』の甘露を味わう日がくることを期待しています。

米国　シカゴ

**ウィリアム・マクマイケル**（アメリカン航空パイロット）

キャプテンビル（ビルの愛称）は一万時間のフライト経験のあるパイロットです。戦闘機のパイロットとしての経歴を活かし、米空軍のインストラクターパイロットとしても活躍しています。

**職場の劇的な改善**

ある時期から、アメリカン航空の機内コックピットで緊張するようになりました。操縦に問題があったわけではありません。一緒に働いている人々との人間関係でした。

当時の私は、大型ジェット機の操縦室の椅子に座ると、まず航空機を操縦するもう一人のパイロットを値踏みし、彼／彼女が一緒に働きやすい人かどうかを判断していました。

ちょうどその頃、『ダイヤモンドの知恵』が出版されました。私は出版後すぐに本書を読み、私の態度が私の心に種を植え付け、その種が成長し、開花して、職場の人々が私の能力を値踏みするようになり、必要以上にギスギスした環境を生み出していたと思い知りました。そして、私はもう一人のパイロットを手助けし、相手を値踏みしないことを決意しました。そして一年もたたないうちに、私の周囲の現実は完全に様相を変えました。問題のあるパイロットたちは他の航空機に配属されたり、性格がまったく変わったのです。私の職場環境は劇的に改善し、居心地のいいものに変化しました。

米国　ニューヨークシティ

**アナトール・グエン**（栄養士・シェフ&ヨガ講師）

アナトールはニューヨークで最も高名なヨガ指導者の一人であり、ニューヨークシティのトップインストラクターに選ばれたこともあります。

健康的な食生活を提唱するローフードシェフとしても知られています。

**善行を続ける：再投資の上昇サイクル**

私は『ダイヤモンドの知恵』を活用して成功した多くの人々と同じような経験をしました。

私の経験の中から、皆さんの理解を深めるうえでお役にたちそうな二つの事柄についてお話したいと思います。

数年前、私はある病気にかかりました。そして、病気を治すため、直感的に、加熱していない野菜とフルーツだけの食生活を始めました。ローフードを食べ始めて三日目、私の病気は治癒していないものの、身体が別次元の経験を得ていることに気づきました。身体が軽いのです。まるで澄み切ったエネルギーの上を走っているようでした。心はさわやかで澄み渡っており、生への情熱が高揚していました。街の中を歩くだけで、たまらなく嬉しくなるのです。

当然の流れとして、私はこの驚くべき発見を友人たちに紹介しました。ローフード生活を始めた友人でも結果はさまざまでした。私と同じ結果がすぐに得られた人、最初はすばらしい経験をしたものの、効果が長続きしなかった人、まったく良い効果が得られなかった人。

この結果に私はしばらく動揺しました。しかし、『ダイヤモンドの知恵』で「空《くう》」つまり可能性についての説明を読んで納得しました。つまり、私にすばらしいエネルギーを与えたのはローフードそのものではなかったのです。同じ食べ物を食べて胃に不快感を感じる人さえいるのです。私がローフードから得たエネルギーは、私が日々他人の手助けをし、奉仕することに起因していたのです。

つまり、私が植えた心の種子が、健康上の意義は「白紙」の状態である食物を健康的なものにしたのです。

この発見から、私は二つめの『ダイヤモンドの知恵』を発見しました。多くの人が本書を活用して、自分が持っていない成功、物事、人との関係などを手に入れようとしています。しかし、私は、自分の人生ですでに起きている良いことが種、かつて自分が植えた種に起因していることを認識することが極めて重要だと思っています。

たとえば、私の場合はローフードの素晴らしい効果を体験しました。しかし、これが種子によるものであるならば問題があります。種子がすべての力を使い果たせば、その効果は止まってしまうのです。私はヨガのおかげで極めて健康ですが、それでも同じなのです。

だからこそ、すでに手にしている良いことのために、種子を植え続けなければならないということを理解することが重要だと思うのです。いわば、再投資の決して終わらない上昇サイクルです。

私は健康的な食生活を人々に提供することですばらしい成果を得て、さらに人々に提供し、また同じ成果を得ていくのです。

教えを分かち合うことも、これと同じことだと考えています。

米国　カリフォルニア州ハリウッド

**リンゼイ・クローズ**（アカデミー賞ノミネート女優）

リンゼイの映画デビュー作は「から騒ぎ」(Much Ado about Nothing) でした。その後、「スリル・オブ・ゲーム」(House of Games) で主演を務め、「プレイス・イン・ザ・ハート」(Places in the Heart) ではアカデミー助演女優賞ノミネートを受けました。

**恐れることは何もない**

あるとき、仕事が急に減った時期がありました。俳優としては順調にキャリアを積んでおり、仕事を辞めたいと願ったことは一度もありません。失業など私の脚本にはないと思っていました。私は落ち込みました。

俳優業は私の天職であり、私のアイデンティティのすべてでした。オーディションを受けても不安で仕方がありませんでした。

ついに、うつ病になってしまいました。どうしてもうつ病は改善せず、薬を服用しました。

さらには、30年間やってきた俳優養成や指導も辞めてしまいました。感受性の高い人々を厳しく、苦悩の多い世界に送り込むことに耐えられなくなったのです。

睡眠もとれず、夜遅くまで本を読んで過ごしました。ある日の夕方、小さな書店で『ダイヤモンドの知恵』に出会いました。本を手に取り、最初の一段落を読んだあと、本を購入しました。そして、その足でカフェに行き、本を読み終わりました。

本書を契機に、私は大きな変化を遂げました。物事の本当の原因、因果について、考え始めたのです。なぜ仕事がなくなってきたのだろう。他の俳優のサポートをしなかったからなのだろうか。何ができただろうか。

結局、私は俳優指導の仕事に復帰し、他の俳優さん（たとえ全くの新人であっても）のキャリアをサポートしました。また、私は指導した生徒さんの三の一に奨学金を出しました。

そのうちに、仕事とは何んだろうと自問するようになりました。

俳優業はもちろん人に何かを与える仕事ですが、私は俳優業をしていないときに、俳優としての準備として他人にできる限り何かを与えるべきだなどとは考えたことがありませんでした。これは無限の変数を有する新しい仕事の定義でした。

他人に何かを与えるとき、人は幸せになり、幸せな人はさらに与えることができる、あらゆることには原因がある…『ダイヤモンドの知恵』はこうした教えをどのように生活や仕事で実践すればいいのかを教えてくれました。

現在、私は東洋の古代の知恵を織り交ぜて、俳優の卵に指導を行っています。

私は俳優の卵たちに「大司祭のように他者の前に立つ権利を勝ち取りなさい」と言います。

「恐れ多くてそんなことはできない」と彼らは言います。

そんなとき、私はこう言うのです。

「清い心で、他人に害を為すことなく生きることです。そして、自分を差し置いてでも他人のことを考えなさい。そうすれば、恐れることは何もありません」

モロッコ　カサブランカ／フランス　パリ

**ベン・ガルミ**（アライアンスキャピタル副社長／海外債券の運用専門家）

ベンは金融市場アナリストの中で並外れた才能のある若者として知られています。ビジネスウィーク誌やCNNでユーロとその最終的な水準を見事に予測し、世界中の投資家に多額の配当をもたらしました。アライアンスキャピタル、パリのクレディリヨネ、ドイツ銀行などでの投資戦略の中心的役割を担っており、一千億ドルを超える資産を管理しています。

**寛大さの成果を得る**

私はこの本を読む前から、無意識にではありますが、『ダイヤモンドの知恵』の原則を実践していました。ですから、本書を初めて読んだとき、そこに書かれたすべての教えが至極もっともだと得心したのでした。

私は以前から、自分よりも幸運ではない人を助けることを自身の責務であると直感的に確信していました。まず故郷であるモロッコの家族や友人たちを助けようと考えました。当時、家族や友人の多くは非常に貧しく、スラム街で暮らしていました。

私は、最初に、カサブランカの劣悪な住宅環境から抜け出すために家を建てたいという親戚に、資金を貸しました。銀行は貧しい人々への融資に積極的ではなかったため、私にとっては、これが事態を改善する唯一の方法だったのです。

それ以来、私は自分の財産を、スラムに家を建てるプロジェクトに投じ続けました。『ダイヤモンドの知恵』を読んだおかげで、この寛大な行為が私自身の金融市場での成功を生み出しているとはっきりと理解できました。実際に、こうした行為と、私のボーナスや持ち株が増え続けたことには直接的な相関関係がみられました。

さらに、寛大な行為のおかげで、私はこの数年間、働かずとも、給料をもらっていなくとも、十分に暮らすことができています。

こうしてできた余暇を利用して、私は古代の知恵を掘り下げて学びました。

そして、現在は、『ダイヤモンドの知恵』に基づき設立されたカルミックマネジメントを通じて、教えを世界中の人々と分かち合うための活動を開始しています。

英国 ロンドン／米国 カリフォルニア州バークリー

**エヴァ・ネタニヤ**（英国ロイヤルバレエ団ダンサー／連合神学校神学者）

ニューヨーク・リンカーン・センターのニューヨーク・シティ・バレエ団と英国ロイヤルバレエ団のバレリーナとしてクラシック・バレエ界の頂点に立ったエヴァは、次は米国の連合神学校のカトリック神学修士号を取得し、すでに同校で教鞭をとっています。彼女はまた、ホワイトハウスで大統領メダル（*Presidential Scholar*）を授与されています。

『ダイヤモンドの知恵』と出会ったときのことははっきりと覚えています。読み終えたとき、もう世界を以前と同じようにみることはないとわかりました。私は現実の成り立ちに関する比類なき理解者を発見したのです。

私は物心ついたときから、神のおぼしめしに従い、寛大な愛と清らかな心を得ようと努めてきました。

こうした意味では、私は生まれ落ちたときから、両親から『ダイヤモンドの知恵』の深い教えを学んでいたのです。

事実、私のダンサーとしての成功は、私が幼少期に身につけたスピリチュアルな習慣によるものに違いないと思います。

それは、飽くことなく本当に自分が好きなことに打ち込むと同時に、他者がそれぞれの目的に到達できるように手を差し伸べるという習慣です。

特に、思春期にバレエ団という熾烈な競争が渦巻く世界に身をおいたことで、妬みの感情があふれ出そうなときであっても、他人の成功を喜び、できる限り他人を助ける方法を身につけることができました。

こうして培った直感が、プロとなってからも、常に私を支えてくれました。困っているダンサー仲間に手を差し伸べることで、自分自身の苦難の日々を乗り切ることができました。

そして、疲労や怪我を乗り越えて踊り続けることができたのは、観客の皆さんに対する純粋な愛情があったからだと思います。

「お客さんの期待を裏切るわけにはいかない」という思いと天来の直感によって、私は不可能だと思ったことでもやり遂げることができたのです。

台湾　台北

**ジェフリー・ツー**（デュポン社アジア太平洋地域マーケティングマネージャー）

ジェフリーは、十七ヶ国でデュポン社の染料事業を監督しています。現在は、二億米ドル相当の製品開発プロジェクトを担当しています。合気道有段者であり、台湾の大学で教鞭をとっています。

**私の特別な空間：洞穴**

『ダイヤモンドの知恵』を見つけたのは、空港の本屋でした。そして、企業コンサルティングのため米国に向かう機内で何度も何度も読み返しました。

家ではテレビは見ませんし、新聞も読んでいません。代わりに、本書に書かれていた、チベットの賢人がPenpa Tangと呼ぶ瞑想を行っています。

毎朝、家族が起きる前に、静かな場所で三十分間過ごします。私だけの沈黙の時間です。家族はこの場所を洞穴と呼んでおり、誰も私の邪魔はしません。

ゆっくり呼吸をしながら、息を数えます。一から十まで数えたら、また一、二、三・・・と続けます。

この瞑想を行うことで、心の中が整理され、自分が直面している問題や悩みを静かに見つめ、解決法を見つけることができます。

私の心に投影された仕事、家族、健康上の問題を見つめます。すると問題を解決する新たなアイデアが次々に浮かんできます。毎朝、この瞑想を終えると、まったく新しい生活が始まるのを感じます。

私は『ダイヤモンドの知恵』に書かれていた六回録として小さな手帳をいつも持ち歩いています。私は忠実に一日六回、六回録に記録しています。ビジネス上の問題「一」そして、私が行った実際の解決策「十」を丁寧に記録し、数時間中にやるべき行動を書いています。

『ダイヤモンドの知恵』で学んだこうした教えは、私の生活を大きく変え、自宅そしてビジネスで成功と幸福を得る力を私にもたらしてくれました。

米国　ニューヨークシティ、マンハッタン

**リンダ・キャプラン　セイラー**（キャプラン　セイラー・グループ創設者／CEO（最高経営責任者）／CCO（最高クリエイティブ責任者））

全くのゼロから年商数億ドルの会社を設立するチャンスをつかむ人はどのくらいいるのでしょうか。アフラックのアヒルの広告をはじめ、プロクター＆ギャンブル、US銀行、コンチネンタル航空など米国では誰もが知る広告やコマーシャルを世に送り出したのが、このキャプラン・セイラーの広告代理店です。

**自分の未来の種を植えるのはあなた**

キャプラン・セイラー・グループは、米国で唯一、女性が設立し、経営している大手広告代理店です。

私たちが設立した事業に大変満足しており、社員同士の仲間を大切にする意識を誇りに思っています。二〇〇名以上のスタッフはすばらしい家族の一員であり、私は毎朝スタッフに会うのを楽しみにしています。

私が『ダイヤモンドの知恵』に出会ったのは、ロビン・コヴァルと共に、ベストセラーとなった著書『ナイスの法則』（“Bang! Getting Your Message Heard in a Noisy World, and The Power of Nice”）の構想を練っているときでした。

『ダイヤモンドの知恵』は物事の本質を深く洞察した本だと感じました。

私たちはその哲学的な考えに感動し、初めての著書に一部を引用し、二番目の著書ではこの本のいくつかのテーマについて考察しました。

私たちの会社の成功の多くが『ダイヤモンドの知恵』の信念によってもたらされたものです。私は最も必要なときに本書と出会えたことを本当に幸運だったと思います。

『ダイヤモンドの知恵』の中で、最も私の心に響いたテーマは、生活の中で前向きな心の記憶を生み出すことの重要性です。

私は、成功と心の記憶という種には密接な関係があることを心から信じています。何年も前に植え付けられた種が、想像もしない方法で開花するのです。

こうした心の記憶の開花が、私たちに成功や信用をもたらし、会社の建設的な環境を生み出しているのです。

若い人たちにはこう言いたい！　成功を確実に手にするためにあなたにできる最も重要なことは、今すぐに種を植え始めることなのです。

中国　寧波市／カナダ　バンクーバー
**ジン・ヒュアン**（アイヴェン・オン・ステーショナリー株式会社社長／ウィットウェイ・カルチャー・ブロードキャスティング株式会社社長／ピールズ・テクノロジー社社長）

『ダイヤモンドの知恵』の中国語版に感動したジンは、そのまま米国に渡り、その教えをいかに実践すべきかを学び、それをビジネスの教えとして中国で広めています。彼が社長を務めるアイヴェン・オン・ステーショナリーは、年商二千億ドルを超え、数千人の社員を抱える世界最大規模を誇るオフィス用品の小売業者です。ウィットウェイ社は『ダイヤモンドの知恵』に基づき、中国全土でビジネスコンサルティングを提供しています。ピールズ・テクノロジーでは、最先端のコンピュータや家電製品を供給しています。ジンは自身が成功の体現者なのです。

**種子を植え、研ぎ澄まされた心を育む**

私は『ダイヤモンドの知恵』を実践して、ビジネスの成功をつかんだ体験談を書くこともできますが、それよりももっと大切なことがあると感じています。

「経済的成功を得るために植え付ける必要がある心の種子とは？」それは「他人がビジネスで成功できるように助けること」と明快です。

しかし、私は別の質問に興味があります。「実業家が心の種子の教えを理解するために植え付けるべき心の種子は？」心の種子について深く理解することで成功に至るのであれば、その教えを理解する能力を実際に変えるために必要なことは何なのか？

私が『ダイヤモンドの知恵』で最初に学んだのは、たとえ自分自身を差し置いてでも、まず他人に与えなければならない、ということです。私はこの教えを理解することが、私に最も必要なことだとすぐに認識しました。そして、教えを他人と分け合うことが、私にできる最善のことだとわかったのです。そこで、私は人々が『ダイヤモンドの知恵』を生活で実践できるのを手助けするため、ワークショップを開催しはじめました。回を重ねるにつれ、自分自身の心が明瞭になり、整理されていきました。私は自分が蒔いた種により、私自身の心が知恵で満たされていくことに気がつきました。

ビジネスで『ダイヤモンドの知恵』を実践した結果を測ることは可能です。年商は年々増加し、利潤も同様に増え続けます。しかし、自分の理解自体がどれほど進んでいるのかを数字に置き換えることは、はるかに難しいことです。そのため、私は自分よりも聡明な妻リリーに私のあらゆる点での成長を評価してもらっています。

リリーは以前、人生や仕事の複雑な状況に早急な解決策を求める私に苦言を呈していました。しかし『ダイヤモンドの知恵』の教えを人々に伝え始めて一年ほど経ったとき、私の思考能力が劇的に変化しているとリリーが急に言い始めました。彼女は、これまでになかった私の決断力に驚いたと言います。そして、その決断はどれも正しいものでした。ある夜、私はスティーブン・キングのホラー小説でも読むかのように、古代中国の難解な文章を読み解いていました。ふと目を上げると、リリーが驚嘆した様子で私を見つめていました。私は自分が何をしていたのかに気つき、我ながら驚きました。

私から皆さんへのアドバイスです。「あなたの心に種子を蒔いてください」

米国　アリゾナ州トゥーソン
**キンバリー・フェーノフ**（ヨガ・スタディ・インスティチュート理事）

キンバリーは北米全体のスターバックスコーヒーのトレーニングを総括していました。スターバックスの世界的な成功は、しっかりとした従業員トレーニングによるものであるとすれば、同社の成功には彼女の功績が少なからずあったと言っても過言ではないでしょう。彼女は新たにヨガ・スタディ・インスティチュートを設立し、わずか4年で、世界各地から一万名を超える生徒がトレーニングを受けています。

私は、二十代のとき、ビジネス界の頂点にいました。二十七歳までに、あらゆる幸福を達成したと考えていました。一流の経歴と浮かれたヒップなライフスタイルを謳歌していました。

しかし、何かが決定的にかけていました。まもなく、私は、上っていた梯子が間違った壁に立てかけてあることに気がついたのです。ビジネスキャリアでは夢を実現したけれど、私は人生の意味を発見したかったのです。

一九九九年、アジアを旅行中に『ダイヤモンドの知恵』とその著者について話を聞きました。そこで著者の講演に立ち寄りました。すると、講演の最初の十分間で私がずっと抱いていた疑問の多くに対する答えが得られたのです。そして、本書を読み、ビジネスの手腕とスピリチュアルな心をどうすれば融合できるのかがはっきりと理解できました。この新しく得た知識を手に、私はビジネスの世界に復帰しました。人生で初めて、私は普遍的かつ完全な真実を手にしたのです。

私たちはヨガ・スタディ・インスティチュート（ＹＳＩ）で次のように教えを実践しています。

ＹＳＩでは、設立当初から、『ダイヤモンドの知恵』の指針にもとづきすべての意思決定を行ってきました。まず、私たちの目標に最もふさわしい非営利的な使命を策定しました。そして、収入の五十％を困っている人々に寄付することを方針として定めました。

経済的に余裕がなくても、真剣にヨガを学びたい人がＹＳＩのトレーニングを受けられるように、働きながら学ぶワークスタディ制度や奨学金制度などを充実させました。

ＹＳＩでは、設立から今日まで、こうした寛大な行為がもたらした影響をきめ細かく追跡調査しています。たとえば、ＹＳＩでは、昨年だけで世界各地からの参加者が三百七十八％増えました。そして、この成功は寛大な行為によりもたらされたと考えています。

メキシコ　メキシコシティ

**ラファエル・セルバンテス**（外貨トレーダー／メキシコ中央銀行アナリスト）

ラファエルは、米コロンビア大学で国際関係学と経営学の修士を取得しました。その後、サマヤ・コンサルティングを設立し欧州とラテンアメリカで事業を展開するとともに、スペイン語圏の人々に『ダイヤモンドの知恵』の教えを伝えるVision y Sentidoを設立しました。

## 九・十一を変えた本

私はコロンビア大で修士課程に在籍中、メキシコ中央銀行からの奨学金を受けていました。もし私がメキシコ中央銀行の職場に復帰しなければ奨学金を返済しなければならないという契約でした。しかし個人的な理由（主にスピリチュアルな理由）から、私は修士課程修了後もニューヨークに残ることを決め、六年以内に十二万ドルを返済しなければならないという現実に直面しました。

私は国連で働くことを希望していましたが、経済的な現実からウォールストリートで就職を余儀なくされました。契約期間中にローンを返済するには、その選択肢以外には考えられませんでした。最初はウォールストリートが嫌で、とてもみじめな気分でした。そのうえ、金融業界は史上最悪とも言われる危機にみまわれたのです。私が就職したのは九月十一日の一ヶ月前だったのです。

負債に関する交渉も難航していました。なにもかもが危機的状況にありました。このとき、私はすでに『ダイヤモンドの知恵』の本を手にしており、その教えを必死に学んでいました。

ある日、私はこう考えました。

「負債も不安も他のどんな状況も、私の心の安寧を脅かす価値はない。私が今学んでいる教えを本当に信じているなら、自分の人生を設計することができることがわかっているはずだ。私は自分が変わることで人間関係も周囲の状況も変えることができる」

私の働いていた業界は、中傷や残酷な慣習で知られていました。しかし、他人が何を必要としているかを気に掛けるようにして二年もたたないうちに、私は上司にも、同僚にも、勤務スケジュールにも恵まれるようになりました。上司やパートナーとの人間関係や周囲の状況と争うのは時間の無駄です。ただ、変えてしまえばいいのです。

米国　カリフォルニア州リバーサイド
**ブレイン・K・スミス（仏教僧）**
現在はスマティ・マルット尊者として知られているブレインは、二十年間コロンビア大学のバーナードカレッジとカリフォルニア大学で教鞭をとりました。
オックスフォード大学出版の学術書二冊を著し、ペンギンクラシックスで古代サンスクリット文献の翻訳書も出版しています。

## 仕事を変える力をくれる

当時私は四十代後半で大学教授という立場にあり、定年までの生活が保障されていました。さらに、大手出版社から学術書を出版するなど、周りがうらやむほどの幸せな生活を送っていました。

十年ほど前から、私は金剛般若経と『ダイヤモンドの知恵』の両方を読み、その中心的教えを学び始めました。そして、当然ながら、仕事でこれらの教えを実践したことで、経験したことがないほどの高い水準の経済的安定が得られました。

私はすでにお金が実際にどこから来るのかを明白に理解していました。つまり、私は必要なお金を常に確保できました。つまり、どんな職につくこともできる、いつでもやりたいことができるということを突然悟ったのです。

そこで、私は神学と宗教史の大学院に行きました。そして、選択できたのであれば、私は宗教的な職に就きたかったのだと理解しました。終身の教授職と保証された給料を辞退したことを私が告げると、同僚たちは驚き、あきれていました。

その後、私はチベット伝統仏教僧になるための修行にはいり、二〇〇五年に出家しました。

私は現在、北米を始めとする国々で、仏教教師として多忙なスケジュールをこなしています。

私は以前も幸せでしたが、現在は、この上なく幸せで充実した日々を送っています。私はもちろん『ダイヤモンドの知恵』を手にした人に、出家し、仏教僧になることを勧めているわけではありません。

本書には、真の経済的安定を得るために必要なことがすべて書かれています。真の経済的安定、つまり与えることで得られる安定を手にしたうえで、あなたがずっと夢見ていた仕事に飛び込んでみてください。

南アフリカ　ダーバン／カナダ　トロント

**シャディ・モガディム**（マーケティング&ファンドレイジング・グループ創設者／オーナー）

シャディは友人の勧めで『ダイヤモンドの知恵』を買いました。しかし、本は読まれることなく、そのまま一年間、本棚に積まれていました。二〇〇五年に、当時勤めていたトロントライフマガジンの上司から、ゲシェ・マイケル・ローチとラマ・クリスティ・マクナリーの講演に参加するように言われました。シャディは当時を振り返ってこう言います。「講演に行くことは了承しましたが、実は嫌々でした。講演の前日、私は彼らの本を一冊持っていたことを不意に思い出したのです。午後七時頃、本棚から本を取り出し、気づいたときには日が昇っていました。一気に読み終えたとき、私は生涯探してきた答えを見つけたとわかりました」

## 多民族が調和した世界

『ダイヤモンドの知恵』について、二つお話したいと思います。

私は南アフリカ出身です。この国には長く、複雑な民族の歴史があります。このバックグラウンドが私の人生観や人間関係に人種差別という影を落としていました。ダイヤモンドの知恵は、私がこの世界で経験していることは私が過去に他者をどう扱ったかに起因するとしています。

黒人女性である私の世界に完全に確立したかにみえる人種差別にこの教えを適用すれば、私が経験していることは私が責任を負うことになります。かつて無力な被害者であった私が、自身の人生を形づくる権利を与えられたのです。

人種差別が私の世界から完全に消滅したとは言えません。しかし、私の経験が私自身に起因すると考えることで、私は自分に起こる経験を実際にデザインする方法を学んだのです。

私はその人が好きでも、嫌いでも、そのどちらでもない場合でも、皆を平等に扱うように心掛けました。受け身の姿勢でもなく、戦う意思もない私は、一方的に武装を解除したため、他人を恐れる気持ちがなくなり、人々は私を大切にしてくれます。

『ダイヤモンドの知恵』の教えは、世界を平和で多民族が調和する世界に変える力があると感じます。

本書は、私の人とのかかわりを根本から変えてくれました。どこに行っても誰にでも笑顔を向ける（全く知らない人にも）というような小さなことから始め、今は、本当に喜びに満ちた人付き合いの輪が広がっています。また、私自身の心が穏やかで強くなっている感覚を覚えます。

これは私自身の生活の変化です。

しかし、『ダイヤモンドの知恵』は私のビジネスにも有効でした。

私が設立した会社は2006年6月にヒューストン・グランドオペラとのコンサルティング契約を交わしました。このオペラ劇場は売上が落ち込んでおり、年間予算の五億千八百万ドルの三分の一の収益しか上げていませんでした。

私たちは収益低下の原因を調査しましたが、作品や劇場空間や市場には何も問題もなく、順調に収益が上がらないことが不思議な状況でした。

何か目に見えない問題があるとしか思えませんでした。そこで『ダイヤモンドの知恵』からヒントを得て、カルマの点検を行いました。

観客やスタッフを含めて人々がどのように扱われているかを徹底的に調べたのです。トレーニングの機会を増やし、従業員に対する報酬を上げ、公正を欠いた方針はすべて廃止しました。

その結果、チケットの売上が二十五％増加し、お客様の満足度が上がり、マーケティングチームの士気が大きく向上しました。

コンサルティングの最後に、ヒューストン・グランドオペラのディレクターの一人にこう感謝されました。

「私はあなた方の意見に常に同意していたわけではありませんでしたが、実際に言われたようにやってみると、仕事がうまくいくようになっただけでなく、こうした変化を起こした私の評価も高くなっていました」

米国　ニューヨークシティ
**アンジェラ・プリウィット**（ノーティカ・ジーンズ社デザイン部長）
アンジーは、ナイキでNBAやNCAAのバスケットボールチームユニフォームの近代的デザインを生み出したデザイナーとして有名です。

## 人生のストーリーを書き直す

『ダイヤモンドの知恵』をスタンダードなビジネスツールとして日常生活で活用しています。しかし、他の皆さんも同じだと思いますが、この教えは本書を読むずっと前から私がたどってきた道のりを理解するうえで大きな指針となっています。私は自身のストーリーを改めて解釈し、書き直すことができました。

私は米国中西部で小さな家族経営の店舗を経営する両親のもとで育ちました。近所にボブ・ボットという老人が住んでいました。彼は私が子どものときに、すでに八十代でした。彼は甲状腺に大きな腫瘍があり、顔の片側が完全にマヒしていました。彼は、腰が曲がり、杖をもって散歩していました。そして、歩道で彼の前に立つ人をその杖でよく叩いていました。

ボブはベッドルームが一つだけの小さな家に暮らし、粗末な服装をしていました。私たち家族はいつもボブを気にかけており、特に父と祖父は親切心からボブの世話をしていました。我が家で夕食をともにしていたので、私はボブと一緒に時間を過ごしていました。テレビを見て、クイズ番組で答えを言い合ったりしました。

私は大学進学を希望していましたが、高校の成績が芳しくなかったため、どの大学からも入学を許可されませんでした。ある日、家族の店の前に停めた車の中で、自分の不甲斐なさに泣いたのを覚えています。私はずっと自分は何かすごいことをする運命にあるような気がしていましたが、そのときばかりは自分が地元の工場やドラッグストアに勤めて平凡な人生を歩むとしか思えませんでした。

突然、ボブが車でこちらに近づいてきて、泣いている私にクラクションを鳴らしました。彼は車窓越しに私に手招きしました。私は彼に「不合格」の赤印が押された大学の通知を見せました。彼は通知をつかむと、それをじっとみて、車の窓を閉めると、どこかに行ってしまいました。

翌日、ボブは私の家に来て、通知を返してくれました。ただし、通知には、緑で「合格」の印が押してありました。ボブは実は大金持ちで、その大学に多額の寄付をしていたのです。彼は私の在学期間中も資金援助を続けてくれました。私は今、自分の幸運を振り返り、それが私の家族の親切な心が植えた種によるものだったと分かっています。

**著者の追記**：ダイヤモンドの知恵の中心的な教えをもうすこし掘り下げたいと考える読者のために、アンジーの物語について少しコメントを加えたいと思います。あらゆる物事には潜在性があるというとき、私たちを取り巻く現実を液体のように形を変えるものと考えてみてください。アンジーの家族がボブに出会ったとき、ボブは大金持ちではなく、単なる貧しい老人で、大学に寄付などできなかった可能性も十分にあります。しかし、家族の親切な行いにより、現実が実際に変化したのです。心の種子の描く事実は小説よりも奇なのです。今、私たちには、どのようなことも可能です。

中国　北京
**リュー・ビン**（イースト・ソフト社、シニアセールスマネージャー）
ビンのイースト・ソフト社は、企業向けソフトウェアパッケージを製造する企業で、中国全土で従業員一万三千人を抱えています。
さらに、米国、日本、アラブ首長国連邦、ハンガリー、インドなど世界各地に子会社を有しています。

**カンフーパンダ：この世に偶然はない**

『ダイヤモンドの知恵』は北京の書店で偶然見つけました。本のタイトルだけで興味が湧いたのです。後に、本書の教えに関するゲシェ・マイケル・ローチとラマ・クリスティ・マクナリーの講演にも参加しました。本書は確かに私に経済的成功をもたらしてくれました。皆さんにも人生に小さな魔法をもたらす方法をお伝えしたいと思います。

私はこの教えを胸に、中国仏教の名山である普陀山（杭州湾の沖合いに浮かぶ島）に行きました。『ダイヤモンドの知恵』に心を動かされていた私は、この場所で修行体験をするのを心から楽しみにしていました。コースは一ヶ月間でしたが、私の休暇は三週間のみでした。

私が休暇の延長を申請すると、上司はひどく怒っていました。友人たちは、修行体験の一週間のために仕事を失うリスクを負うなんて正気の沙汰とは思えないと考えていました。

私は友人たちに聞きました「仕事は何のためにしているの？」

彼らはこう答えました。

「金を稼ぐためだよ」

「じゃあ、何のために稼いでいるの？」

「もっと楽しい生活を送るためさ」

「じゃあ、楽しい生活は何のため？」

「幸せになるため」

そこで、私は幸せになるために、今よりも有意義で意味のあることをするために学びたいのだと友人たちに言いました。そして、私は修行体験コースに参加しました。

列車もフェリーも空きはなく、コースもすでに満員で、ホテルも予約でいっぱいでした。多くの人があきらめて戻ってきました。しかし、私の心は学びたい、人々を助けたいと切望しており、私は空きがなければ野宿でもなんでもするつもりでした。

すると、行く先々で突然一件だけキャンセルが出て、私は修行体験をすることができました。この修行で私の人生は一変しました。私は惜しみなく寛容な態度で種を植え付けはじめました。

ある午後、自宅に戻ると父の友人から一本の電話がありました。子どもの用事で北京に来ているので、ついでに私に会いたいという内容でした。

彼は私のマンションに来て、挨拶をすると、私が忙しそうなのを察してすぐに部屋を出ました。階段の下まで彼を送ると、彼が突然、大金の入った袋を私に手渡しました。年長者である彼からお金をいただくわけにはいきません。私はもちろん断りました。

しかし、車に乗り込むときも、彼はまだお金を渡そうとします。私はもう一度断りました。すると彼は窓からお金を投げて発車しました。

私は自分の体や歩道に散らばったお金を見て、ばつの悪い気分でした。

しかし、不意に心に浮かんできたのは、映画『カンフーパンダ』でウグウェイ老師が弟子に言った「この世に偶然はない、すべては必然なのだ」という言葉でした。

私はこの言葉が大好きです。あなたが心に植えた心の記憶を信じてください。

奇跡はあなたにも起こるはずです！

イスラエル　テルアビブ／米国　ニュージャージー州ハウウェル
**ドゥボラ・ツビエリ**（ハート・オブ・ピース基金創設者／ディレクター）
ドゥボラはルイジアナ州で、二重ループ型ネットワークの最適化における数的構造と組み合わせ構造に関する論文で博士号を取得しました。彼女はこの論文について「少しだけ神の目を覗きこんだような感じ」と形容しています。彼女は人前で話した経歴はほとんどありませんでした。しかし、小さなワークショップから始めて、最近ではテルアビブのヤッファ地区にある歴史あるゲシャーシアターで九百人の群衆の前で、この本の著者二名とともに講演を行いました。

## 中東紛争の解決に向けて

ある日、『ダイヤモンドの知恵』を手に取り、一気に読み終えました。そのときから、その教えを故郷イスラエルでできるだけ多く人に届けることが私の個人的使命となりました。私は本書をヘブライ語に翻訳し、イスラエル最大の出版社から出版することになりました。

私は教えに関連する古代文献を翻訳しては、ウェブサイトに無料で掲載しました。まもなく、何百人ものイスラエル人が私のもとを訪れて、話を聞いてくれました。

また、イスラエル最大発行部数の新聞に定期的にコラムを書くようになり、一流企業のコンサルテーションプログラムも始まりました。

教えの広がりを想像するのは楽しいものです。私が人々に伝えると、その人々がまた別の人々に伝え、またその人々が…と続いていく巨大な啓発の連鎖です。

しかし、私が最も誇りに思っているのは、私たちが中東地域の平和を目指して、本書の教えを実践しているということです。中東の平和はすべてのイスラエル人が二十四時間三六五日変わらずに願っていることなのです。

もし、日々のビジネス上の出来事が私たちが心に植え付けようと選んだ種子からもたらされたものだとするなら、暴力と戦争はどこからもたらされるのでしょうか。そして、平和は?

ですから、私たちはハート・オブ・ピース基金で活動を広げています。レバノン沖の中立地帯であるキプロス島にアラブ人とイスラエル人がともに集い、十日間にわたり『ダイヤモンドの知恵』の教えについて協議し、ヨガを楽しむ様子を想像してみてください。

私たちはこの快挙を成し遂げたところです。

そして、これは始まりにすぎません。

アルゼンチン　ブエノスアイレス
**トーマス・ガルシア・ラレド**（パタゴニア・リアルエステート創設者／オーナー）
トーマスはケンブリッジ大でＭＢＡを取得し、起業する前の十年間、世界最大手の再保険会社ジェネラル・リインシュアランスで勤務しました。

**お金を稼ぐ最善の方法**

二〇〇五年、私はアルゼンチンに保険会社を設立する資金として一千万ドルを調達しなければなりませんでした。ちょうどジェネラル・リインシュアランスを退職したばかりでした。

同社に勤務していたときから、私には常に起業の意思がありました。そのため、アルゼンチンからヨーロッパへの異動の話が出たときにそれを断り、同社を退職したのでした。保険会社設立と並行して、アルゼンチン南部のパタゴニアの不動産プロジェクトにも着手していました。しかし、どちらも思うようには進みませんでした。

当時、私は『ダイヤモンドの知恵』を読んでいました。そして、私のキャリアを左右する大事な時期に、ゲシェ・マイケル・ローチとラマ・クリスティ・マクナリーがブエノスアイレスで行った講演に参加するチャンスを得たのでした。

その場で、「起業したいと願う他の人を見つけること。そして、その人に経済的な支援を行うのはもちろん、日々の仕事を私自身が手助けすることが重要である」という助言を著者二人から受けました。私はこの助言に従い、個人の小さな会社を立ち上げようとしている知人の事業計画を作成しました。事務所を借りるのを手伝い、多くの時間を割いて改修の手伝いもして、プロジェクトに百%の資金援助を行いました。それからまもなく、友人経由で、アルゼンチン進出を狙う外国企業グループからの企画案が送られてきました。私がその外国企業の本社を一度訪問しただけで、契約締結から事業開始まで速やかに進行しました。

この事業は開始から七ヶ月、つまり一年もたたずに、顧客数が二万を突破しました。私はこの成功の源泉となった友人の事業に対する支援を今でも続けています。

そして、この増収のおかげで、私は自分自身の起業という夢を実現することができました。パタゴニアの不動産投資に必要な資金が得られたのです。この投資により、私は勤務時間を増やすことなく、わずか一年で二百%の収益を上げました。私はただ投資の結果を知らせる通知を受け取っただけでした。今、私は新しい保険会社の立上げに必要な書類をすべて作成し、提出しました。あとは今月の開業を待つばかりです。

『ダイヤモンドの知恵』の効果は絶大です。すべての人が実践すべき教えだと思います。

中国　香港

**クリスティーナ・パオ・チェン**（ハーモニウム・ビジネス・コンサルティング創設者）

クリスティーナはプリンストン大卒の才女であり、企業コンサルタントと国際的なヨガインストラクターの二足の草鞋を履いています。オメガ・インスティチュートで毎月のように上級者向けのヨガクラスを担当しながら、香港のトップ企業のリーダー四百人に向けてビジネスセミナーを開いています。

## 普段の行いとは全く違う行い

『ダイヤモンドの知恵』に出会ったのは数年前です。当時はアメリカ中部のワイオミング州ジャクソンホールという小さな町で暮らし、ヨガを教えていました。生徒は少人数でしたが、とてもいいクラスでした。そのスタジオの新米教師として、厳しいスケジュールで働いていました。しかし、熱心に教えたため、トップインストラクターとなり、収入も大きく伸びました。

数年後、スタジオオーナーが所有権を手放したがっているという話がありました。その頃、私は上級インストラクターでしたが、新しいオーナーは私ではなく、別の人となりました。私はその人がオーナーにふさわしいとは思えませんでしたし、当時は私のクラスがスタジオの主要な収益であったため、不公平な決定に許せない気持ちでした。

ちょうどその頃、ゲシェ・マイケル・ローチとラマ・クリスティ・マクナリーがニューヨークで『ダイヤモンドの知恵』の教えについて講演を行いました。私の親友が講演に参加し、感動のあまり自分で打った原稿をeメールで毎晩送ってくるようになりました。「最後のドーナツ」についての話を覚えています。

こんな話です。

お気に入りのメープルがけドーナツを買うためにドーナツ店に入りました。あなたが列の一番前に来たとき、運よく一つだけ残っていました。しかしそこで、自分の後ろに並んでいる人が、「メープルがけドーナツが大好きなのよ」と話しているのを耳にします。少し考えたあなたは、ダイヤモンドの知恵を実践するために別のドーナツを注文し、後の人がメープルがけドーナツを買えるようにしてあげます。

この教えには二つのポイントがあります。

一つ目は、あなたは人が欲しがっているものを提供した。二つ目は、あなたは将来、たくさんのメープルがけドーナツを手に入れることができるように種子を植え付けた。

私は友人に電話をかけ、この教えを自分の問題にどう活用すればいいのかを尋ねました。彼女の答えはシンプルで、厳しいものでした。「新しいオーナーが成功するのを助けること。彼女のスタジオの成功を手助けすること」それは他のどんな答えよりも奇妙で、そして完璧でした。

私はそんなことを考えたこともありませんでしたが、心の中で、「正解だ」という声が響いていました。それから私たちは電話の前に座り込み、彼女の答えを笑いながら、歌うようにくり返しました。「彼女の成功を助けること。彼女の成功を助けること。彼女の成功を助けること…」

電話を切った後、私はワクワクしながら、すぐにこれを行動に移しました。ちょうどそのとき、私の生徒の一人がヨガスタジオを買い取り、新しいオーナーに代わり、私がオーナーになるのを手伝いたいと申し出てくれました。

しかし、物事の本質を理解した私にはやるべきことが見えていたので、その申し出を断りました。それから新しいオーナーのために懸命に働き、お互いの不和の感情を追い払おうと努めました。

困難な時期もありましたが、私は彼女を助けることに終始しました。すると突然、私自身の仕事が軌道に乗り始めたのです。

私がレコーディングしたヨガ音楽のアルバムがメジャーデビューすることになり、世界中からレッスンのオファーが舞い込み始めました。それから私の活動は広がる一方です。これは私が困窮したときに、通常考えられるあらゆる方法と正反対のことを行ったことで得られた結果です。

他の人の成功を助けることは、自分自身の成功を探すための種子なのです。

インド　プネ
**シャーム・シン**（国際的コーチ）
彼のこの本との出会いは奇想天外に思われるかもしれません。シャームは『ダイヤモンドの知恵』の映像を見て、地球を半周して買い求めたのでした。

**世紀を超えた真実**

パートナーのクリスティンと私は、世界中を旅して、夫婦関係などの人間関係についてカウンセリングを行っています。私たちは『ダイヤモンドの知恵』の教えを実践し、人々が健康や経済的安定を得て、長く幸せな関係を維持することができるよう手助けをしているのです。

サクセスストーリーはたくさんありますが、歴史ある文化を有するインド出身の私は、もっともっと遠大なスケールで物事を見ています。

つまり、成功を手にすることは素晴らしいことです。生活が快適になり、楽しくなります。そして、ダイヤモンドの知恵を使えば、成功を手にすることが可能です。

しかし、本書にはもっと壮大な続きがあるのです。おそらく、それに気づいていらっしゃる人もいるでしょう。世界では、もっと大きな力が作用しています。

地球がどこから来たのか、なぜ私たちはここに立っているのか、何世紀もかけて、人類はどこに向かっているのか。人類の進化は私たちをどこにつれていくのか。

人類がどうあるべきなのかを示す壮大な戦略が、この小さな古代の知恵の本の中に隠されているのではないでしょうか。

自分たちの小さな成功を日々見つけながら、いつか、その壮大な戦略を理解できる日を私は心待ちにしています。

米国　ニューヨーク州マンハッタン

**ラッセル・シモンズ**（実業家／慈善事業家）（デフ・ジャム・レコード／ファット・ファーム・クロージング創設者）

ラッセルは、ニューヨークで私たちが行った『ダイヤモンドの知恵』についての講演にたびたび足を運んでくれました。そこで、私たちは、この本を読む前から教えを実践して大きな成功を収めた人の一人として本書に彼の体験談を掲載できないかと相談しました。ラッセルは、ヒップホップという革命的な文化の発信者として知られています。USAトゥデイ紙は、彼を過去二十五年間で最も影響力のあるトップ二十五人の一人に挙げています。彼の収益は三億ドルを超えています。同時に、彼は米国でも有数の慈善事業家です。このことは、もちろん、ダイヤモンドの知恵によれば偶然ではありません。

## 「お金はあなたを幸せにしないが、幸せはあなたをお金持ちにする」

私たちの事業の一つひとつに気持ちを高める要素があります。ダイヤモンド事業では、私たちはダイヤモンドエンパワーメント基金とシモンズジュエリーを創設しました。ダイヤモンドエンパワーメント基金を設立後、私たちは、どうにかして、ジュエリー産業全体にアフリカの人々の窮状を知らしめたいと考えていました。ダイヤモンドはアフリカの代表的な天然資源だからです。

そこで大学を創設することが決まりました。大学の創設資金として、ダイヤモンド産業からの寄付を募りましたが、まだ三千二百万ドルが不足していました。

そこで、私たちは資金調達のためのチャリティプログラムとして、緑色の孔雀石ブレスレットを代表とするグリーンジュエリーの販売を始めました。

このプログラムは開始早々大ヒットとなり、シモンズジュエリーの店舗数は一年で百五十から二千百と大きな拡大を遂げました。これは素晴らしいことです。そして私たちが他者に与えることを続けているため、事業は現在も成長を続けています。

結局、私たち全員は同じ空気を吸っているのです。私たちは幸せでしょうか。

私たちの事業は人を勇気づけているでしょうか。私たちの善行は私たちに戻ってきます。それは明白な事実です。

同じことが、あらゆる経典や聖書に書き込まれています。成功の科学はあらゆる宗教で共通しているのです。与えることができる人が最も多くを得ることができるのです。搾取する人は、最後には何も得ることはできません。

ですから、私たちは困っている人々に対し、善い行いを継続して提供しようと考えるのです。あなたの心が開いているなら、人々が必要としていることを見つけるでしょう。誰かの経済的な成功を手助けすれば、あなたも経済的な成功を得ます。お金以外のものを得るのを手助けすれば、あなたもそれを得るでしょう。

つまり、あなたが欲しいものを他の人が手に入れるのを手助けすれば、それが戻ってくるのです。麻薬密売人を例に挙げれば、彼らは薬物中毒者よりも早く死にます。これは本当です。幸せをもたらす人は幸せになります。健康をもたらす人は健康になります。人々にとって有害だとわかっていながら、何かをもたらす人には、それが戻ってきます。与えたものが与えられるのです。あなたが売るものも同じです。

あなたが世界に与えたものが、あなたに与えられます。幸せや親切を与えれば、あなたが幸せになり、あなたが親切を受けます。お金で人を幸せにすることはできませんが、幸せや親切によりお金持ちになることはできるのです。これが真実です。

私は他の人々の経済的な成功を助けることで、経済的に成功しました。

この世界で、私は見方によっては裕福でしょう。私は世界中の多くの人を裕福にしました。私は他者を裕福にすることで裕福になったのです。

今、私の周りの人は必要なものをすべて持っています。これが私の仕事です。私は人々に力を与え、そうすることで私は力を得ています。

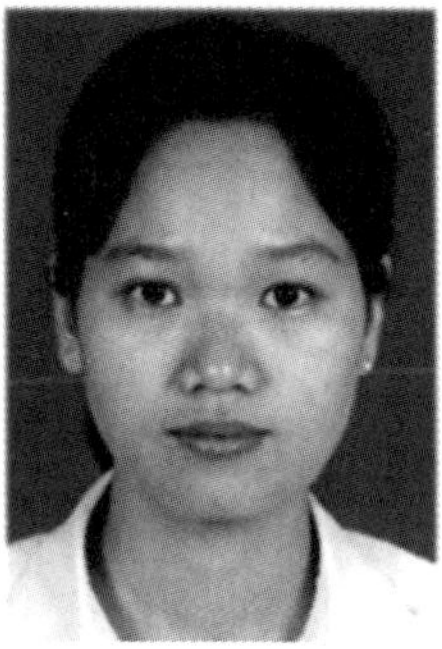

ベトナム　ハノイ

**グエン・ティ・トゥー、オアン**（タイハブックス編集者）

ティ・トゥー・オアンは、ハノイ大学で人文学と社会学を専攻し、タイハブックスの設立に貢献しました。

タイハブックスでは、今年ベトナム語の『ダイヤモンドの知恵』を発行しました。

**将来をつくり出す**

『ダイヤモンドの知恵』のなかで私が最も有意義だと感じたのは、その日の準備を行う毎朝の瞑想です。この瞑想は私には非常に効果的でした。

毎朝、早起きして、静かに座ることを習慣にしています。この習慣によって、ゆとりをもって一日を過ごすことができるようになりました。

最初に、瞑想を行う空間を整えることから始めます。そして、楽な姿勢で静かに座り、息を一から十まで数えて、心が乱れないようにします。

そして、オフィスでの一日の予定について思いを巡らせます。特に、自分が直面すると予測できる問題について考えます。

『ダイヤモンドの知恵』の教えによって、どのように問題を解決するかを想像し、一日が終わるときに問題を克服している自分を心にはっきりと思い描きます。

この短い瞑想を終えるときは、自分が賢明で慈悲深い人になれるように願い、一日を通して周囲の人々に愛と思いやりをもたらす強さを持てるように祈ります。この毎日の習慣が私を非常に穏やかな気持ちにしてくれます。

私の夢は『ダイヤモンドの知恵』をベトナムに住むすべての人に紹介することです。そして、この夢がもうすぐ実現しそうであることを嬉しく思っています。

米国　ニューヨークシティ、ウォールストリート
**ロブ・ホウ**（カナダ帝国商業銀行（CIBC）クレジットポートフォリオマネジメントグループディレクター）
CIBCはカナダで最も影響力のある金融機関です。ロブは、CIBCのマンハッタン支店で数十億ドル規模の欧州法人向け融資ポートフォリオ、並びに数十億ドル規模の米国の法人受けおよび不動産融資ポートフォリオのモニタリングを担当しています。

**真実の誓願**

『ダイヤモンドの知恵』の軸となる一つの考えに私は感銘を受けました。それは「真実の誓願」と呼ばれる祈りです。まず、あなたは実現してほしい物事について考えます。次に、あなたが他者のためにとった行動を思い、最後にこう心の中で唱えるのです。「私の行ったことが正しければ、願った通りに実現しますように」。

これについて、私はこんな体験をしました。

私はゲシェ・マイケル・ローチがニューヨークで行った講演を聞き、『ダイヤモンドの知恵』の教えについて学び始めました。ちょうど私がＣＩＢＣで働き始めた頃でした。

ゲシェ・マイケルがアジアを六週間近くかけて講演旅行するという話を耳にしたのは、ＣＩＢＣに入り、ほんの数ヶ月後でした。

私には、その講演旅行に参加することが非常に重要なことに思われました。『ダイヤモンドの知恵』に関する教えを確実に習得できるのではないか。この教えの実践方法をしっかり学ぶことで、自分自身や会社だけでなく、他の多くの人々の役に立つことになるのではないかと考えたのです。

しかし、入ったばかりの銀行で上司をどう説得すればいいのか。

そこで、この問題を熟慮した後、ついに「真実の誓願」で問題に対処しました。

まず、自分の気持ちを確めました。もし成功の方法を習得すれば、それを他者と分け合うことができる。私が純粋にそう願い、十分に意欲があるなら、何が起ころうと問題ではない。仕事を失おうと、誰かに馬鹿にされようと問題はないと。

そして、心を決めて、上司のもとに行き、六週間の休暇を願い出ました。

私は心の中で、この旅行は私の今後の人生の方向を決めるだろうとだけ考えていました。

上司は、困惑した顔も見せず、質問することすらなくこういいました。

「ＯＫ、ロレッタに聞いてみよう」

ロレッタは当時の部長です。

私は聞き間違いかと驚き、用意していた口実が喉まで出そうになりましたが、結局、その口実を口にすることはありませんでした。私は旅行に行きました。あとは皆さんのご存じのとおりです。

日本　静岡

**フルード貴子**（アンビエンテ株式会社　代表取締役）

フルード貴子は、オーガニックアイテムを扱うショップアンビエンテを経営しつつ、イベントのオーガナイズ、プロデュース、スピリチュアルビジネスのコンサルタントをしている。

## ビジネスは向こうからやってくる

子どもの頃から海外で働くことを夢みていた私は二十代の終わりから約七年にかけて香港に住んでいました。世界中の人が行き交うインターナショナルな場所で大いに青春を謳歌していたのですが、いつしか別の国に移動するか、日本に帰り、何かをしたいというチャレンジ精神がでてきました。

どこに行くか、何をするのか・・・、私の気持ちは狙いを定めることなく、いつまでたっても決まることはありませんでした。そうしているうち、日本に一時帰国した折、その頃勉強していたアロマテラピーのお店を日本につくるというアイデアが浮かびました。

けれども、その頃の私はまだ日本に帰って生活する気になれず、ヨーロッパに移るか、日本に帰ってお店を開くのかの二者択一を行ったり来たりしていました。結局、何日たっても答えは出なかったのでとりあえず、香港の住まいはそのままにし、日本に小さなアロマテラピーのお店を開きました。お店を開こうと思い立ってから約半年後のことです。

当初はマネージャーを雇い、私は日本と香港を行ったり来たりするはずだったのですが、生まれて始めてのお店経営に無我夢中となっていたうえ、ちょうどその頃、アロマテラピーが日本に知られるようになったことと、三十代で女性が起業したということで、テレビや雑誌で取り上げられたりして、超多忙な毎日となってしまいました。

結局、香港のマンションは解約し、その後香港には数泊で遊びに行く程度になりました。

思いつきで開いた小さなお店は、売上をどんどん伸ばし、その後法人化し、拡張していきました。

「ダイヤモンドの知恵」に二〇〇九年に出会い、本書を読んだとき、ビジネスのことを全く知らない私が、過去二十年にわたり、ビジネスをやって来れた理由がわかりました。

私がビジネスを立ち上げ、楽しみながら仕事をし続けている方法は今までの成功哲学に書かれていることとは違っているかもしれませんが、その方法は正しかったと、今はわかります。

振り返ると、香港に住んでいた頃、損得や人種に関係なくいろいろな人を助けていました。仕事を探している人にその人にふさわしい仕事をみつけてあげたり、住む場所がなく困っている人に一緒に住まいを探してあげたり、時には自分のアパートを提供したこともありました。これからビジネスを始めようと思っている人の相談にもよくのっていました。こうしたことが成功の種を植えたことになり、後に私自身がビジネスを始めたときに一気に発芽したのだと思います。

正しく心の種を植えたのならば、やりたいビジネスは勝手に向こうからやってくる（どちらのビジネスが自分に向いているかなどと悩む必要もありません）。

それから種を植え続けたならば、「ビジネスは成功のうちに続いていく」と今は断言できます。

ビジネスを始めるにあたって大事なことはビジネススキルを磨く前に、種を植えること。これがなくしてビジネスの成功はないのです。

# あとがき

皆さんはもうお気づきかもしれませんが、本書に書かれた情報の大部分は、世紀を超えて、チベットやインドの仏教の僧院で、主に師から弟子へと口承で伝えられてきた智慧です。口承で伝えられてきたことには理由があります。

本書に書かれた教え、特に、毎週の瞑想日や瞑想休暇を実行するにあたって、師による手ほどきがあるのとないのとでは雲泥の差なのです。あなたの理解度や上達ぶりをチェックし、小さな方向修正をする人が必要なのです。ハンドルを小さく左右に振ることによって大きなぶれを防ぎ、車をまっすぐすすめる役割をする人が必要なのです。

そこで、本書に書かれた教えを実行し、それぞれの目標を達成しようとしている実業家が集まって設立したDiamond Cutter Institute（ダイヤモンドカッターインスティチュート）（略してＤＣＩ）という組織をご紹介したいと思います。

小さな組織に始まり、確実に成長を遂げつつあります。この組織の目的は、単刀直入に言えば、この教えを皆さんと共有することです。教えを共有すべきだと教えが説いているからです。

この教えの効果については、五万ドルの融資で創業したアンディン社が、年商一億ドルを超える企業に成長したという経験がそれを物語っています。この教えをどのように活用すべきかをしっかり理解する人が増えれば、さらに多くの人がさらに多くの成功を享受できるのです。

めまぐるしく進化する技術によって、世界はますます小さくなりつつあります。カルマの法則を深く理解し、活用することは、個人の生活を豊かにするだけでなく、職場環境の調和を生み出し、次世代に豊かな世界を残ることにつながります。

ダイヤモンドカッターインスティチュート（ＤＣＩ）のセミナー、リトリートコースは経営の一側面に焦点を当て、ビジネスキャリアと人生を成功に導く秘訣が学べるコースです。

このコースの目的は、ビジネスだけでなく、健康面や精神面、人間関係をも充実したものにすることにあります。本書のエッセンスをさらに深く追求するとともに、適切な食生活や運動、そして瞑想によって、ビジネスライフを充実させ、健康を保ち、創造性を高めていく方法を学ぶことができます。

世界中のセミナー、リトリートの開催については、http://diamondcutterinstitute.com をご覧ください。

皆さんと共に学ぶ機会を楽しみにしています。

ゲシェ・マイケル・ローチ

著者略歴

ゲシェ・マイケル・ローチ（Geshe Michael Roach）

プリンストン大学を首席で卒業、ホワイトハウスにてアメリカ大統領から優秀な生徒に贈られるメダルを授与されている。アメリカ人として初めて仏教学の最高学位である「ゲシェ」を取得。チベット仏教の僧院にて25年に及ぶ修行後、ニューヨークのダイヤモンド企業の代表取締役とし、古代チベットの仏教の教えに従い、年商2.5億ドルの会社を生み出した（この会社は2009年にローレンバフェットが買収した）。この体験談が世界のベストセラー『ダイヤモンドの知恵』を生み出し、現在25カ国語に翻訳されている。アジアンクラッシックインスティチュート、マウンテン大学の創始者であり、アジア仏典デジタル化プロジェクトを主導し、亡命チベット人とともに消滅の危機にさらされているチベット仏教文献の入力、保存、翻訳活動を進めつつ、世界中にて講演会、リトリートを通じ世界中のビジネスマンに成功法則を説いている。

〈連絡先〉

ダイヤモンドカッター・インスティテュート　http://diamondcutterinstitute.com

〈訳者紹介〉

渡辺　千鶴（わたなべ　ちづ）

翻訳家。医学、教育、環境など多方面の翻訳に携わりながら大学、専門学校で教鞭をとる。

共訳書として『さあ、始めよう、きっと何かが変わるはず』（PHP研究所）がある。

ヨガインストラクターとしても活躍中。

ダイヤモンドの知恵―古代チベット仏教の教えに学ぶ成功法則

2015年12月3日　初版発行　2024年12月4日　第5刷発行

著　者　ゲシェ・マイケル・ローチ　©Geshe Michael Roach

訳　者　渡辺　千鶴

発行人　森　忠順

発行所　株式会社 セルバ出版

〒113-0034

東京都文京区湯島1丁目12番6号 高関ビル5B

☎03（5812）1178　FAX 03（5812）1188

https://seluba.co.jp/

発　売　株式会社 創英社／三省堂書店

〒101-0051

東京都千代田区神田神保町1丁目1番地

☎03（3291）2295　FAX 03（3292）7687

印刷・製本　株式会社 丸井工文社



Printed in JAPAN

ISBN978-4-86367-234-5